Die Leute vom Straßenrand

Gespräche mit Obdachlosen

All den Menschen gewidmet, die auf der Straße leben und all den Menschen, die ihnen dort begegnen.

Peter Rösch

Die Leute vom Straßenrand

Gespräche mit Obdachlosen

Bibliografische Information der Deutschen Nationalbibliothek
Die Deutsche Nationalbibliothek verzeichnet diese Publikation in der
Deutschen Nationalbibliografie; detaillierte bibliografische Daten
sind im Internet über http://dnb.d-nb.de abrufbar.

Peter Rösch
Die Leute vom Straßenrand
Gespräche mit Obdachlosen

Berlin: Pro BUSINESS 2012

ISBN 978-3-86386-157-5

1. Auflage 2012

© 2012 by Pro BUSINESS GmbH
Schwedenstraße 14, 13357 Berlin
Alle Rechte vorbehalten.
Produktion und Herstellung: Pro BUSINESS GmbH
Gedruckt auf alterungsbeständigem Papier
Printed in Germany
www.book-on-demand.de

---

book-on-demand … Die Chance für neue Autoren!
Besuchen Sie uns im Internet unter www.book-on-demand.de

Inhalt

Vor der Reise

Ich weiß nicht, wie es Ihnen geht, ich jedenfalls war beim Anblick eines Obdachlosen immer etwas zwiegespalten. Nicht, dass ich gegen solche Leute etwas hätte, ganz und gar nicht. Obdachlose waren für mich immer Sympathieträger, vielleicht mein etwas naives Bild von der Leichtigkeit des Seins, auf jeden Fall aber die sympathischste Art personifizierter Gesellschaftskritik. Warum also zwiegespalten? Vielleicht war es das Ungewisse, das einen Obdachlosen umgibt. Man hat keinen Einblick in seine Welt, man kennt sie nicht. Man ahnt zwar, dass hinter jedem dieser Menschen eine ganz besondere Geschichte steckt, dass er, wie jeder Mensch, eine liebenswerte und interessante Persönlichkeit besitzt, seine Welt ist uns dennoch fremd. Der Wunsch, irgendwann einmal von dieser Welt zu erfahren, begleitete mich lange und reifte langsam viele Jahre vor sich hin.

Eines Tages war der richtige Zeitpunkt gekommen. Eine Reise rund um Deutschland wurde daraus. Eine Reise durch viele Städte und mit vielen Begegnungen.
Menschen auf der Straße wollte ich kennenlernen. Ganz ohne Anspruch und vor allem ohne Streß. Ich wollte mich führen lassen, reagieren auf das, was kommt. Deshalb war auch nichts geplant für diese Reise, alles sollte sich nach und nach von selbst ergeben. Das ist nicht nur viel weniger aufwändig, sondern auch die viel schönere Art des Reisens, denn das Leben selbst führt Regie, Unerwartetes bestimmt den Alltag.

So entstand dieses Buch. Es ist nicht spektakulär, aber der, den der Anblick eines Obdachlosen schon einmal ins Grübeln gebracht hat, der wird viel Interessantes darin finden. Es ist keine durchrecherchierte Studie über das Obdachlosenmillieu, sondern eine Erzählung über Begegnungen, die jeder selbst machen kann. Zwischen zwei Einkäufen in der Fußgängerzone oder am Bahnhof, wenn man den Zug verpasst hat.

Die Geschichten, die ich erzähle, sind nicht von mir. Ich habe sie selbst erzählt bekommen. Von Menschen, die mir zufällig begegnet sind, so es Zufälle überhaupt gibt.

Unterwegs

Langsam rollt der Zug vom Oftersheimer Bahnsteig. Silvia, Michelle und Atessa winken zum Abschied, ich winke zurück. Mit Mühe zerrt die Lok an ihren schwerfällig hinterherruckelnden Waggons. Kurz zuvor hatte ich mich zu Hause auch von meinen Eltern verabschiedet. „Nach Baden-Baden brauchst du nicht gehen", riet mir mein Vater grinsend, „da gibt`s keine Obdachlosen." Woher er das weiß, ist mir nicht ganz klar, aber ich werde es beherzigen, sollte ich in die Gegend von Baden-Baden kommen. Die ersten Kilometer. Noch ist mir die Bahnstrecke vollkommen vertraut, früher war ich sie täglich zur Schule gefahren. Am Mannheimer Hauptbahnhof kaufe ich die Fahrkarte nach Frankfurt und warte auf den Zug, währenddessen ich noch mal die Liste durchgehe, auf der ich in den letzten Tagen flüchtige Gedanken zur bevorstehenden Reise notiert habe. Vorfreude kommt auf. Zwei Jugendliche unterhalten sich neben mir. Einer erzählt dem anderen von einem Vorfall im Krankenhaus, als einer von einer Party „mit `nem Spielzeugauto im Hintern" eingeliefert wird. Statt „Hintern" gebrauchte der Junge ein anderes Wort, das ich aber nicht gleich am Anfang meines ersten Buches zitieren will.

Die Fahrt an einem Tag im März führt durch wunderschöne Gegenden mit Sonnenschein und herrlich weißen Cumulus-Wolken vor blauem Himmel. Im Osten die Hochterrasse des Rheintales, im Westen das Tal selbst. Ich sitze mit dem

Rücken zur Fahrtrichtung, setze mich aber bei Darmstadt auf einen Platz mit Blick nach vorne, symbolisch, um Ausschau halten zu können nach dem, was so kommt in den nächsten Tagen. Jetzt gleich in Frankfurt mache ich alles ohne Streß, nehme ich mir vor. Ich laufe durch die Gegend, lasse mich vom Gefühl führen und frage alle, die mir über den Weg laufen. So ist die Planung, womit aber doch schon etwas geplant wäre, was ich ja eigentlich vermeiden wollte. Das ist keine Planung, beschließe ich, sondern die Basis für den ersten Schritt, die innere Einstellung für den Beginn der Reise.

Frankfurt

Meine erste Begegnung habe ich 30 Meter vor den Toren des Hauptbahnhofes, als ich eigentlich noch mit dem optimalen Sitz meines Rucksackes beschäftigt bin. Ich gehe an einer Gruppe Männer vorbei, aus der mich zwei Betrunkene ansprechen. Einer von beiden ist bestimmt schon über 60 Jahre alt. Ob ich Interesse an „Äitsch" hätte, was englisch ist und „H" bedeutet. Sie wollen mir Heroin verkaufen. Ich lehne dankend ab und gehe weiter. Einen kurzen Moment überlege ich, ob ich hier meine Gespräche beginnen soll, aber ich lasse es dann bleiben. Der Anfang kann ruhig etwas gemütlicher sein, nicht zu zehnt und mitten in der Strömung der Passanten. Ein paar Schritte weiter fragt mich ein Mann mit Photoapparat, ob ich mal den Italiener neben ihm photographieren könne, er selbst habe den grauen Star und sehe nicht, was er gerade photographiert. Das mache ich natürlich. Zwei Begegnungen gleich in der ersten Minute. Das macht Lust auf das, was kommt. Ich freu` mich drauf, wenn auch nicht ohne Anspannung.

Die größte Schwierigkeit beim Finden von Obdachlosen scheint mir zu sein, sie einwandfrei als solche zu erkennen, bevor man sie anspricht. Nicht alle Obdachlosen haben kaputte Schuhe an und nicht alle Leute mit kaputten Schuhen sind obdachlos. Aber man kann ja fragen.

An einer Straßenlaterne treffe ich einen Mann, der meiner Meinung nach ins Schema passt: Lieblos gekleidet und mit unkontrollierten Bewegungen, für die wohl Alkohol verantwortlich ist, schaut er unauffällig in einen Papierkorb.

Ich spreche ihn an:

„Entschuldigung, wenn ich so direkt frage, aber sind sie obdachlos?"

„Nee, bin ich nicht."

Der Mann schaut etwas überrumpelt. Im selben Moment fällt mir auf, wie denkbar ungeeignet diese Frage für den gefühlvollen Beginn eines Gesprächs ist. Auf so eine Frage kann man ja nur mit „Nein" antworten. Immerhin rät er mir, es auf der „Zeil" zu versuchen, der Frankfurter Fußgängerzone. Er zeigt mir die Richtung. Auf dem Fußweg dorthin denke ich über eine neue Begrüßungs-Formulierung nach. Vielleicht stelle ich mich erst mal vor.

Die Zeil liegt noch relativ ruhig in der Vormittagssonne, trotzdem sehe ich schon einige Menschen, die offensichtlich auf oder von der Straße leben. Betrunkene junge Erwachsene, ein gehbehinderter Klarinettist. Ich beschließe, erst mal die ganze Zeil entlangzugehen, um mir ein Bild von den Leuten hier zu verschaffen. Eine verschleierte Ausländerin, die auf dem Boden sitzt und bettelt. Erst auf den zweiten Blick erkennt man sie in Begleitung zweier Männer, die in einigem Abstand auf einer Bank sitzen, sich unterhalten und sie beobachten. Dann ein hagerer Mittvierziger mit Plastiktüten, der Mülltonnen durchsucht und auf mein „Hallo" nicht antwortet. Dieser erste Tag will mich wohl vorbereiten auf alles, was ich noch sehen und erleben könnte.

Direkt neben dem gut gefüllten Biergarten an der Hauptwache schläft ein Bilderbuch-Berber auf einer Bank: Vom dick mit Kleidern verschnürten Körper sind nur der weiße Rauschebart und zwei rot leuchtende Backen zu sehen. Neben ihm sein Gepäck in Tüten. Er darf natürlich weiterschlafen. Am Ende der Zeil angekommen, betrete ich einen kleinen Park, die „Obermain-Anlage." Die beiden Männer auf der Bank in einiger Entfernung könnten die sein, die ich suche. Als ich sie ansteuere, zückt einer der beiden ein Handy. Haben Obdachlose Handys? Als ich näher komme, sehen sie gar nicht mehr so obdachlos aus, also frage ich auch nicht.

Ein paar Bänke weiter:

„Guten Tag, ich mache eine Deutschlandreise und sammle Geschichten von Leuten, die auf der Straße leben. Trifft das auf dich zu?"

„Tut mir leid, Slowake", antwortet der Mann in schlechtem Deutsch.

„Schönen Tag."

Die Formulierung meiner neuen Begrüßungsfloskel gefiel mir so gut, dass sie bis zum Ende der Reise unverändert blieb. Dann treffe ich Marcus.

Marcus

Er sitzt entspannt auf einer Bank, die Arme rechts und links auf der Lehne ausgebreitet, so als ob er möglichst jeden Sonnenstrahl einzufangen versucht. Neben ihm eine schwarze Tasche. Zöpfchen und Gummis in verfilzten Haaren. Sein kleiner Hund beobachtet mich aufmerksam. Als ich näher komme, steigt mir der süßliche Duft eines Joints in die Nase. Marcus merkt wohl, dass ich ihn gleich ansprechen werde und schaut mich freundlich an. Eigentlich entspricht er nicht dem Bild eines typischen Obdachlosen, sofern man ein solches überhaupt hat, aber irgendwie habe ich das Gefühl, dass ich ihn fragen sollte. Ich sage mein Sprüchlein. Marcus ist sofort mit einem Gespräch einverstanden.

Er ist zwar nicht obdachlos, grinst er, aber schließlich war er`s mal für vier Jahre und somit könne er mir schon was erzählen. Ich bitte ihn darum und setze mich. Er überlegt kurz und beginnt dann, vom Skateboard-Fahren zu schwärmen. Mit Skaten hat er früher Geld verdient und auch in der Zeit auf der Straße hat er nie darauf verzichtet.

„Das Skateboard hat mich immer begleitet und am Leben gehalten", erzählt er, „ich wusste, was ich mache auf der Straße. Das hat mich von den anderen unterschieden."

Marcus ist jetzt 29 Jahre alt. Angefangen hat alles, als er sechs oder sieben war. Ein paar Jungs mit Skateboard „haben mich oberkrass fasziniert." In dieser Zeit hat er auch mit Skaten angefangen und schließlich jahrelang jeden Tag trainiert. Später wurden Marcus und seine Kumpels eine zeitlang sogar von Sponsoren unterstützt, die die Jungs einkleideten, Photoshootings für Magazine und auch Wettbewerbe organisierten und auch ein kleines Gehalt zahlten. Seine Zeit auf dem Board verbrachte er damals meist in der Frankfurter Innenstadt, die Hauptwache war sein Revier. In einem Verein war er nie.

„Neenee, so was läuft immer auf der Straße ab."

In der Nähe der Hauptwache ist Marcus auch geboren und aufgewachsen. Damals war die Gegend um sein Elternhaus von Arabern dominiert, Drogen waren an jeder Ecke zu haben. Viele der Abhängigen, denen man heute am Hauptbahnhof begegnet, kennt Marcus aus der Schule. Irgendwann haben sie angefangen, schwere Drogen zu nehmen. Drogen verkaufen und schwarz arbeiten gehörte zum Alltag in der Gegend, wobei, so Marcus, viele nur illegal arbeiten, weil sie hier illegal leben müssen.

„Ich könnte sofort 50 Leute aufzählen, die seit 20 Jahren ohne Aufenthaltserlaubnis hier leben und illegal arbeiten. Die wollen das gar nicht. Viele von denen würden lieber für 1000 Euro legal arbeiten als illegal mehr verdienen."

Beim Erzählen blickt Marcus in die Ferne, mustert die Leute, die vorbeikommen und kramt gedanklich in der

Vergangenheit. Wenn ich eine Frage stelle, überlegt er nicht lange, sondern plaudert einfach drauflos, ganz locker und sehr nett. Sein Hund hört auf den arabischen Namen „Hafi" und gehört zur Rasse der französischen Bulldoggen. Er streunt frei durch den Park und beschnupppert alles und jeden. Mehrmals entschuldigt sich Marcus bei Passanten, wenn Hafi zu aufdringlich wird, andere Hunde darf er aber ausgiebig begrüßen.

Mit 15 Jahren ist Marcus von zu Hause weggezogen, Ärger mit den Eltern war der Anlaß. Er machte eine Lehre zum Schreiner, hatte aber immer ein Problem damit, Autoritäten anzuerkennen.

„Ich wollte mir von niemandem was sagen lassen."

Die anschließende Zeit als Zivi im Frankfurter Altenheim beendete er mit 19 Jahren. Er war dort Fahrer und nutzte die Gelegenheit, um einem Freund ans Auto zu fahren und die Versicherungssumme zu kassieren. Nach dem Zivildienst wollte Marcus erst einmal für ein halbes Jahr gar nichts tun, vor allem nichts arbeiten. Sich von niemandem etwas vor-schreiben lassen. Daraus wurden mehrere Jahre, Jahre auf der Straße.

Im Sommer hat er auf Bänken im Park übernachtet.

„Vorher hab` ich mich vollaufen lassen, damit ich mir keine Gedanken mache, was das für `ne Scheiße ist. Das ist näm-lich bei allen so auf der Straße, dass sie denken, was das für `ne Scheiße ist."

Im Winter musste er nie draußen schlafen, da hat er bei verschiedenen Leuten übernachtet, die er vom Skaten kann-te. Das ging aber immer nur eine Weile gut.

„Es sagt zwar keiner: ‚Laß` mir meine Ruhe, du gehst mir auf die Nerven.' Keiner sagt dir direkt ins Gesicht: ‚Such` dir mal was anderes.' Aber irgendwann gibt`s Frustrationen. Wenn du das merkst, dann gehst du zum nächsten. Bis zur nächsten Runde."

Ob da eine Gegenleistung erwartet wird, will ich wissen.

„Natürlich hilfst du beim Putzen und kaufst Lebensmittel ein. Du weißt ja, dass du in der Schuld stehst."

Hafi will spielen, er ist hinter jedem Hund her, der vorbeikommt. Wenn Marcus ruft, kommt er sofort, holt sich dabei jedes Mal eine Belohnung ab. Als er sich aber immer öfter der Straße nähert, wird er schließlich doch angeleint.

„Bist du aus der Nähe von Heidelberg?", fragt Marcus.

Ja, das hört man wohl.

Gebettelt hat Marcus nie während seiner Zeit auf der Straße, aber geklaut und Drogen verkauft, Haschisch und Kokain.

„Frankfurt ist nicht groß. Am Anfang bin ich überall mal gehockt, hab` auf der Straße Leute angesprochen. Später hatte ich einen festen Kundenstamm."

Dazu gehörten auch zwei Polizisten, denen Marcus ein Jahr lang monatlich fünf Kilogramm Haschisch besorgte. Früher wurden derartige Geschäfte an der Hauptwache abgewickelt. Geld und Drogen wechselten hauptsächlich dort den Besitzer.

„Da gibt`s `nen Aufzug, da sind schon Millionen durchgegangen", erinnert er sich.

Mit der Polizei hatte er damals öfter zu tun:

„Haben die mich den Adler machen lassen", er musste mit gespreizten Beinen und erhobenen Händen an der Mauer lehnen, „dann hab` ich sie ausgelacht, weil das nur Zeit kostet."

Heute will er mit der Polizei nichts mehr zu tun haben, er vermeidet Augenkontakt. Eine zeitlang lebte er auch in Barcelona. Dort hatte er bei Kumpels gewohnt, bis die nach Mallorca in Urlaub fuhren und er aus der Wohnung raus mußte. Von da an übernachtete er am Strand. Das war zwar nicht erlaubt, ging aber trotzdem.

„In Barcelona draußen schlafen ist besser als hier", grinst Marcus.

Seine listigen, etwas verkniffenen Augen bekommen etwas Spitzbübisches, wenn er so grinst. „Spanien ist ein hochchristliches Land, was das Leben am Strand sehr angenehm macht. Überall gibt es Kirchenmissionen, die man alle jeden Tag abklappern kann. Man bekommt dort Fresspakete mit zum Beispiel fünf Sandwiches, einer Flasche Wasser und einer Packung irgendeines anderen Getränks. Viele Obdachlose leben dort."

Auch in Spanien hatte Marcus sein Board dabei. Er kommt ins Schwärmen, wenn er daran zurückdenkt:

„Barcelona ist die beste Stadt zum Skaten. Es gibt dort viel moderne Architektur."

Die Plätze und Straßen bieten herrliche Möglichkeiten. Und Skaten ist dort erlaubt, wohingegen es in deutschen Städten oft Sicherheitsbeamte gibt, die etwas dagegen haben. Doch Marcus hat nicht nur positive Erinnerungen an Spanien. Da waren zum Beispiel die Einheimischen, mit denen er sich mal am Strand angefreundet hat. Am nächsten Morgen war alles geklaut, inklusive Rucksack und der Goldkette, die er am Hals trug. Er kehrte wieder nach Deutschland zurück.

Seit vier Jahren ist er wieder sesshaft – und hat Arbeit. Damals lebte er mit seiner Freundin zusammen, deren Mutter stellte den Kontakt zu seinem jetzigen Arbeitgeber her – einer Bank. Dort arbeitet er jetzt als Teamleiter in der Poststelle. Die eigene Wohnung kam einen Monat nach Arbeitsantritt. Skateboard fährt er zwar immer noch, aber nur „vielleicht ein mal die Woche."

Marcus bereut nichts von dem, was er gemacht hat. Nie hat er gedacht: Hätte ich`s doch nicht erlebt. Denn „ich hab` so viel gelernt und bin jetzt so positiv eingestellt. Durch die Erfahrungen damals bin ich so geworden, wie ich jetzt bin." Und er ist froh, keine Nachholeffekte mehr fürchten zu müssen.

„Ich kenne `nen 40jährigen Mann mit zwei Kindern, der jetzt angefangen hat, Crack zu nehmen. Und meine Tante hat mit 50 angefangen zu rauchen. Ich bin schon viel rumgereist und habe alles schon erlebt."

Dennoch ist er froh, das Leben auf der Straße hinter sich gelassen zu haben.

„So wie`s war, wollte ich es nie haben. Natürlich wollte ich meine Freiheit, mir war aber nie bewusst, wie`s wirklich ist. Man hat höchstens zwei oder drei richtige Freunde, vielleicht vier. Man kann keine Familie gründen, Kinder haben geht nicht bei diesem Leben."

Es gibt zwar Leute auf der Straße, die trinken nicht und nehmen keine Drogen, aber von den meisten anderen kann man das nicht behaupten.

„Es gibt Leute, die können nicht mal mehr betteln, weil sie nur am Saufen sind."

Marcus erzählt von Roland, einem guten Bekannten von ihm: Roland hatte eine italienische Freundin. Deren Eltern akzeptierten ihn nicht und als sie trotzdem schwanger wurde, musste sie zurück nach Italien. Er hat sie nie wieder gesehen. Etwa zur selben Zeit starben seine Eltern. Er begann zu trinken. Von da an ging alles sehr schnell. Er verbrauchte sein Geld und verlor seine Wohnung innerhalb eines Jahres, war dann noch eine zeitlang in der Drogenszene zu finden und stürzte, als die billige Droge Crack populär wurde, entgültig ab. Inzwischen ist er gestorben.

Marcus hat selbst ein mal Crack geraucht – und hinterher so ein „krasses Verlangen" danach gehabt, dass er es bei diesem einen mal belassen hat. Inzwischen hat er sich geändert. Oder weiterentwickelt.

„Früher wollte ich aussteigen aus dem System. Ich weiß aber jetzt, dass das nicht geht. Ich muß in der Gesellschaft leben, weil ich muß ja auch mit Geld bezahlen. Gegen das System bin ich auch heute noch. Aber ich versuche jetzt, innerhalb des Systems was zu tun."

Zum Beispiel in der Antifaschisten-Szene. Dort hilft er mit, Nazi-Aufmärsche zu verhindern. Vor vier Jahren war der Erste in Frankfurt. Die Antifaschisten hatten erst die Straßen blockiert, dann Steine geworfen und schließlich die Nazis eingekesselt. Die mussten in die U-Bahn fliehen. Die Polizei setzte Wasserwerfer ein – gegen die Antifaschisten. Zum nächsten Aufmarsch im nächsten Jahr reisten die Nazis mit 150 bis 200 Teilnehmern wieder zum Aufmarsch an. Die Scheiben ihrer Reisebusse wurden mit Steinen eingeworfen. Seitdem sind Kundgebungen jährlich angekündigt, finden aber nicht statt.

Steine werfen ist für Marcus in Ordnung.

„Man darf diese Leute nicht ihre Meinung äußern lassen, dafür ist mir jedes Mittel recht. Die haben 'ne komplett andere Ideologie. Die sind gegen andere Menschen und dabei sind wir doch alle gleich. Ist doch egal, welche Sprache. Ich find`s eh blöd, dass sich Sprachen an Grenzen ändern. Eine einzige Sprache wär` zwar auch blöd, aber ich würde gern alle verstehen. Ist doch egal, ob Mann oder Frau oder behindert. Aber die kapieren das nicht. Das ist so logisch, wie dass ein Stein nach unten fällt, wenn man ihn fallen lässt. Aber die erzählen immer noch, er fällt nach oben. Wenn die an der Macht sind, darf man keine freie Meinung äußern. Ich verabscheue es eigentlich, zu schlagen oder so was. Ich könnte mich mit denen auch an einen Tisch setzen und versuchen zu erklären, aber sie würden`s nicht annehmen."

Also bliebe nur noch, sie an der Verbreitung ihrer Grundsätze in der Öffentlichkeit zu hindern.

„Alte Leute zum Beispiel sind so beeinflussbar. Sie bekommen den Führerschein abgenommen, aber mit 98 noch eine Wahlbescheinigung. – Das gilt natürlich nicht für alle alten Leute", grinst er, „das habe ich nicht gesagt. – Das wäre ja so was wie Faschismus." Jetzt muß er aber langsam weiter. Hat noch was zu erledigen. Ob er noch irgendwas mitteilen möchte, frage ich ihn. Irgendeinen Gedanken, der ihn geprägt hat in seinem bisherigen Leben. Ich bin überrascht über die prompte Antwort:

„Wenn man auf die Fresse fällt, wenn man auf jemanden

reingefallen ist, dann heißt das nicht, dass alle Menschen so sind."

Als ich gehe, bin ich bestens gelaunt. Die Begegnung mit Marcus empfinde ich als Glücksfall. Mir ist einiges klar geworden, zum Beispiel, dass es „die Obdachlosen" als festgelegte Schicht, als „die gesellschaftlich Abgestürzten", die fortan auf der Straße leben, so gar nicht gibt. Zwar im Einzelnen, nicht aber als Gesamtheit. Obdachlosigkeit ist ein dynamisches System. Man kann leicht reinkommen, aber ebenso gut auch wieder raus. Die Übergänge sind fließend. Natürlich gibt es den Berber, der seit Jahrzehnten unter der Brücke lebt, aber das ist nicht das unumstößliche Schicksal aller wohnungslos-gewordenen. Dieser Gedanke gefällt mir gut. Ein eigentlich logischer Gedanke, der mir aber erst im Gespräch mit Marcus gegenwärtig wird. Als ebenso logisch erscheint mir plötzlich die Möglichkeit, erst mal bei Freunden unterzukommen, bevor man ganz auf der Straße landet. Mein neues Bild der Obdachlosen beginnt langsam, an Form zu gewinnen.

Ich gehe zurück auf die Zeil.
An der Konstablerwache sammelt ein Mann Dinge aus Mülleimern. Er hat Mühe, ein „Nein" zu artikulieren, als ich ihn um ein Gespräch bitte. Ein anderer Mann sitzt am Straßenrand und hält die Hand auf.
„Eher nicht", antwortet er, er sei noch nicht so lange auf der Straße, „ist noch nichts passiert." Die Zeil wirkt protzig und etwas kalt. Passanten mit Einkaufstüten eilen und spazieren und schlendern vorbei. Shoppingatmosphäre.
Einige Minuten später wird dieses Bild jäh gestört. An einem Brunnen, eingerahmt von Karstadt, Appelrath-Cüpper und irgendeinem Herrenmoden-Laden, sitzen fünf Punks und unterhalten sich lautstark. Ich frage, ob ich mich dazusetzen kann.

Wolle, Wiessel und Langer

Klar kann ich. Alles gute Freunde, wie sie erklären. Und doch ganz unterschiedlich, was den Lebenswandel betrifft. Wolle ist obdachlos, Glatze leistet gerade ein freiwilliges soziales Jahr bei der Lebenshilfe ab, Matthias hat einen festen Arbeitsplatz, Sabrina studiert Sozialpädagogik und arbeitet in einem Jugendzentrum auf dem Land. Wiessel ist gerade in Ausbildung, war aber selbst drei Jahre lang obdachlos, hier in Frankfurt.

Das Leben auf der Straße findet er „geil. Du hast keine Verpflichtung, du hast deine Ruhe, du kannst einfach das Leben genießen."

Aber ich sollte doch mal den Langen fragen, meint Wiessel. Der wäre mit Leib und Seele und schon viele Jahre obdachlos und käme auch gerade auf uns zu.

Ich drehe mich um und weiß auch sofort, woher der Name „Langer" kommt. Er ist mindestens 2 Meter groß und hebt sich schon aus der Ferne deutlich von all den anderen Menschen ab, die um ihn herum unterwegs sind. Eine hagere Gestalt mit dünnen Armen und Beinen, die sich gelassenen Schrittes auf uns zubewegt. Ein Punker wie gemalt: Im Irokesenschnitt gelbe und grüne Strähnen. Schwarzer Kapuzenpulli unter der Bomberjacke. Die Jeans mit weißen Flecken wie nach einer in den 70er Jahren so beliebten Domestos-Behandlung.

Als er uns erreicht, nimmt er nur kurz Notiz von mir, ohne ein Wort zu sagen. Er wirkt dabei weder misstrauisch noch gleichgültig. Vielleicht ist es normal, dass jemand Neues dabeisitzt. Die anderen stellen mich vor. Die Sohle seiner Springerstiefel ist auf Höhe der Zehen mit Isolierband am Rest des Schuhs befestigt. Um den Hals trägt er den Palästinenser-Schal, in Unterlippe und Augenbraue silberne Piercings. „Hass" ist auf die Finger tätowiert, auf jedem Finger ein Buchstabe. Vom Rücken der Jacke grüßt ein „Schurken-staat"-Aufnäher.

Langer ist gebürtiger Saarländer, was man unschwer und zweifelsfrei an seinem liebenswerten Dialekt erkennen kann. Anfangs bin ich sehr überrascht, aber im Laufe des Gesprächs passen Langer`s Äußeres und sein Dialekt immer besser zusammen.

Er ist 25 Jahre alt und seit seinem 18. Lebensjahr „auf Platte." Sein Leben will er so, wie es ist. Über die Vorteile des Obdachlosen-Daseins pflichtet er dem, was Wiessel vorher gesagt hatte, in allen Punkten bei. Was, abgesehen von der persönlichen Freiheit, sonst noch schön ist, möchte ich wissen.

„Obdachlose halten zusammen", erklärt Langer.

„Wir beobachten oft die Leute", ergänzt Wiessel, „man bekommt eine gute Menschenkenntnis auf der Straße." Und: „Wir Straßenjungs sind die geilsten im Bett."

Langer kam nach der Geburt seiner Tochter auf die Straße.

„Ich war do druff gewes`." Heroin und andere Drogen.

Seine Freundin und Mutter seines Kindes hatte gefordert, er solle eine Therapie machen oder gehen. Er ging. Seitdem lebt er auf der Straße. Hier wollte er ganz langsam und mit Hilfe des Drogen-Ersatzstoffes Methadon seine Sucht überwinden. Auch die Mutter seiner Freundin hat ihn zwischenzeitlich – als er seine Tochter sehen wollte – in ein Methadon-Programm vermittelt. Es kam aber anders.

Er ging nach Hamburg, Berlin, Hannover, jeweils für ein halbes oder ganzes Jahr von Stadt zu Stadt, auch „in der Klapse" hat er ein halbes Jahr verbracht. Warum er dann hier in Frankfurt geblieben ist, möchte ich wissen.

„Ich bin ja gar net hiergeblieben. Ich bin ja erst ein halbes Jahr hier und dann geht`s weiter."

Wiessel schnorrt derweil Zigaretten.

Auf Passanten, die uns zu nahe kommen, geht er zu und fragt, ob sie „mal `ne Kippe übrig" haben. Manchmal fragt er auch quer über die Straße. Irgendwann klappt`s.

Hier an der Konstablerwache ist schon seit Jahren Treffpunkt, erzählt er dann.

„Hier wird gesoffen, geschnorrt, Leute angepöbelt. Wie eine große, glückliche Familie." Einmal gab es deswegen „Streß mit dem Ordnungsamt", dann kamen sie auch nachts, „zum Randale machen." Geschlafen wird manchmal in Schlafsäcken von der Obdachlosenhilfe, meistens aber bei Bekannten. Ich frage den Langen, wo er heute übernachtet.

„Wo ich heut` besoffen inschloof."

Das Gespräch hier unterscheidet sich sehr vom Gespräch mit Marcus. Während der in seiner Erinnerung kramte und zusammenhängend seine Lebensgeschichte erzählte, spielt sich hier bei den Punks alles im Hier und Jetzt ab. Ständig passiert etwas Unvorhergesehenes. Wiessel steht plötzlich auf und geht weg, ohne ein Wort zu sagen. Zwei Neue kommen und nehmen einen aus der Gruppe mit. Ständig wechseln die Gesprächspartner, die Themen, die Lautstärke. Einer, der gerade gemütlich sitzt, kann im nächsten Moment ohne Vorzeichen aufspringen, zwei Minuten schnorren gehen, um sich dann wieder gemütlich hinzusetzen. Langer geht wortlos schnorren und kommt mit einem belegten Brötchen wieder. Er sitzt wiederum wortlos einige Minuten bei uns, um plötzlich mit Wolle auf die andere Straßenseite zu wechseln. Dort setzen sich beide hinter ihren Pappbecher und fragen Passanten um Kleingeld. Scheinbar wird alles, was einem gerade in den Sinn kommt, gleich in der nächsten Sekunde einfach ausgeführt. Alles geschieht ohne Absprache und niemand wundert sich darüber. So scheint es mir. Sehr ungewohnt, aber angenehm unkompliziert. Von außen könnte man meinen, als ob hier gelangweilte Faulenzer die Zeit totschlagen. In Wirklichkeit weiß man nie, was im nächsten Moment passieren wird. So verläuft auch unser Gespräch. Völlig unzusammenhängend, ohne festen Gesprächspartner. Ich beobachte die Szenerie, schnappe Stichworte auf und frage nach, stelle eigene Fragen. Das macht Spaß, ich nehme am Alltag teil.

Wiessel spricht von der Kunst des Schnorrens.

„Schnorren ist nicht wie betteln oder Krüppel spielen, so mit ‚bittebitte' und so." Er faltet dabei die Hände und spricht in weinerlichem Ton. „Schnorren ist ehrlicher."

Und ganz spontan.

„Wer Lust hat, geht einfach. Beim ersten Mal kam ich mir ganz beschissen vor, aber der Hunger treibt dich raus. Man gewöhnt sich dann dran. Jetzt machen sich alle 'nen Spaß draus."

Ja, das merke ich.

„Man muß'n bisschen Clown sein", erklärt Wiessel, „bisschen lustig sein, dann klappt das." Wiessel und Langer führen mir ihre Lieblingssprüche vor.

„Ham' 'se mal'n bisschen Kleingeld für 'nen asozialen Umtrunk?" oder „Wir begutachten das BKA Frankfurt, für neue Uniformen", oder „Kollekte für Verdreckte."

Wir lachen.

„Meist sage ich: ‚Ham' 'se mal ein bisschen Kleingeld? Nein? Schönen Tag noch'", erklärt Langer, „des is am freundlichsten. Die sollen net denken, dass ich auf sie scheiße."

Nach einer kurzen Pause: „Manche Leute sind frech, manche sind saulieb."

Viele schauen einfach weg. Die Punks machen sich einen Spaß daraus, wenn die Leute so pikiert sind.

Wiessel bekommt manchmal ca. 40 Euro für zwei Stunden Schnorren, am Monatsanfang gibt es mehr. Langer schätzt seine Einkünfte auf 50 bis 60 Euro am Tag, „davon kann man leben. Natürlich wird geteilt, das gehört sich so. Warum soll ich schaffe gehn, wenn ich's auf der Strooß krieg'. Ich geh' erst schaffe, wenn ich hier nix mehr krieg."

Langer schreit wirres Zeug herum, jemand spielt betrunken und grölt, alle anderen amüsieren sich. Von außen das Bild der besoffenen, herumpöbelnden Halbstarken. Aber alles nur gespielt für die eigenen Leute, vor vorbeispazierendem, anonym bleibendem Publikum. „Jeder Mensch soll gleich behandelt werden", fordert Langer, „keiner gleich viel schaffe und gleich wenig. Jeder gleich verdiene` und gleich viel ausgebe`. Des wär` doch geil. Jeder Mensch deed gleich verdiene` wie annere a.“

Sabrina hat im Rahmen ihres Studiums zwei Wochen bei der Obdachlosenhilfe gearbeitet.

Ihr Freund Glatze lädt mich zum „Troopers"-Konzert ein, heute abend hier im „Nachtleben". Der „Troopers" wegen ist Wolle heute extra aus Limburg angereist, er ist hier nur zu Besuch. Aber „man kennt sich. Der Lange war ja auch schon bei uns in Limburg."

„Man muß ja neue Leut` kennenlernen", erwidert der Lange, „deswegen geh` ich immer von Stadt zu Stadt. Immer mitten rein, München, Rostock, Köln, Leipzig, Hannover, Hamburg, da kann man gut schnorren. Marburg, Mannheim. Direkt vom Bahnhof zu den Punkern, ansprechen, dabeibleiben."

Nur nach Leipzig geht er nicht mehr, „lauter Faschos."

„Man achtet auf seine Leute", mischt sich Wiessel ein, „da kommt jeder unter."

Wenn man zum Beispiel nach Limburg kommt, ist die Wohnung eines David der Anlaufpunkt, dort treffen sich alle Punks.

Wiessel weiter: „Und wenn mal irgendwo Konzert ist, gehste zwei Tage schnorren und fährst dann hin."

„Oder gehste auf`s Konzert und schnorrst da", grinst Langer.

Glatze trägt mir auf, bei Veröffentlichung meines Buches „Schöne Füße an den Rest der Welt" zu senden.

„Schöne Füße?", frage ich nach.

Ja: „Schöne Füße an den Rest der Welt. Punks und Skins Limburg."

Geht klar. Hab` ich hiermit ausgerichtet.

Zwei Kinder, die es zum Brunnen hinzieht, werden von ihrer Mutter weitergeschoben: „Laßt das", flüstert sie.

Sabrina leise zu uns: „Geht mal weg von den Assis!"

Wiessel zur Mutter: „Kinder dürfen alles."

Zwei gehen um die Ecke zum Pinkeln, ein paar andere gehen Bier kaufen. „Felskrone" macht die Runde. Langer ärgert sich, weil für ihn kein Bier übrig ist, obwohl er dafür mitgeschnorrt hat. Der Streit ist kurz und ehrlich.

Ich frage, was die roten Schnürsenkel an den Springerstiefeln zu bedeuten haben.

Jemand: „Die schwarzen waren ausverkauft."

Gelächter.

Alle haben einen freundschaftlichen Umgang miteinander. Nie hört man ein böses Wort. Langer und Wolle sitzen inzwischen wieder auf der anderen Straßenseite und schnorren. Mit den Kumpels am Brunnen kommunizieren sie brüllend.

Ich gehe rüber und setze mich dazu.

„Wie alt bist`n du, Peter?", fragt Wolle.

„39."

„Zu spät, um auf die Straße zu gehen – aber besser spät als nie."

Wolle ist 19 Jahre alt und aus Limburg. Gelernt hat er Garten- und Landschaftsbau. Sein Chef blieb 3 Monate den Lohn schuldig, so wurde Wolle obdachlos. Fast 1 Jahr ist das her. Jetzt geht er ab und zu schwarz Arbeiten. Nach Frankfurt ist er nur des Konzertes wegen gekommen. Das ist es ihm wert. Überhaupt ist es „üblich, zu reisen." An den Gardasee zum Beispiel ist er schon mal getrampt, hat dort am Strand geschlafen.

Ab und zu werden Geldstücke in den Pappbecher geworfen.

„`Tschuldigung, haben Sie noch`n bisschen Kleingeld? Schönen Tag noch. - `Tschuldigung…"

Gebetsmühlenartig, irgendwie beschaulich. Wolle und Langer betrachten und werden betrachtet. Viele schauen weg, einige geben etwas, die meisten antworten freundlich im Vorbeigehen. Wolle und Langer freuen sich über die Antworten, beobachten, schätzen ein. „Der da verliert gleich seine Hose."

„`Tschuldigung, haben Sie noch`n bisschen Kleingeld?"

„Nein, tut mir leid."

„Schönen Tag noch."

„Danke, für Sie auch."

-

„`Tschuldigung…"

„Ich hab` nur 13 Cent."

Langer: „Egal, wir nehmen alles."

Wolle: „Wir nehmen auch 13 Cent in 1-Cent-Stücken."

Wir grinsen.

-

„`Tschuldigung, haben Sie noch`n bisschen Kleingeld?"

„Geh` arbeiten."

„Schönen Tag noch."

Langer ist immer freundlich.

-

„`Tschuldigung…"

Die beiden Frauen schauen weg.

„Auch Euch `n schönen Tag noch."

„Leute im Anzug geben eigentlich nie was", erzählt Wolle, „die brauchste gar nicht erst fragen."

Langer ergänzt: „Leute, die nix haben, geben eher was als Leute, die was haben."

Auf der anderen Straßenseite findet ein kurzes Handgemenge statt. Alle schauen hin.

„Des sin keine Leit für uns", bemerkt Langer beiläufig.

Erst als Glatze kommt und berichtet, ein Behinderter sei gerade „umgeboxt" worden, werden alle hellhörig.

„Geh`n wir hin?"

Langer, Wolle und Glatze verfolgen die Gruppe von drei Männern um die nächste Ecke. Ich gehe mit dem Notizbuch hinterher wie der Hofberichterstatter. Den Rucksack lasse ich unbesorgt bei den anderen am Brunnen zurück. Die drei Männer werden eingeholt und zur Rede gestellt. Sie können plausibel erklären, dass der Behinderte sie grundlos beleidigt hatte und lediglich ein kleines Handgemenge daraus entstand. Wenig später ist die Sache vergessen. Mit den Worten „Is o.k." beendet Langer die Debatte. Man trennt sich im Einvernehmen. Keine Spur von Streitsucht.

Wenig später sitzen wir wieder hinter dem Pappbecher. Wolle und Langer sind stolz, obdachlos zu sein.

„Wir sind frei, net eingesperrt", erklärt Langer, „und ich muß net schaffe geh`n."

Beide schnorren weiter, und ein einziges Mal gibt es doch noch unharmonische Klänge. „Kannsch net warten mit deinem ,Schönen Tag noch', bis die Leut` ,Nein' gesagt haben?" zischt Langer genervt.

„Sobald wir zusammen schnorren, gibt`s immer Streß", klärt Wolle mich auf.

In einiger Entfernung geht eine Gruppe Gruftis vorbei, ganz in schwarz gekleidet, schwarz geschminkt und mit schwarzen Haaren.

„Na, ihr Knochenlutscher", ruft Langer mit breitem Grinsen. Sie gehen weiter ohne einen Blick zur Seite. Das sieht nicht freundschaftlich aus, aber auch nicht feindlich.

Einige Zeit später gehen Jugendliche vorbei, einer von ihnen redet irgendetwas von „auf`s Maul hauen." Langer springt auf und gibt – schon in vollem Lauf – den Kumpels am Brunnen Bescheid. Wolle und zwei weitere rennen hinterher. Die Jugendlichen sind schneller.

Es wird Abend und einige stehen auf, um zum Konzert zu gehen. Ich werde nicht dabeisein. Sicher würde ich noch eine Menge erleben, aber das wäre dann etwas vollkommen anderes. Keines der Gespräche auf der Straße mehr, die ich suche.

Der Abschied ist genauso unkompliziert wie alles hier. Alle

sagen „Tschüß" und „Alles Gute", aber es gibt keine Abschiedesszene. Sofort wird wieder von anderem geredet.
Beim Weitergehen drehe ich mich noch mal um. Niemand schaut mir nach.

Ich gehe weiter durch die Stadt.
Im Radio hat einmal jemand gesagt: „Wenn man zu Fuß geht, dann gehen auch die Gedanken spazieren." Der Mann hat recht. Mag sein, dass man beim Feilen an komplizierten Gedankengebäuden dann zum besten Ergebnis kommt, wenn man in einer ruhigen Ecke liegt oder ungestört an einem schönen Platz am Wasser sitzt, für unverhoffte, überraschend schöne Gedanken dagegen gibt es nichts Besseres als völlig zeitlos von hier nach da zu gehen.
Die Nacht verbringe ich in der Jugendherberge, teile ein Achterzimmer mit Bernd und Andi, die morgen im US-Konsulat vorsprechen müssen, weil sie nach USA reisen wollen. Beim Frühstück sitzen mehr Japaner als Deutsche. Plastikblumen auf den Tischen. Die Menschen sind morgenmuffig, davon ausgenommen eine Gruppe am Tisch in der Mitte, die viel lacht. Ein junger Mann mit weißem Hemd sitzt mir gegenüber, nimmt die Wurst wieder vom Brot und richtet sie parallel zum Brotrand aus.
Auf dem Weg zum Bahnhof gehe ich nochmals über die frühmorgentliche Zeil.
Straßenkehrer räumen auf. Müllmänner. Männer mit Aktentaschen, Radfahrer mit Rucksäcken, irgendein Ziel in der Ferne fest im Blick. Fensterputzer an Schaufenstern.
Es gibt keinen Inhaber-geführten Laden mehr auf der Zeil, lese ich, nur noch Konzerne. Ein Quadratmeter Ladenfläche kostet 220 Euro Miete.
Lieferwagen werden ausgeladen. Am U-Bahn-Abgang picken Tauben in einem Häufchen Brosamen. Ein Landvermesser.
Als ich an den Brunnen komme, ist niemand zu sehen. Wo

jetzt wohl alle stecken? Hätte mich interessiert, ob sie morgens auch so gut drauf sind wie ich sie gestern erlebt habe. Würde mich nicht wundern.

Den „Nicht-Obdachlosen", der mir gestern den Weg zur Zeil gezeigt hat, sehe ich am Bahnhof wieder mit Kumpels und Bier.

Viele Züge fahren in der nächsten Zeit nach Köln. Ich nehme den ersten.

Köln

„Ahn der Vringspooz triffsten, met singe Kumpels un dä Mammutfläsch Lambrusco." So beginnt das schöne, alte Lied, in dem die Kölner Band „BAP" den „Jupp" besingt, den Obdachlosen mit den so wunderbar unglaublichen Geschichten. „An der ‚Vringspooz' triffst du ihn, mit seinen Kumpeln und der Mammutflasche Lambrusco."

Mit diesem Lied im Ohr verlasse ich den Hauptbahnhof, um die „Vringspooz" und dort den Jupp zu finden. Ich treffe ihn schon nach wenigen Minuten, direkt vor den Toren des Kölner Doms. Unterhalb der atemberaubenden Hauptfassade mit den beiden Türmen sitzt er auf einer Bank und blinzelt in die Sonne.

Er nennt sich Elvis.

Elvis

Elvis?

„Ja", sagt er, Elvis Presley-Fan sei er seit seinem 8. Lebensjahr. Seine Kollegen auf der Straße gaben ihm später den Spitznamen.

Man glaubt sofort zu erkennen, einen Mann von der Straße

vor sich zu haben: Mit üppigem Vollbart, die langen Haare hinten durch einen Zopf gebändigt. Stoffhut. Bundeswehr-Pullover in Oliv unter einer schwarzen, wattierten Jacke. Bundeswehr-Tarnhosen und Cowboy-Stiefel. Das weiße Hemd, wenn auch am Kragen mit leichtem Gelbstich, lässt ihn gepflegt aussehen, ebenso der in Form gestutzte Bart. Die rahmenlose, ovale Brille verleiht ihm Eleganz und die würdevolle, aufrechte Haltung macht den Eindruck komplett.

Ob so ein Buch die Jugend überhaupt interessiere, will er wissen. Ich hatte mich und meine Reise vorgestellt und erwähnt, dass ich noch nicht genau wisse, ob ein Buch für Jugendliche oder Erwachsene dabei herauskommen würde. Er überlegt kurz und gibt sich die Antwort dann selbst: „Aber ja, die kommen ja immer zu mir mit ihren Sorgen und Nöten."

Viele seiner Kollegen haben Angst, auf Jugendliche zuzugehen, der Pöbeleien wegen. Einige seien auch schon mit Steinen beworfen worden. Elvis hat keine Angst.

„Du kannst das halt mit denen", meinen die Kollegen.

„Ich hör` zu", erklärt Elvis, „das will die Jugend haben."

Die Jugendlichen von hier kennen ihn schon. Sie erzählen von Streß in der Schule und bitten ihn auch schon mal, mit den Eltern oder der Freundin zu reden. Auf unbekannte Jugendliche geht er gelegentlich zu:

„Na, gestern wieder einen draufgemacht?"

Die gucken dann erst ganz entgeistert, aber wenn sie fragen: „Wie heißen Sie?", und er antwortet : „Komm, laß das ‚Sie' weg, ich bin der Elvis", dann sei alles möglich, erzählt er. Von seiner Mutter hat er öfter den Satz gehört, er hätte Erzieher werden sollen und Polizisten hatten ihn in Frankfurt mal gefragt: „Warum machst`n keinen Streetworker?"

Ein schönes Erlebnis hatte er letztes Jahr: Da war er nach Schweden eingeladen. Ein Autofahrer hatte hier in Köln mit seinem Wagen den 8jährigen Sven aus Stockholm angefahren und war geflüchtet. Elvis begleitete den Jungen ins Krankenhaus und lernte dort später dessen Eltern kennen, die beim Unfall nicht dabei waren. Sie zeigten sich dankbar, luden Elvis zu sich nach Hause ein und so verbrachte er letzten Herbst zwei Monate in Stockholm. Im Urlaub. Den Weg per Rad von Köln bis zur Fähre nach Schweden nahm Elvis gern in Kauf. Man hat Zeit auf der Straße.

Zu Anfang des Gesprächs war Elvis etwas skeptisch, dabei aber nie unfreundlich. „Ich hab` eigentlich nichts zu erzählen", war sein erster Satz. Als ich dann nachhake, scheint er darüber recht froh zu sein. Er erzählt sehr offen, sogar fließend, so dass ich ab und zu „Moment" sagen muß, um mitschreiben zu können.

Elvis ist 59 Jahre alt und lebte die letzten 19 Jahre davon auf der Straße. Er ist ein echter Berber, wie er betont, einer, der immer weiterzieht von Stadt zu Stadt und sich dadurch unterscheidet von den „Stadtratten", die einer Stadt treu bleiben. In Amsterdam ist er schon gewesen, Brüssel, Lyon, München, Hamburg, Bremen, sowieso in fast allen Städten Deutschlands. Außer im Osten, da war er noch nie, „obwohl`s mich da hinziehen müsste." Warum er das bisher versäumt hat, weiß er auch nicht.

Ungefähr eine Woche bleibt er meistens und auch aus Köln wird er demnächst weiterziehen. Dennoch, Köln ist für ihn die schönste Stadt Deutschlands. Hält er sich eine Zeit lang woanders auf, dann zieht`s ihn zurück hierher, „als hätte ich `ne Metallstange im Rücken und jemand steht mit `nem Riesen-Magneten auf der Domplatte."

Die Liebe zu Köln kann er sich nicht erklären. „Köln strahlt irgendwas aus, weswegen man die Stadt gern haben muß."

Ursprünglich kommt Elvis aus Groß-Gerau in Hessen. Nach der Schule absolvierte er eine Lehre zum Maler und Verputzer und schulte dann um zum Garten- und Landschaftsbauer. In dieser Zeit lebte er bei seiner Mutter, bis zu seinem 40. Lebensjahr. Da entschließt er sich dann, „auf Wanderschaft zu gehen." Die Mutter mußte das akzeptieren, sie hatte schon immer gesagt: „Du hast das Wanderblut von deinem Vater."

Er versprach ihr, sich 1 mal im Monat zu melden und daran hält er sich bis heute. Seine Mutter ist jetzt 77 und macht sich, so erklärt Elvis, nie Sorgen am Telefon:

„Die weiß genau: Wenn ihr'n Bub unterwegs ist, isser unterwegs."

Alle fünf Jahre besucht er sie mal und zu Geburtstag und immer an Weihnachten schreibt er Karten.

Und sein Vater?

Über den will er nicht reden.

Zu Anfang seiner Wanderschaft blieb Elvis ungefähr drei Tage in einer Stadt, dann zog er weiter. Er bot Leuten, die im Garten arbeiteten, seine Hilfe an und fragte auf Baustellen nach schwarz bezahlter Arbeit. Übernachtet hat er immer draußen, egal wo. Nur windgeschützt und bei Regen überdacht mußte es sein.

In dieser Anfangszeit begegnete ihm ein alter Berber, damals schon 65 Jahre alt, dem er sich anschloß.

„Er hat mir beigebracht, von Haus zu Haus zu gehen, und das nicht auf die sanfte Tour. Vielmehr hat er mich ins kalte Wasser geworfen", erinnert sich Elvis.

Der alte Herr forderte ihn auf, ihm sein Portemonnaie zu geben und schickte ihn los: „So, und jetzt geh uns mal Geld holen."

Elvis ging von Haus zu Haus, bekam dort Geld und Lebensmittel und kehrte schließlich wieder zurück zu seinem Mentor: „Das Geld gehört dir", sagte dieser, die Lebensmittel wurden geteilt. Das Portemonnaie wurde zurückgegeben. Als Elvis „ausgelernt" hatte, trennten sich die beiden und Elvis zog weiter.

„Es ist üblich unter Berbern, daß man sich trennt", erklärt er. Einmal noch hat er sich für vier Jahre mit einem anderen Berber zusammengetan, der musste aber eine zeitlang hinter

Gitter und ist inzwischen verheiratet und seßhaft. Seitdem zieht Elvis alleine von Stadt zu Stadt.

Heute trifft man sich mal unter Berbern, trinkt ein oder zwei Bierchen miteinander und trennt sich dann wieder. „Tschüß, man sieht sich", oder so ähnlich.

Auf der Domplatte, dem Platz, der den Dom einrahmt, spielt ein junger Mann mit Blockflöte „La Cuccarracha", zwischen die Beine gebundene Becken scheppern im Takt.

„Der kommt aus Jamaika", weiß Elvis, „wahrscheinlich Student. Er spielt hier 20 Minuten, wechselt dann den Platz immer weiter bis hoch zur Schildergasse und wieder zurück."

Man kennt sich auf der Straße.

Elvis steckt sich eine Selbstgedrehte an.

Seine aufmerksamen Augen suchen beim Reden manchmal Kontakt, meist aber schweifen sie über die Domplatte.

Auf seinen Handrücken hat er Ornamente eintätowiert. Die waren eine Dummheit, zu der er nicht mehr steht, erklärt er mir, als ich ihn darauf anspreche. Er hat sie mal aus Spaß mit einem Kumpel gemacht.

„Ich fühl` mich auf jeden Fall wohl", fährt er fort, obwohl es nicht mehr so sei wie früher. „Es hat sich viel verändert."

Echte Berber gäbe es kaum noch, beklagt er. Der Zusammenhalt sei nicht mehr so wie früher. „Früher konnte man sein Portemonnaie zwei Stunden lang bei den Kumpels auf dem Tisch lassen. Heute geht das nicht mehr. Die beklauen sich gegenseitig."

In Frankfurt wurde ihm alles gestohlen, er mußte sich in Kleiderkammern für Bedürftige neu einkleiden. Ob er auch persönliche Sachen verloren hat, will ich wissen. Nein, die hat er „immer am Mann." Ring mit Gravur, Armband, Halskette, Uhr. Alles Geschenke von verschiedenen Menschen. Den Löwen, der an seinem Rucksack baumelt, hat er „von einem kleinen Kerl" bekommen. Der hat gedroht: „Wenn ich den nicht mehr bei dir sehe, kuck` ich dich nicht mehr an." Natürlich tut ihm Elvis den Gefallen.

„Wenn du auf der Straße den Humor verlierst, kannst du dir direkt die Kugel geben."

In Notunterkünften übernachtet er schon lange nicht mehr.

„Man muß mit einem Zimmermannsnagel seine Sachen an die Wand machen, sonst sind morgens die Schuhe weg." Schlafräume mit sechs Mann aufwärts sind nicht sein Fall.

„Da", - er zeigt auf mich – „Mannheim, U5, 20 Mann auf einem Zimmer."

Ob er mich an meinem Dialekt erkannt hat?

„Klar, Badenser."

Irgendwelche Merkmale, an denen sich „echte Berber" untereinander erkennen, „gibt es nicht." Es ist allerdings Mode, einen Hund zu haben als Wachhund und treuen Begleiter. Elvis möchte auch wieder einen.

„Ich lebe freiwillig so", beteuert er.

Sein Schlafplatz ist ein Unterstand im Park, immer derselbe, wenn er in Köln ist. „Windgeschützt und trocken ist das A und O."

Auch im Winter schläft er draußen mit Schlafsack und Iso-Matte.

„Wolldecke drüber, und wenn`s sehr kalt ist, kommt sie in den Schlafsack. Das geht gut." Viele sind zwar schon erfroren, dann aber meist wegen Alkohol. Er selbst hält nichts vom Alkohol. Er trinkt vielleicht einmal im Monat drei Flaschen Bier, ansonsten alkoholfrei.

„Ich bin `ne Kaffeetante."

„Dich sieht man nie mit Alkohol", wundern sich manchmal die Leute.

„Warum auch?", entgegnet er dann.

Elvis hockt nicht mit dem Hut da und bettelt, aber wenn jemand kommt und etwas geben will, dann nimmt er`s.

„Hier in Köln sitzen an jeder Ecke Rumänen", erzählt er.

Besser gesagt, sie knieten – und hielten die Hand auf. Sie kämen immer in Gruppen von sechs oder sieben und verteilten sich in der Umgebung. Abends, wenn keine Leute mehr da wären, versammelten sich alle vor`m Dom und müßten dem Chef das Geld abgeben. Überall in der Stadt gäbe es solche Gruppen. Und keiner könne deutsch.

Ob der Chef auch bettelt, frage ich.

„Nein, der bettelt nicht", erklärt Elvis, „der fährt mit dem Mercedes vor."

Und: „Seitdem die in der EU sind, brauchen sie kein Visum mehr, seitdem ist das so. Auch unsere Straßenkünstler kommen nicht mehr, die Rumänen machen alles nach. Die ‚lebenden Statuen' zum Beispiel."

Seit Einführung des Dosen- und Flaschenpfands sammelt Elvis Flaschen. Damit bessert er seine 345 Euro Arbeitslosengeld II auf. In Mülleimern und auf der Straße sucht er nach Plastikflaschen, für die er je 25 Cent Pfand bekommt, und nach Dosen. Für Bierflaschen bekommt man nur 8 Cent, die sammelt er nur zur Not. Das bringt am Tag 4 bis 5 Euro. Wenn nicht vorher jemand anderes gesammelt hat. Es reicht dann für Essen und Rauchen. Oft kann man auch kurz vor Feierabend beim Bäcker noch Brot und beim Metzger Wurst geschenkt bekommen. Ansonsten ist Elvis nicht sehr wählerisch.

„Ich eß alles, was ich in die Finger kriegen kann."

Duschen kann er beim SKM, dem katholischen Verband für soziale Dienste in Deutschland e.V.. Zwei bis dreimal die Woche geht er dorthin. Bedürftige können dort auch essen, dieses Angebot nimmt er aber nie in Anspruch. Seine Kleider wäscht er im Waschsalon. Seine ganze Habe trägt er mit sich herum: Das, was er anhat und im Rucksack eine Hose, ein Hemd, zwei Unterhosen, zwei Paar Socken, Verbandszeug und eine Halskette.

Beim Arzt war er schon seit seiner Blinddarmoperation 1967 nicht mehr. Er pflegt sich eben. Zähne putzen ist selbstverständlich.

Kulturelles wie Schwimmbad oder Kino gönnt er sich nie.

„Wenn ich schwimmen will, geh` ich hier in den Rhein.“
Da kommt er mit Kölnern ins Gespräch und wird auch mal zum Würstchen eingeladen.
Ob er manchmal noch Elvis Presley hört, frage ich.
„Manchmal“, antwortet er, „wenn ich `nen Radio hab`, sonst nicht.“
Was ihm am Berberleben gefällt, will ich wissen. Er antwortet sofort:
„Ich bin nicht in `ner Zwangsjacke. Morgens früh aufstehen und wenn du nicht pünktlich bist, gibt`s Druck. Wir stehen auf, wann wir wollen, legen uns hin, wann wir wollen. Wenn ich im Schlafsack lieg`, überleg` ich, wohin ich noch gehen könnt`. Die Entscheidung fällt dann aber unterwegs, ganz spontan.“
Manchmal bleibt er eine Weile, manchmal zieht er nach einem Tag weiter, immer zu Fuß. Und immer da, wo Leute sind. Feld, Wald und Wiesen meidet er, da dort niemand ist, der helfen kann, wenn unterwegs etwas passiert.
Wenn es regnet oder schneit, ändert das nichts am Tagesablauf.
„Wenn`s Wetter da is`, isses da.“
Kontakt hat er immer genau mit den Leuten, die er gerade trifft, aber er besucht neue Städte nicht der Kontakte wegen, er erwartet dort in erster Linie einen guten Verdienst. Trotzdem bekam er natürlich mit den Jahren ein Gefühl für die verschiedenen Mentalitäten der Stadtbewohner.
„Köln isses Rheinland, das ist`n anderer Menschenschlag.“
Da kann es passieren, dass der Berber in der Gaststätte von ganz normalen Leuten an den Tisch gebeten wird. Frankfurt dagegen „is`n sturer Hess`.“
Regelmäßigen Kontakt hat er zu niemandem mehr, außer natürlich zu seiner Mutter – per Handy.
Per Handy? – Ich muß mich doch sehr wundern.
Ja, antwortet Elvis, er hat jetzt ein Handy. Zur Sicherheit und für die Mutter. Manchmal ruft auch Sven aus Schweden

an oder man muß eine Verabredung unter Berbern in einer anderen Stadt absagen, wenn etwas dazwischenkommt.

„So ist das bei uns auf der Straße. Wenn wir was versprochen haben, dann halten wir`s auch." Es geht natürlich auch ohne Handy. Unter Berbern spricht sich alles sehr schnell herum. Einer erzählt es dem anderen, der erzählt es in der nächsten Stadt. Früher sagten die Polizisten: „Euer Telefon geht schneller als unseres." Mit Polizisten kommt Elvis gut aus. Sie grüßen ihn und lassen sich „höchstens spaßeshalber" den Ausweis zeigen. Mit Behörden hat er nie etwas zu tun, wenn man davon absieht, dass er sich alle sechs Monate in der Agentur für Arbeit in Lahnstein melden muß, um dort persönlich seinen Antrag auf Arbeitslosengeld abzugeben. Überhaupt hat Elvis keinen Ärger. Er ist auch noch keinen unfreundlichen Leuten begegnet. „Wie du in den Wald reinschreist, so kommt`s zurück. Wenn du anständig bist, dann sind die anderen auch anständig."

Nur für „die da oben" findet er keine netten Worte. Von den Politikern könne man nichts erwarten.

„Die holen`s Geld von jedem und schmeißen`s raus. Wir Obdachlose meckern genauso über die wie normale Bürger auch."

Nach fast zwei Stunden Gespräch redet er nicht mehr so flüssig, ich muß immer öfter eine Frage stellen.

Als ich schließlich frage, ob er noch kann, antwortet er:

„ Jetzt fällt mir nichts mehr ein."

Was er heute noch macht, möchte ich wissen. Er geht gleich ins Domforum, noch einen Tee oder Kaffee trinken, macht noch eine große Runde bis zum Fernsehturm, dann, so um 16.00 Uhr oder 16.30 Uhr, geht er zum Schlafplatz und lässt den Tag ganz langsam ausklingen.

„Da leg` ich mich hin, Zigarettchen an, dann dreh` ich mich rum und schlaf`."

Ob er sich Gedanken macht?

„Nein, wenn ich mir Gedanken mache, kann ich nicht mehr

schlafen."

Zukunftssorgen?

„Ich mache mir keine Gedanken über die Zukunft. Wir leben ja von einem Tag auf den anderen. Ich hoffe nur, dass ich noch lange körperlich fit bleibe. Und das werd` ich auch. Wenn man immer an der frischen Luft ist, das macht viel aus."

Einen Plan hat er dann aber doch: Ein Fahrrad will er wieder haben. Mit Anhänger kostet es 170 Euro, die er mit Flaschensammeln zusammensparen will.

„Vielleicht sammel` ich mal im Terminal vom Düsseldorfer Flughafen, wo sich die Herrschaften, die wegfliegen, hinlümmeln." Einige Berber übernachten da drin.

„Da geht keiner unter 100 Euro raus."

Und auf jeden Fall möchte er so, wie er jetzt lebt, weiterleben.

„Wenn ich mal in die Waagrechte gehe, dann nur auf der Straße. Dann wünsch` ich mir `nen Blechkranz."

Warum?

„Daß ich hör`, wenn`s regnet."

Ich gehe.

Elvis schultert seinen Rucksack, geht ein paar Schritte und verschwindet dann im Domforum, wie angekündigt.

Ich mache mich weiter auf die Suche nach der „Vringspooz."

Erstmal eine Runde um den Dom, denke ich mir.

Die Menschen, die ich frage, können mir allesamt nicht weiterhelfen. Entweder sind es selbst Touristen oder sie kennen tatsächlich ihre eigene Stadt nicht. Eines ist witzig: Wenn ich auf die Leute zukomme und sie anspreche, dann schauen die meisten erst mal, als würde gleich etwas Schlimmes passieren, und sind dann sichtlich erleichtert und lächeln, wenn ich sie nur nach dem Weg frage. Die Vringspooz finde ich trotzdem nicht. Dafür aber Horst.

Eigentlich hat er ja mich gefunden. Er zwinkert mir zu, als ich mich hinter dem Hauptbahnhof etwas unschlüssig suchend umschaue.

Horst

Ein freundlicher älterer Herr, der selbstbewusst auf mich zugeht und sofort mit einem Gespräch einverstanden ist. Er schlägt vor, zum Wallraffplatz zu gehen, weil man da gemütlich sitzen und reden kann.
Wir gehen.
Horst ist 64 Jahre alt. Ich bitte ihn darum, mir etwas vom Leben zu erzählen. Vom Leben auf der Straße oder von seinem eigenen. Das erste, was ihm einfällt, ist die Zeit im Harz vor einigen Jahren.
Damals hat er mit Detlef, einem guten Freund, eine Zeit lang in einem leerstehenden Haus „Platte gemacht". Der Besitzer des Hauses war sowohl informiert als auch einverstanden. Die beiden ließen sich von einem Maurer einen kleinen Ofen einbauen und hatten somit auch im Winter ein warmes Zimmer mit angenehmen 20 Grad. Beide hatten Schäferhunde als Begleiter, die sich wunderbar verstanden, da Horst`s „Kessie" ein Weibchen, der andere eine Rüde war. Ab und zu kamen Freunde zu Besuch, alles Berber, „keine Stadt-Willys, die sind unehrlich und klauen." Eine schöne Zeit war das. Inzwischen ist Detlef sesshaft geworden und hat eine Frau. Horst besucht die beiden ab und zu, wenn er in der Gegend ist.
Es beginnt zu regnen in Köln und Horst macht sich Sorgen um mein Notizbuch. Wir gehen ins Domforum und trinken Kaffee. Elvis ist schon weitergezogen. Ob er ihn kennt, will ich wissen.
„Ja", sagt Horst, „Elvis kenn` ich."

Er erzählt weiter von Kessie, der Schäferhündin. Ein Hund ist für einen Berber kein Haustier, sondern „ein Lebenskamerad. Erst kommt der Hund, dann lange nichts, dann komm` ich." Sieben Jahre lang waren die beiden zusammen unterwegs. Morgens nach dem Aufstehen gab es etwas zu Fressen – Knochen vom Metzger oder Hundefutter – dann Auslauf. 15 bis 20 Kilometer am Tag sind sie manchmal durch den Harz gelaufen. Kessie hörte schon am Schritt, wenn ihr Herrchen kam, erinnert sich Horst. Beim Geschäft – damals hat er noch gebettelt – bringt ein Hund viel ein. Aber gut gepflegt muß er sein. Man darf, wenn er so auf seiner Decke liegt, „nicht das Vaterunser durch die Rippen blasen können." Das war mit die schönste Zeit. Kessie hatte schließlich Krebs und musste in Quedlinburg eingeschläfert werden. Im Garten eines Freundes liegt sie begraben. Er hat lange gebraucht, bis er drüber weg war, erzählt Horst. Irgendwann möchte er wieder einen Hund, aus dem Tierheim, einen Rüden.

Inzwischen sitzen wir wieder draußen auf dem Wallraffplatz. Die Sonne scheint. Horst redet schnell, zusammenhängend und in schönem Hochdeutsch. Seine Hände gestikulieren dazu. Er schmunzelt viel, was zusammen mit dem weißen Rauschebart und dem rötlichen Schnauzer das Bild eines gütigen, gemütlichen Großvaters in mir wachruft. Gekleidet ist er in schwarz. Der Filzhut, die Cordhose, ein dicker Pullover und die Lederschuhe, alles schwarz. Sogar Hände und Fingernägel. Seine Haut ist an manchen Stellen schorfig. Den Parka hat er für uns beide zum Sitzen auf der steinernen Bank ausgebreitet.

Geboren ist Horst im Harz, genauer gesagt in Hettstedt im Mansfelder Land, 14 km entfernt von der Lutherstadt Eisleben. Bei seinem Vater hat er Huf- und Wagenschmied gelernt. Das war zu dieser Zeit ein gefragter Beruf, da in der noch jungen DDR „nur die Parteifritzen Autos hatten." Acht oder neun Jahre hat er dort gearbeitet, dann hat er sich zur

Flucht in den Westen entschlossen. Beim Versuch, die grüne Grenze zwischen den beiden deutschen Staaten zu überqueren, wurde er 1964 festgenommen, der Republikflucht angeklagt und für vier Jahre zur Arbeit im Braunkohle-Tagebau verurteilt. Als er nach Ende der Strafzeit als Straßenkehrer eingesetzt werden sollte, wagte er 1968 einen zweiten Fluchtversuch, diesmal erfolgreich. Seitdem lebt er in der Bundesrepublik und seitdem auch – mit kurzen Unterbrechungen – ohne festen Wohnsitz. Seit 39 Jahren.

Anfangs hatte er sich vier Jahre lang einem Schausteller-Betrieb angeschlossen und half dort überall zwischen Hamburg und München beim Auf- und Abbau von Autoscooter und Achterbahn. Danach war er eine Zeit lang in Hamburg als Pflasterer beschäftigt, schwarz, aber mit fester Wohnung, die er sich mit fünf Jugoslawen teilte. Der Bauherr besaß ein größeres Anwesen außerhalb der Stadt. Dort verbrachte Horst die Wochenenden. Sein Tag hatte zehn bis zwölf Arbeitsstunden und am Ende des Monats waren rund 2800 DM sein Verdienst.

Die restlichen Jahrzehnte lebte Horst „auf Platte." Ohne Unterkunft, nie in der Obdachlosen-Notübernachtung, immer draußen.

„Draußen kann man tun und lassen, was man will."

Was ihn stört an den Notunterkünften?

„Ich fühl` mich da eingeengt, da fällt mir die Decke auf den Kopf." Und es gibt dort „zu viele Ratten, die klauen." Und „Heimkinder", die drinnen schlafen, sich aber über`s Wetter beschweren.

Er selbst schläft lieber im Freien an verschiedenen Plätzen, zur Zeit auf einer Baustelle hier ganz in der Nähe, auf die er nachts aufpasst. Der Bauherr weiß das und hat nichts dagegen. Horst hilft dafür auch ab und zu. Die Baustelle ist zwar nachts geschlossen, aber er kommt trotzdem rein und findet dort seine Ruhe. Bis zum Frühling möchte er hier bleiben.

„Der richtige Wandertrieb kommt erst, wenn die Sonne

hochkommt."

Er schläft dann immer auf dem Boden, mit Schlafsack und Isomatte. Und am liebsten Natur pur, irgendwo draußen, in der Stadt ist es ihm „zu gefährlich."

Ich denke an Elvis, dem es draußen zu gefährlich war.

Früher in Bayern, so erzählt Horst, gab es in den Städten „schwarze Sheriffs." Das waren Polizeibeamte, die „dir als Obdachlosem das Geld abgenommen und dich mit dem Auto in die Prärie gefahren und dort ausgesetzt haben." Hier in Köln gibt`s nur manchmal Bahnhofsverbot und auch nur für Leute, die sich permanent dort aufhalten.

Wenn Horst beiläufig erwähnt, wo er schon war, dann nennt er selten Städte, eher Naturlandschaften. Den Brocken im Harz, wo die Luft so gesund ist und das draußen Schlafen so schön, wo man viel wandern und viel sehen kann und in den Pfarrämtern der kleinen Dörfer Brotzeit abholen. Die Kampenwand bei Bernau oder die deutschen Küsten. In die Gegend von Hamburg möchte er mal wieder, da war er schon zu lange nicht mehr. Die Elbe, Nord- und Ostsee, den Hafen, das findet er schön. Die 30 Euro für`s Wochenendticket muß er sich dann aber erst wieder zusammenkratzen.

„Heut` abend treffe ich den Ungarn", fällt Horst plötzlich ein, „der schläft immer drei Tage lang im Hotel, wenn er sein Hartz IV – Geld bekommt. Da kann er sich mal richtig ausschlafen." Ansonsten schläft er immer mit anderen zusammen in einem Auto.

Horst geht sparsam mit Geld um, wenn er welches hat. Kauft nur in Billigläden ein, Kleider und Essen holt er sich ab und zu beim SKM oder beim Gulliver, einer Anlaufstelle für Obdachlose mit Beratung, Duschmöglichkeiten usw. Betteln will er nicht mehr. Manchmal bekommt er was in die Hand gedrückt, dann nimmt er`s, ansonsten bessert er sein ALG II mit Flaschensammeln auf. Es gibt zwar schon zu viele Leute, die Flaschen sammeln, aber manchmal lohnt sich`s doch, an Karneval zum Beispiel.

„Ganz volle Deinhard rot kannst du da finden."

Seit 11.11. ist er wieder hier in Köln, weil er den Karneval live erleben wollte. Leere Flaschen gab es da in Hülle und Fülle, und auch volle.

Beim Bühnen-Aufbauen hat er schon geholfen und ansonsten den Trubel genossen, der während der Karnevalszeit hier herrscht. Aber auch sonst hat er hier in Köln schon viel erlebt. An einer Mahnwache gegen den Krieg hat er sich beteiligt. Ein Freund, selbst nicht obdachlos, hat am Dom eine „Klagemauer für den Frieden" eingerichtet. An einer zwischen zwei Laternen gespannten Schnur konnten Passanten selbst geschriebene oder gemalte Zettel für den Frieden aufhängen. Horst hat dazu Postkarten gedruckt. Das ging regelmäßig mehrere Jahre so.

Und sogar im Fernsehen war Horst schon. Im Rahmen der RTL-Sendung „Wir schlafen im Bahnhof, es ist kalt in Köln" redete er 15 Minuten lang mit Hans Meiser über das Leben auf der Straße.

„Da war ich natürlich sauberer angezogen."

250 DM hat er dafür bekommen und zu trinken gab`s Glühwein.

Wie es ist mit Alkohol hier auf der Straße, möchte ich wissen.

„Viele Leute, die ich treffe, saufen mir zuviel", erklärt er sofort, „wenn die Geld haben, sind sie nur am Saufen. Mit denen kannste nichts anfangen. Wenn du mit so einem fünf Minuten erzählst, erzählt er drei mal dasselbe. Das bringt nix. Nüchtern sind die auch kaum auszuhalten. Es gibt da viele, die kaputt sind, mit denen kannste gar keine Korrespondenz halten, die haben `nen Knax weg."

Und er selbst?

„Ich steh` dazu, ich trink auch mal." Meistens billigen Schnaps mit Cola eins zu eins gemischt. „Viele mögen das nicht, weil`s zu stark ist, da hab` ich alles für mich." Bis zu zwei Flaschen Schnaps am Tag trinkt er so. „Den ganzen

Tag über, damit ich schön in Stimmung bin."
Das ist wie eine Droge für ihn, sagt er.
Aber: „Mit Drogen hab` ich nichts am Hut. Alkohol ist
schon allein Droge genug." Ob es auch manchmal zu viel ist,
frage ich, und er auch mal besoffen umfällt.
„Nö, um Gottes Willen."
Horst erzählt die Geschichte von Klaus, einem guten Freund.
Mit ihm war er in Thale im Harz auf Platte. Klaus hat jeden
Tag gesoffen, immer nur Bier und Korn. Gegessen hat er
wenig. Er hat nie geklagt über seinen Magen, bis zum Ma-
gendurchbruch. Er hat „Blut gespuckt wie ein Wasserhahn",
gestorben mit 43 Jahren. Polizei und Mordkommission
waren vor Ort und Horst hat geheult wie ein Schlosshund,
hat eine Woche nur gesoffen. Das schlimmste Erlebnis
seines Lebens. Ob das ganz sicher eine Folge des Alkohols
war, frage ich.
„Ja sicher", antwortet Horst mit Nachdruck, „wenn man nur
trinkt und nie isst!" Und: „Ich könnt`s lassen mit dem Alko-
hol, man muß nur dosiert aufhören", zum Beispiel von
Schnaps auf Wein umsteigen. Nie „kalten Entzug", also
Entzug auf einen Schlag ohne Medikation. „Da bricht der
Kreislauf zusammen. Ich kenne welche, die können morgens
ohne Alkohol nicht mal `ne Zigarette drehen oder `nen
Kaffee halten."
Warum er nicht aufhört?
„Ich nehm`s zum Aufwärmen. Und weil ich `ne Beschäfti-
gung haben muß, sonst ist es zu langweilig. Arbeit krieg ich
eh nicht mehr."
Ob er gerne eine hätte, frage ich. Wohnung und Familie?
„Neinnein, nichts eigenes. Ich war zwar oft verliebt, aber nie
verheiratet. Fast war ich mal dran, hab` dann aber doch noch
die Kurve gekriegt. Wenn du so`n Vagabundenleben hast,
kannst du keine Familie und Kinder haben, da musst du dann
arbeiten und für die sorgen."
Horst geht mal kurz den Musiker nebenan begrüßen. Er

macht Musik mit verschiedenen Instrumenten und hat an einer Leine Marionetten und Rasseln aufgehängt. Vorbeigehende Kinder bleiben interessiert stehen und spielen manchmal mit. Der Mann ist nicht obdachlos, erzählt Horst, er fährt mit Fahrrad und Anhänger durch Köln und zeigt an verschiedenen Orten seine Vorstellung. Man kennt sich auf der Straße.

Mir fällt auf, dass Wohnungslose keineswegs immer die abseits Stehenden sein müssen, als die man sie oft einschätzt. Sie können genauso zum Stadtbild und den Alltagsbekanntschaften gehören wie der Postbote, die Frau am Marktstand oder der Bub, der seinen Hund ausführt.

„Im Leben geht`s immer hoch und runter, im Moment bin ich ziemlich unten. Wenn ich bedenke, was man will und was man nicht hat."

„Was bedenkst du da?"

„Daß mein Geld erst in zwei Tagen kommt."

Ich frage ihn, was ihn außer Natur und schönen Landschaften noch interessiert.

„Kathedralen schau` ich mir gerne an. Mich interessiert die Bauweise, wie die das früher gemacht haben."

Aachen, Münster, der Regensburger Dom, der Dom hier in Köln natürlich. Aus Broschüren liest er über die Geschichte und die Technik.

„Die haben damals mehr Zeit gehabt, heute kriegen die das gar nicht mehr hin."

In Köln hat er mal die Mitternachtsmesse besucht, als der Kardinal sie gehalten hat.

„Aber ich brauche nicht in die Kirche gehen, ich kann so mit Gott leben. Es gibt viele Dinge, die sieht man gar nicht und kann`s nicht beschreiben."

- Er überlegt. -

„Jeder hat `nen anderen Gott, ich nenn`s Schicksal. Die einzige Gerechtigkeit im Leben ist, dass niemand weiß, wann er abtreten muß." Sonst gäbe es keine, ist sich Horst sicher. „Warum sonst müssen Reiche nicht in den Knast? Auch wenn sie`s dick und breit verdient hätten, die kriegen nur Bewährung."

Wählen geht Horst grundsätzlich nicht, weil viel versprochen wird und nichts gehalten. Aber er kauft sich ab und zu eine Zeitung.

„Ich muß doch wissen, was los ist. Wenn ich Geld habe, geh` ich manchmal zum Bahnhof frühstücken. Dort laufen auf NTV alle halbe Stunde die Nachrichten."

Langsam merken wir, dass das Gespräch bald beendet ist. Wie bei den vorhergehenden Begegnungen auch scheint ein geheimes Signal den richtigen Zeitpunkt anzuzeigen.

Horst kommt noch mal auf`s Geld zurück: „Ich muß dahin gehen, wo`s am billigsten ist. Klauen tu` ich nicht, das hab` ich nicht nötig. Wenn ich mir was kaufe, laß` ich mir grundsätzlich den Kassenbon mitgeben." Einmal nämlich hat ihn eine Verkäuferin verfolgt, „weil ich aussah wie ein Raubritter. Aber als ich den Kassenbon zeigte, hat sie sich entschuldigt." Und: „Ich bin noch nie irgendwo rausgeschmissen worden, egal ob ich schmuddelig oder sauber war. Weil ich mich benehme. Das lernst du von Kind auf. Den Kern musst du haben, sonst gehst du hier unter."

Wir verabschieden uns herzlich, ich wünsche Horst alles Gute und bedanke mich für seine Geschichte.

Er lächelt.

„Nicht ein Stück gelogen."

Beim Schlendern durch Köln frage ich noch mehrere Kölner, aber keiner kennt die „Vringspooz". Vielleicht hätte ich vorher recherchieren sollen, doch das ist nicht der Sinn der Reise. Alles soll sich ja aus den Begegnungen ergeben.

Das Umherlaufen in Städten ist so spannend, dass ich die Pausen für Essen und Trinken gern auf unbestimmte Zeit nach hinten verschiebe. Deswegen zwinge ich mich manchmal dazu, gleich im nächsten passenden Geschäft meine

Tagesration einzukaufen. Schon wenige Meter später stellt sich dann die Frage: Essen oder Tragen? Trinken oder Tragen? Dann trinkt man halt und isst.

Zurück auf der Domplatte fällt mir dort eine junge Frau auf, die vorher noch nicht hier war. Sie sitzt an der Fensterscheibe zum Domforum, eingewickelt in eine Wolldecke. Vor ihren Füßen steht eine Plastikdose, in die niemand etwas hineinwirft. Eine Katze thront schläfrig auf ihrem Schoß.

Angela

Ich stelle mich vor und sie hat nichts dagegen, dass ich mich zu ihr setze. „Franz" heißt ihr Kater. Er ist schwarz-weiß und auffallend schön. Allen Passanten zaubert er ein Lächeln auf's Gesicht. Viele bleiben stehen und wollen etwas über ihn wissen, worauf Angela freundlich und mit sichtlichem Stolz Auskunft gibt.

„Ja, ein Kater." - „Ein Jahr und fünf Monate."

An einer meterlangen Leine erkundet Franz gelegentlich die Fassade des Domforums, ansonsten sitzt er in einer Mischung aus Würde und Gleichgültigkeit auf Frauchens Schoß und lässt sich kraulen.

Seine beiden Geschwister sind früh gestorben und Angela hat alles getan, um Franz am Leben zu halten, so erzählt sie. Eine alte Dame mit russischem Akzent kommt dazu. Sie begrüßt Franz voller Begeisterung und in eben dieser kindhaften Sprache, die man gerne belächelt, wenn man Menschen mit ihren Haustieren reden hört. Sofort nach der Begrüßungszeremonie verabschiedet sie sich hektisch von Angela, nicht ohne das Versprechen, gleich wiederzukommen.

„Sie kommt oft und gibt mir was", sagt Angela, „jetzt geht sie was einkaufen. Sie ist aber eher für Franz da."

Soll heißen: Sie kauft Katzenfutter.

Angela redet ein bisschen von sich. Nicht wie Elvis und Horst, die ihre Lebensgeschichte und Geschichten aus ihrem Leben erzählten, nein anders. Es ist mehr eine Unterhaltung zwischen uns.

Angela ist 23 Jahre alt und kommt außer donnerstags jeden Tag hierher. Vielleicht seit einem Jahr schon. Morgens verlässt sie ihre Wohnung etwas außerhalb von Köln und fährt per Anhalter in die Stadt, um durch Betteln ein bisschen Geld zu verdienen. Vom Amt bekommt sie 160 Euro im Monat und das Wohngeld für die Wohnung. Arbeitslosengeld II bekommt sie nicht. Warum, das kann sie nicht erklären.

Angela redet sehr ruhig und macht viele Pausen, in denen sie abwechselnd die Passanten betrachtet und sich mit Franz beschäftigt. Die Stimmung ist etwas verträumt und sehr schön. Ihre Aussprache ist manchmal etwas unklar, wie bei Leuten, die mit kalten Backen reden. Verschiedener Krankheiten wegen könne sie nicht arbeiten, erzählt sie, vor allem wegen der Schmerzen im Bein vermeide sie jeden unnötigen Schritt. Jeder Arzt sage dazu etwas anderes. Außerdem fiele es ihr schwer, sich etwas im Gedächtnis zu behalten. Ein Arzt sagte einmal, sie hätte zu viele Gedanken im Kopf.

„Manche Leute sind in Ordnung, manche können mich nicht verstehen."

„Was verstehen?"

„Daß ich nicht arbeiten kann."

Als kleines Kind hatte sie nur Streit. Ihre Mutter hatte erzählt, der Opa hätte sie missbraucht, aber das glaubt sie nicht. Auch in anderen Fällen sei sie misshandelt worden. Schließlich lebte sie in verschiedenen Pflegefamilien und auch einmal in einem „Heim, aber ich weiß nicht, ob das ein Heim war. Auf jeden Fall wurde ich immer rumgeschubst. Immer muß irgendwas passieren, bis mir jemand was glaubt."

Franz ist unruhig geworden und nutzt den Spielraum seiner Leine voll aus. Einige Frauen streicheln ihn kurz und gehen dann weiter.

„Wenn ich träume, dann träume ich immer, dass ich gut singen kann", erzählt sie. „Es ist so schön, wenn ich in meinem Traum mich singen höre, so schön und so gut. Und alle schauen auf mich und sind aufmerksam zu mir."

Wir sitzen und beobachten die Passanten auf der Domplatte. Es ist schon dämmrig und die Türme des Domes sind wunderbar erleuchtet. Ich kaufe für Angela zwei Milch mit Fruchtgeschmack und hole, als sie Nase putzen muß, eine Rolle Klopapier aus dem Domforum. Dann verabschiede ich mich kurz, um einen Blick in den Dom zu werfen. Sie glaubt an Gott und Jesus Christus, ruft sie mir nach und hofft, dass sie ihr helfen. Aber „Kirchgang ist mir versaut, das musste ich früher immer."

Als ich zurückkomme hat Angela Katzenfutter gekauft. Die Frau mit dem russischen Akzent hatte ihr acht Euro gegeben und nun begutachtet die Dame die Ausbeute: Zu teuer, zu wenig für acht Euro, nicht gut genug. Angela bleibt gelassen, sie wisse schließlich, was ihr Kater mag. Als die Frau geht, lächelt Angela mir zu.

„Sie macht mir immer Vorschriften", sagt sie ohne Groll, „aber ich weiß doch, was mein Kater liebt."

Franz macht sich derweil über Fleischsülze und Kaustreifen her.

„Vielleicht gewöhn` ich ihn jetzt besser auf Trockenfutter, das ist billiger."

Eine junge Passantin gibt ihr fünf Euro in die Hand. Ihre Blicke treffen sich und beide lächeln. Wir sitzen noch eine Weile mit Blick auf den erleuchteten Dom. Groß wie ein Berg und doch so filigran, dass man in jeder Sekunde etwas Neues entdecken kann in Winkeln, Nischen, unter Vorsprüngen. Er lehrt Demut vor Höherem wie Kunst oder Gottheit oder der hingebungsvollen Ernsthaftigkeit der

Erbauer. Diesen Lehrauftrag hat er wohl schon millionenfach erfüllt. Seine dämonenhaften Wasserspeier scheinen fast lebendig, die letzten Überlebenden aus der Zeit der Erbauung.

Ab und zu werfen Passanten Geldstücke in die Dose. Angela bedankt sich und lächelt. Ich habe richtig Lust, hier sitzenzubleiben. So eine schöne Stimmung mit dem Dom und all den Leuten. Angela ist, so ist mein Eindruck, auch froh, jemanden zum Reden zu haben, obwohl wir nicht gerade viel reden. Nur dann, wenn wir wollen.

Irgendwann ist auch diese Begegnung beendet. Wir verabschieden uns mit einem Lächeln und wünschen uns alles Gute.

Es ist spät und schon dunkel und auch Angela wird bald nach Hause gehen. Ich gehe über die Domplatte und bin augenblicklich wieder Tourist unter anderen Touristen.

Vor der Treppe zum Roncalliplatz drehe ich mich nochmals um, so wie ich das immer tue, kurz bevor ich meine Gesprächspartner ganz aus den Augen verliere. Auf der anderen Seite der Domplatte sitzt Angela völlig unscheinbar auf ihrem Platz. Durch das Gewimmel der Passanten kann ich sie von Zeit zu Zeit erkennen. Mit ihr Kater Franz, den man auf die Entfernung nur noch erahnen kann. Jeder Mensch ist doch etwas ganz besonderes, denke ich.

Der Weg zur Jugendherberge führt über die Hohenzollernbrücke. Von hier aus hat man einen tollen Blick auf den funkelnden Rhein und das nächtliche Köln dahinter. Der Dom steht am linken Ufer und schaut mit dem Hintern zum Fluß, fällt mir auf, genauso wie der Dom zu Speyer bei uns daheim. Die Jugendherberge ist voll bis unter`s Dach.

Beim Frühstücksbuffet machen Unmengen von Schülerinnen und Schülern auf Klassenfahrt den Speisesaal zum Pausenhof. Die Lehrer haben sich an ausschließlichen Lehrertischen verschanzt. Vereinzelt gibt es auch Japanertische mit

Japanern. Ich bin in Aufbruchstimmung und denke langsam ans Weiterfahren. Auf dem Weg zum Bahnhof laufe ich am Rheinufer lang und denke an die Kurpfalz da oben und die Nordsee da unten. Schließlich treffe ich einen freundlichen, alten Herrn, der tatsächlich die „Vringspooz" kennt.

In bestem Kölschem Tonfall erklärt er mir, dass es sich dabei um das Severinstor handelt, das Einheimische nach dem früheren Kölner Erzbischof Vrings benannt haben. „Pooz" ist ein Ausdruck für „Tor" im Kölner Dialekt. Mit ruhigen Worten und Gesten erklärt er mir den Weg.

Der Platz vor dem Severinstor ist eine einzige Baustelle. Auf der anderen Straßenseite bietet ein sympathisch dreinblickender Mann die Kölner Arbeits- und Obdachlosenzeitung „Querkopf" an. Thomas heißt er, „klar, das kannste schreiben. Nur keine Bilder." Er war mal ein paar Wochen obdachlos, lebt jetzt aber mit Freundin bei den Eltern. Früher war hier mal ein Park, in dem sich Obdachlose trafen, aber seit hier gebaut wird, trifft man keine mehr an. Einen Jupp kennt er hier auch nicht, aber er zeigt mir das Elternhaus von Wolfgang Niedecken, dem Sänger von Bap, der auch den Text zum „Jupp" geschrieben hat. Es steht an der Ecke direkt hinter der Vringspooz. Er glaubt mich anhand meiner Sprache als „Schwaben" erkannt zu haben. Neinnein, um Gotteswillen, ich bin Kurpfälzer.

Ich kaufe Thomas einen Querkopf ab und verabschiede mich. Abbé Pierre ist Titelthema. Er war der beliebteste Bürger Frankreichs, Franziskanermönch und unermüdlicher Kämpfer für die Obdachlosen und gegen die Armut. Im Januar diesen Jahres starb er 94-jährig.

Die Redaktion des „Querkopf" liegt einige Straßen weiter in der Sülzburgstraße, wie ich lese. Ein Besuch dort wäre sicherlich interessant. Mangels Stadtplan frage ich mich durch und erreiche schließlich mein Ziel, obwohl ich zwischenzeitlich auch mal nach der „Sülzkopfstraße" gefragt hatte. Leider ist in der Redaktion niemand zu erreichen.

Jetzt möchte ich aber endgültig zum Bahnhof und gehe den direkten Weg. In der Änderungsschneiderei „Bei Stella" näht mir Stella noch schnell eine abgerissene Schulterklappe an meinen Parka an. „Is schon gut", winkt sie ab, als ich sie bezahlen will. Hier gibt es auch eine „Kleingedank-Straße", das ist ja mal ein schöner Straßenname.

Im Zug nach Gelsenkirchen ist Zeit zum „Querkopf"-Lesen, wenn ich mal nicht gerade aus dem Fenster schaue. Draußen im Ruhrgebiet gibt es erstaunlich viel Grün, dazwischen schmutzige Wohnblocks und marode Industrieanlagen mit eingeworfenen Scheiben.

Gelsenkirchen

Diese Stadt ist mir gleich sympathisch. Gleich vor dem Bahnhof öffnet sich eine freundliche, lebendige Fußgängerzone, viel einladender und weitaus weniger protzig als zum Beispiel die Zeil in Frankfurt. Überall Menschen, die sich mit den verschiedensten Dingen beschäftigen. Weniger Gehaste, mehr Leben. Eine Amnesty-International-Aktivistin schildert mir ihre Arbeit. Zwei Männer vom Bahnhof-Service erklären mir flachsend, wie ich am schnellsten „auf Schalke" komme, zum Stadion, das etwas außerhalb liegt. Vor mir geistert das romantische und sicher auch naive Bild des Gelsenkirchener Obdachlosen, der Halt und Identität findet bei seinem Verein Schalke 04, dem traditionellen Arbeiterverein, dem einstigen Verein der kleinen Leute.

An einer Ladenecke kniet ein Mann in „Rumänenhaltung", wie sie Elvis beschrieben hat: Mit gesenktem Blick und einem Pappbecher in den vor dem Körper gehaltenen Händen. Ich lasse 50 Cent hineinfallen und frage nach, woher er kommt. Er ist Ungar.

Ich fahre raus ans Stadion „Auf Schalke". Dort ist nichts, was einen Obdachlosen zu längerem Aufenthalt einladen könnte. Nur die Stadien, Sportbereiche und ein Hotel, auf dessen Parkplatz sich einige Gäste aufhalten. Kein Platz, an dem sich Obdachlose wohl fühlen, zumindest nicht jetzt an einem dieser spielfreien Tage. Ich gehe zurück in die Innenstadt. Unterwegs beobachte ich für eine Weile ein betrunkenes Pärchen, das ich gerne fragen würde. Zu lange gezögert. Sie verschwinden in einem billigen Imbiß. Beim Essen möchte ich sie aber in Ruhe lassen. In einem Park treffe ich vier angetrunkene Männer. Drei von ihnen wollen den vierten zum Aufstehen überreden, obwohl dieser nicht den Eindruck macht, als ob er das noch könne.

„Guten Tag. Ich mache eine Reise durch Deutschland und sammle Geschichten von Menschen, die auf der Straße leben.“

Alle drei schauen mich überrascht an und behaupten dann, sie seien gar nicht obdachlos. Ich solle doch mal „zu denen da unten“ gehen.

Dort grölen zehn junge Männer unter einem Dach. Keine viel versprechende Atmosphäre für ein gutes Gespräch, scheint mir.

Zurück in der Fußgängerzone begegnen mir zwei weitere Männer kniend und mit aufgehaltenen Händen. Einer davon ist auch Ungar, wie schon derjenige an der Ladenecke beim Bahnhof. Dort stehe ich am Ende meines Gelsenkirchen-Rundganges wieder. Er kniet noch immer dort. Und spricht ein wenig deutsch, „ein bisschen.“ Ich frage, ob er mir von sich erzählen möchte. Ich glaube zwar nicht, dass er mich verstanden hat, trotzdem fängt er an zu erzählen.

Tomáš

Tomáš ist 22 Jahre alt und lebt als Ungar in der Slowakei. In der südslowakischen Stadt Rimavská Sobota – sie liegt direkt an der Grenze zu Ungarn – hat er seine Wohnung. Hier in Deutschland ist er obdachlos. In einem Park in Mülheim verbringt er die Nächte mit Karton und Schlafsack. Das sei zwar vor allem im Winter ein bisschen kalt, aber nicht *zu* kalt, versichert er. Seit vier Tagen ist er wieder im Land. Jeden Morgen und bei jedem Wetter besteigt er die S-Bahn und erreicht zwischen 9.00 Uhr und 10.00 Uhr Gelsenkirchen, wo er durch Betteln etwas Geld verdient. Geld, das er per Postbank nach Hause zu seiner Familie schickt, die es dringend braucht. Tomáš, seine Frau Irena und die ein- bis dreijährigen Kinder Kalman, Ruzena und Tomáš leben dort von 70 bis 100 Euro Sozialhilfe im Monat, die aber – so Tomáš - nur für ungefähr eine Woche ausreichen.

Mit seinem Beruf als Schreiner, den er nach der Schule erlernt hat, findet er keine Arbeit. Irena ist mit der Erziehung der drei Kleinen vollauf beschäftigt, so dass auch ihr keine Zeit zum Arbeiten bleibt. So sucht Tomáš in Deutschland nicht gerade sein Glück, aber zumindest sein Auskommen. Das wenige Deutsch, das er durchs Fernsehen und während seiner Deutschland-Aufenthalte gelernt hat, lässt eine geregelte Arbeit – auch schwarz bezahlt – nicht zu. Wie viele andere Ungarn, die mit dem Zug oder auch mit dem Fahrrad nach Deutschland reisen, bettelt er deshalb.

Es lohnt sich für ihn. Wenn er abends zwischen 17.00 Uhr und 20.00 Uhr zurück nach Mülheim fährt, bleiben ihm abzüglich der Kosten für Essen und Ticket zwischen sieben und zehn Euro, die er nach Hause schicken kann. Wenn er fürs Erste genug Geld hat - meist nach ungefähr einem Monat Aufenthalt in Deutschland - kehrt er zurück zu seiner Familie, macht sich aber immer schon nach drei bis vier Wochen wieder auf den Weg in die nächste deutsche Stadt.

Hier in Gelsenkirchen kennt Tomáš keine Ungarn bis auf einen Freund, der jetzt gerade einige Straßen entfernt sitzt und ebenfalls bettelt. Tomáš muss lange überlegen, als ich nach dem Namen des Freundes frage. Für einen kurzen

Moment zweifle ich an seiner Glaubwürdigkeit, halte ihm dann aber doch die Möglichkeit zugute, dass der, den er „Freund" nennt, wohl eher eine Reisebekanntschaft ist. Er heißt Pavel.

Tomáš friert offensichtlich und es beginnt zu regnen. Ich lade ihn zum Kaffee ein. Auf meine Frage, ob er seine Arbeit einfach für eine Weile lassen kann, nimmt er seine Decke und bedeutet mir, dass er sowieso mal die Knie ausstrecken muss. Wir gehen zum Italiener.

Sein Wunsch ist, für die Kinder alles kaufen zu können, Schulsachen zum Beispiel. Aber sparen kann er nicht. Die 300 bis 500 Euro, die er im Monat zur Verfügung hat, reichen zum Leben kaum aus. Wenn er 1000 oder 2000 Euro hätte, so rechnet er vor, dann könnte er sparen, aber mit Betteln und Sozialhilfe kommt er nur alle drei bis fünf Monate auf diese Summe. Liehe er sich Geld von Privatleuten, müsste er es mit hohen Zinsen zurückzahlen. Arbeit findet er keine, obwohl er regelmäßig in Ungarn danach sucht. 80% der Bürger in seiner Stadt sind ohne Arbeit. Natürlich würde er viel lieber daheim bei seiner Familie bleiben, wenn er dort Arbeit hätte.

Anfangs etwas schüchtern, ist Tomáš inzwischen ein Gesprächspartner auf Augenhöhe. Er raucht eine Selbstgedrehte und beobachtet mich durch seine rahmenlose Brille aufmerksam beim Schreiben.

Seine Frau Irena hat Tomáš vor vier Jahren kennengelernt, seit drei Jahren sind sie verheiratet. Von Anfang an lebten die beiden von Sozialhilfe. Die war schon damals nicht ausreichend, aber mit Einschränkungen beim Essen kamen sie über die Runden. Wie viele seiner Freunde auch halfen sie manchmal bei Nachbarn aus und bekamen Lebensmittel dafür. Mit der Geburt der Kinder reichte es nicht mehr. Der Staat zahlt pro Kind nur 13 Euro im Monat und so sah Tomáš als einzigen Ausweg, im reichen Deutschland betteln zu gehen. Seit drei Jahren fährt er regelmäßig mit dem

Wochenend-Ticket der Bahn oder mit dem Bus für 30 bis 50 Euro nach Westfalen. Städte wie Dresden, die für ihn viel näher sind, meidet er inzwischen. Nach einem ganzen Tag Betteln bleiben dort oft nur fünf Euro im Pappbecher. Dann schon lieber Gelsenkirchen, Düsseldorf, Herne, Castrop Rauxel oder Stuttgart.

Tomáš schätzt, dass er fünf bis zehn Euro von 1000 Menschen bekommt, die vorbeigehen. Das sind ungefähr 15 bis 25 Euro am Tag von denen er – wie schon erwähnt – sieben bis zehn Euro nach Hause schickt.

Ob er sich auch manchmal etwas gönnt, möchte ich wissen, etwas Kultur oder ein bisschen Luxus? Er überlegt kurz. Nein, eigentlich nie, bis auf eine Ausnahme: In Mülheim existiert ein Kino, das für eine Vorstellung nur 2 Euro Eintritt verlangt. Dort ist er alle ein bis zwei Wochen zu Gast. Komödien haben es ihm angetan. Und etwas später, mit schwülstig übertriebenem Ausdruck, über den er selbst lachen muss, offenbart er mir, wie sehr er Tanz- und Liebesfilme mag. Ansonsten gönnt er sich aber nichts, kein Schwimmbad, kein Gasthaus. Viel lieber telefoniert er mit seiner Frau, ungefähr dreimal die Woche für drei oder vier oder fünf Minuten, je nachdem, wie viel Geld er gerade hat. Ich möchte noch zwei Kaffee bestellen, aber er verzichtet.

Ob er Sport mag, frage ich. Ja, antwortet er, in Ungarn spielt er Fußball und trainiert Ringen und Gewichtheben – mit Freunden, weil „Club muss bezahlen."

Als Gepäck hat Tomáš nur seine Kleider mitgebracht sowie eine Decke und einen Schlafsack, den er im Park versteckt. Kleider wäscht er wie die einheimischen Obdachlosen auch im Waschsalon oder bei der Caritas. Die Duschen dort nutzt er jeden zweiten Tag. Manchmal wird er von Polizisten kontrolliert, die schreiben dann die Daten aus seinem Ausweis auf. Bei der – bisher vergeblichen – Suche nach Schwarzarbeit zeigt er deshalb den „passport", den Reisepass.

Er grinst.

Sonst besitzt er nichts Persönliches während seines Aufenthalts in Deutschland. Keine Erinnerungsstücke an seine Familie? Nein, die hat er nicht dabei, denn „wenn ich sehen, ich bin schlecht", soll heißen, dann geht`s ihm nicht gut und er „muss nach Hause."

Tomáš macht wirklich den Eindruck eines treu sorgenden Familienvaters. Er ist ein sanfter Redner und erzählt sehr offen und ohne zu zögern über seine Situation, sehr sachlich und ohne sich darzustellen oder irgendeine Wirkung erzielen zu wollen. Der gute Eindruck bleibt selbst dann, wenn ich berücksichtige, dass auf mich eigentlich alle Menschen einen guten Eindruck machen.

Die Kommunikation ist natürlich schwierig, ohne jegliche Grammatik. Tomáš kennt zwar viele Wörter und umschreibt geduldig, vieles müssen wir aber auch pantomimisch unterstützen, zum Beispiel „Regen" oder „Dach." Über abstrakte Begriffe wie „Erinnerungsstücke", „Persönliches" oder „Kultur" konnten wir nur mit Hilfe von Beispielen wie „Photo von der Familie" oder „Kino" reden.

Ich frage ihn, was ihm an Deutschland gefällt. Die Kaufhäuser und die Cafés, antwortet er, auch die Menschen hier, und der Park. Allerdings hat er auch viele Menschen mit Drogenproblemen gesehen, insbesondere Heroinsüchtige und Betrunkene. Er habe zwar nichts mit deutschen Obdachlosen zu tun und auch nie Streit gehabt, aber das sei ihm aufgefallen. In Ungarn gibt es auch Obdachlose, die dort leben wie er hier. Viele Leute sind das. Aber dort gibt es weniger Alkohol unter den Leuten auf der Straße und andere Drogen spielen kaum eine Rolle.

Ungarn, Tschechen, Rumänen und Bulgaren hat Tomáš schon viele in Deutschland getroffen, insbesondere bei der An- und Abreise. Den Rumänen zum Beispiel, mit dem er in Hannover gesprochen hat und der den Zustand seines Landes beklagt hat. Die haben daheim nichts zu Essen, erklärt

Tomáš.

Ich erzähle von Elvis in Köln und was er über die Rumänen gesagt hat. Daß diese oft in kleinen Gruppen vorführen, sich zum Betteln verteilten und abends ihr Geld dem Mann im Mercedes ablieferten. Tomáš zuckt die Schultern.

„Weiß nicht."

Er fragt mich, was ich arbeite. Ich erzähle ihm von mir. Er raucht beim Zuhören noch eine Zigarette und nickt, wenn er zeigen will, dass er mich verstanden hat.

Ich trinke meinen Kaffee.

Dann redet er wieder von daheim: Daß er nie Urlaub macht, höchstens mal mit dem Bus zu seinen Eltern fährt, denn ein Auto hat er keines. Und dass Irenas Mutter mit im Haus wohnt und bei der Betreuung der Kinder hilft. Auch sie hat keinen Arbeitsplatz. Und dass sein Vater gehbehindert ist und 200 Euro Invaliditätsrente bekommt, dass ein Kilogramm Fleisch 15 bis 20 Euro kostet.

Auf meine Frage, ob es in Ungarn auch obdachlose Frauen gibt, erwidert er, dass er viele Männer kennt, die im Ausland betteln gehen, aber keine einzige Frau, die das tut. Wenn Tomáš bald nach Hause kommt, dann besichtigen Irina und er einen Kindergarten für Tomáš, den ältesten Sohn. Auch das wird wieder Geld kosten, aber mal sehen. Vorher kauft Tomáš aber in Deutschland noch Geschenke ein. Hosen und Schuhe für die Kinder, einen Stoffhund und Schokolade. Irena bekommt „Merci" oder „Raffaello" mitgebracht.

Und kauft er auch Werkzeug für sich selbst oder andere Sachen, die in Ungarn schwer zu bekommen sind?

Nein, nichts. Nur Geschenke.

Das Gespräch ist zu Ende. Ich gebe Tomáš zehn Euro, „für die Kinder." Er freut sich so sehr, dass mir die Tränen kommen. Ich glaube nicht, dass ein Mercedesfahrer vorfährt, um es einzusammeln. Wir verlassen das Café und trennen uns.

Es regnet in Gelsenkirchen. Eine schönere Begegnung als die mit Tomáš erlebe ich hier nicht mehr, denke ich. Also gehe ich zum Bahnhof und studiere die Anzeigetafel. Der nächste Zug fährt 18.56 Uhr nach Osnabrück.

Im Dunkeln reisen hat etwas Heimeliges, wenn man auch nichts vom Land sieht. Ein höflicher Schaffner kontrolliert die Fahrkarten und verkauft gleichzeitig Getränke, die er im Servierwagen vor sich herschiebt. „Saftschubse" nennt das eine alte Bekannte von mir, wie mir gerade einfällt.

Osnabrück

Die Jugendherberge hier ist sehr freundlich. Weitaus kleiner und familiärer als im großen Köln. Auf Bildern im Flur posieren Kinder vor der Herberge. Zwei Mädchen grinsen frech durch Brillen. Drei Jungs mit Fußball im Gras liegend. Beim Frühstück sind wir nur zu sechst. Ein junges Pärchen und eine türkische Familie mit Kleinkind, das löffelt Joghurt bis hinter die Ohren und ruft in den Schluckpausen „Mama, Mama." In den Sträuchern vor dem Fenster lassen sich ab und zu Kaninchen blicken. Morgentliches Suchspiel.

Der Tag ist trüb und lässt eher Regen als Sonne erwarten. Als ich so Richtung Stadt marschiere, ertappe ich mich dabei, wie ich mir nicht nur die möglichen Erlebnisse des noch jungen Tages ausmale, was ja vollkommen in Ordnung ist, sondern auch meinem Tagesablauf gedanklich eine Struktur verpassen will: Wo könnte ich als erstes nach Gesprächspartnern suchen, welche Art von Geschichte fehlt mir noch, bis wann spätestens sollte ich weiterfahren? Moment mal, ich wollte mich doch führen lassen! Aber mit etwas Planung im Tag suche ich vermutlich nach der gewissen Sicherheit, genug dafür getan zu haben, dass am Ende des Tages das Ergebnis auch stimmt, sprich: Daß ich Geschichten gesammelt habe. Ich neige immer noch manchmal dazu, durch eigene Vorleistung zu bestimmen, wie mein Tag verläuft und somit selbst die Bedingungen zu schaffen für eine vorzeigbare Leistung am Ende des Tages. Dabei erledigt das Leben selbst dies Alles viel besser für mich. Die richtigen Begegnungen und Situationen kommen sicher immer dann, wenn die Zeit reif ist. Schon viel zu oft habe ich das früher schon erlebt, als dass ich jetzt daran zweifeln könnte. Deshalb lasse ich das Vorleisten jetzt komplett weg, beschließe ich mal wieder, es ist einfach verfrüht. Erst mal lasse ich den Tag kommen, ganz entspannt und ohne irgendwelchen Druck. Betrachte mir die Straße, durch die ich gehe, die Häuser, die Gesichter der Menschen, höre in mich hinein, beobachte, was um mich herum gearbeitet, erlebt, gesprochen wird. Irgendwann, nämlich dann, wenn es an der Zeit ist, kommt der richtige Moment zum Handeln, oder besser gesagt: Einer der richtigen Momente. Dann ist der Zeitpunkt gekommen, in das, was das Leben mir bringt, selbst einzugreifen. Man muß ihn nur erkennen. Momente, die dagegen weniger geeignet erscheinen, kann man getrost auszulassen den Mut haben. Wie gestern. Nach mehreren ausgelassenen Begegnungen kam gegen Ende des Tages doch noch die richtige, die Begegnung mit Tomáš. Schön, dass man sich so aufs Leben verlassen kann.

Der Stadtplan von Osnabrück ist mir auf Anhieb sympathisch, da dessen Farbgebung viel Fußgängerzone ausweist. Als ich deren Naturstein-Pflaster betrete, liegt plötzlich alles im Sonnenlicht. Die letzte dicke Wolke ist weitergezogen und oben leuchtet ein blauer Himmel, über den zarte Federwolken ziehen. In einer tiefen Rinne fließt die Hase mitten durch die Stadt. Oder besser gesagt: Sie fließt durch ihr Bett und die Stadt ist an ihre Ufer gebaut. Sie kommt mir zwischen den Häusern gar nicht eingezwängt vor wie viele andere Flüsse, sondern wie freiwillig hier und kurz zu Besuch. Im Stillen und fast unbemerkt von den Menschen unten in ihrer tiefen Rinne. Die Ufer scheinen ganz natürlich. Ein Stockenten-Pärchen wohnt dort.

Anja

An der Bushaltestelle Johanniskirche sitzen Anja und Uwe.
Ich stelle mich vor und frage, ob sie mir etwas über sich erzählen könnten für ein Buch über Menschen auf der Straße. Anja breitet die Arme aus:
„Für fünf Bücher."
Ich setze mich zwischen die beiden und packe das Notizbuch aus.
Anja ist nicht obdachlos, lebt aber, wie sie sagt, doch auf der Straße. Nur zum Schlafen hält sie sich in ihrer Mietwohnung etwas außerhalb der Stadt auf. Beide trinken Ratskrone-Bier und rauchen. Caty, Anjas Jack-Russell-Terrier, zerrt an der Leine. Sie und Uwes Schäferhund-Mischling Cheyenne sind auf der Jagd. Passanten werden misstrauisch beobachtet, fremde Hunde angekläfft. Frauchen und Herrchen haben eine Menge Arbeit damit, die Leinen auf Zug zu halten. Beide Hunde sind Weibchen, „immer Zickenterror", meint Uwe.
Anja ist drogensüchtig. Nach Heroin, Tabletten, anderen Drogen. Aber sie hat begonnen, sich dagegen zu wehren. Jeden Tag bekommt sie bei ihrem Arzt Methadon zu trinken. Ein Apotheker bringt es regelmäßig für sie dorthin. Trotzdem, auf andere Drogen kann sie nicht verzichten. Vor allem Tabletten wie Valium, Benzodiazepine und verschieden andere helfen ihr über den Tag.
Wie es dazu kam, frage ich.
Angefangen hat es wohl, als sie Kind war, damals in Bielefeld. Ihr Vater war hochgradig alkoholkrank, hat das Haus versoffen und die Imbißbude. Prügel gehörten zum Alltag. Ihr Bruder begann, Drogen zu nehmen, sie schließlich auch. Vor 22 Jahren war das, als sie 16 war. Zusammen kamen die beiden auf die schiefe Bahn. Anja denkt nach.
„Ich weiß nicht, ob das Elternhaus verantwortlich ist. Wir waren wohl zur falschen Zeit am falschen Ort. Der liebe

Gott wollte das so."
„Bist du gläubig?", frage ich.
„Ja", antwortet Anja.
Zur Kirche geht sie nie, betet aber, wenn es ihr schlecht geht
oder bedankt sich, wie beim Anruf heute, in dem sie erfuhr,
dass sie arbeiten gehen kann. Davon erzählt sie später.
Zwischenzeitlich lebte Anja auch bei Pflegeeltern, die sie
mit Pillen ruhigzustellen versuchten. Damals ist sie stark
abgemagert. Dann hat sie geheiratet. Einen Mann, der oft
besoffen war und sie schlug. Sie war clean zu dieser Zeit
und beide bekamen einen Sohn, doch die Beziehung blieb
dieselbe. Schließlich ist Anja abgehauen. Ihr Sohn lebt heute
beim inzwischen cleanen Vater und den Großeltern.
Vor neun Jahren lernte sie ihren jetzigen Verlobten kennen.
Er sitzt zur Zeit im Gefängnis und „macht 64er", das bedeutet: Zwangstherapie für zwei Jahre nach §64. Im Moment
darf sie ihn nicht besuchen, nur schreiben darf sie ihm. Um
seine Entgiftung und Therapie nicht zu gefährden, herrscht
Kontaktsperre. Früher waren die beiden Beschaffungskrimi-
nelle.
„Wir waren wie Bonnie und Clyde hier in der Gegend."
Diebstähle, Einbrüche, Apotheken-Einbrüche, Klauen auf
Bestellung für Leute, die man kennt aus der Szene. Zum
Beispiel Turnschuhe und andere Markensachen. Für Anja
lief alles glimpflich ab, weil ihr Mann sie immer gedeckt
hat, aber so möchte sie nun nicht mehr leben. Sie ist müde.
Und sie wartet auf ihren Mann.
Ab morgen kann sie auch wieder arbeiten gehen. Es ist keine
bezahlte Arbeit. Eigentlich sind es Sozialstunden, die sie
ableisten muss. Dazu wurde sie vor einiger Zeit irgendeiner
Straftat wegen verpflichtet. Einmal, als sie nach einem
Krampfanfall die Arbeit nicht antrat und noch dazu die
Krankmeldung zwei Tage zu spät einreichte, ging der Fall
zurück an die Staatsanwaltschaft. Die hatte zu entscheiden,
ob Anja weiterarbeiten kann oder in Haft muß. Jetzt wurde

ihr mitgeteilt, dass sie weiterarbeiten darf. Daher der Anruf heute.

„Ich freu` mich auf morgen", sagt sie leise. „Hört sich blöd an, ohne Geld zu arbeiten, aber ich freu` mich drauf."

Sie ist dann Mädchen für alles in einer Selbsthilfegruppe für Junkies, redet dort mit „Kummerleuten" und macht alle Arbeiten. Drogensuchtkranke Menschen aller Art treffen sich dort. Probleme mit Heroin, Kokain, Tabletten, Beschaffungskriminalität werden bearbeitet. Nur Alkoholiker trifft man dort seltener.

Viele Drogenkranke haben auch andere Krankheiten chronischer Art, erzählt Anja, Hepatitis zum Beispiel. Sie selbst spürt körperlich keine Sucht, hat aber Krampfanfälle und viele andere Leiden. Die Sucht bestimmt ihren Alltag.

„Meistens rennst du um dein Leben", bedauert sie. „Ich bin viel allein und warte auf meinen Mann, deshalb freue ich mich über den Rhythmus ab morgen."

Die Arbeitszeit beträgt dann 4,5 Stunden pro Tag, von 10.00 Uhr morgens bis 14.30 Uhr nachmittags. Vorher wird Anja beim Arzt ihr Methadon genommen haben, den Rest des Tages verbringt sie mit Freunden auf der Straße und daheim. Ihren Lebensunterhalt bestreitet sie als Hartz IV-Empfängerin von 345 Euro Arbeitslosengeld II, wovon 45 Euro gleich wieder abgezogen werden, da das Wohnungsgeld von 330 Euro, das sie außerdem erhält, für die Miete nicht reicht. Die Wohnung sei zu groß. Vom verbleibenden Arbeitslosengeld II zahlt sie Strom und was sie braucht zum Leben. Außerdem die Busfahrkarte von monatlich 76 Euro. Die braucht sie, um von daheim zum Arzt und zur Arbeit zu kommen. Früher zahlte das die Krankenkasse, jetzt nicht mehr. Die Rezepte für`s Methadon sind für sie gebührenfrei. Das Geld ist sehr knapp, alle drei Jahre muß sie den Offenbarungseid leisten.

Anja erzählt das sehr sachlich und ohne Affekte. Nie höre ich sie klagen über Geld. Eher klagt sie über ihr Leben.

„Immer laufe ich vor mir selbst weg. Eine neue Stadt, ein neues Leben, denkt man. Aber in Wirklichkeit stimmt`s nicht. Schon bei der Ankunft am Bahnhof trifft man Seinesgleichen. Man bezieht eine neue Wohnung, trifft neue Leute, probiert wieder was und alles ist wie immer. Wenn man richtig drauf ist, kriegen die Nachbarn das mit, beschweren sich bei den Vermietern und man fliegt raus."

Drei mal ist das bei Anja schon so gewesen.

„Dealer gehen ein und aus. Im Tablettenrausch fliegt man die Treppe runter. Wenn man keine Drogen hat, liegt man im Bett."

Wenn man dann alleine ist, ist sogar das gefährlich, wegen der Krämpfe. Auch in der Klinik hat Anja schon oft gelegen. Viele Leser werden fragen, warum sie denn nicht aufhört, werfe ich ein.

„Es zieht einen kopfmäßig immer zu den Freunden", erklärt sie, „und abnabeln würde ich als unfair bezeichnen. Daheim sitzt du dann vor`m Fernseher und sprichst mit dem Hund. – Außerdem ist es schön, wenn man neue Leute trifft."

Aber man begegnet immer denselben.

„Dann ist wieder alles scheiße. Inzwischen weiß ich das und ich bin müde."

Wenn ihr Mann – Peter heißt er – aus dem Gefängnis entlassen wird, möchte sie noch mal wegziehen.

Anja macht einen sehr traurigen Eindruck. Ihr Gesicht hellt sich nur selten auf. Auch die selbstbewusste, offene Art und Weise, in der sie erzählt, kann nicht darüber hinwegtäuschen. Ihre sanfte Stimme hat einen traurigen Tonfall. Aber ich bin sicher, dass sie weiß, dass das Leben schön sein kann. „Traue niemandem", hat sie vorhin gesagt, „traue nur dir selbst. Man hat nicht wirklich Freunde." Dieser Satz scheint mir sehr fremd bei Anja zu sein. Er klingt verbittert. Anja scheint traurig und müde und vielleicht unzufrieden mit sich, aber verbittert? Dieser Satz passt nicht zu dem, was ich bisher von ihr kennengelernt habe. Aber sie hat ihn gesagt.

Inzwischen ist es eng geworden um die Bank an der Bushaltestelle. Mehrere Bekannte von Anja und Uwe sind nach und nach eingetroffen.

„Der Freundeskreis hier ist immer da", erklärt Anja.

Sie treffen sich hier des Daches wegen. Gebettelt wird nicht, aber ab und zu stecken ihnen die Leute etwas zu.

„Die anderen Penner sieht man nie, wenn sie Geld haben. Wenn nicht, kommen alle."

Ich spreche sie auf das Wort „Penner" an. Sie selbst fühlt sich angegriffen, wenn sie so genannt wird, denn „bei mir daheim kannst du vom Fußboden essen. Wir werden alle über einen Kamm geschert, die wissen gar nicht, was wir schon erlebt haben. Die sehen uns nur sitzen und saufen und wissen nicht, was wir auf den Schultern rumtragen. Menschen, die Mercedes fahren, haben Schulden und uns nennen sie ‚Penner'."

Stefan meint, das mit den Schulden gehe aber niemanden etwas an.

„Die Schulden der Mercedes-Fahrer", erklärt Anja.

Stefan entschuldigt sich, hat er wohl falsch verstanden.

Alle sind etwas bierseelig, aber nicht besoffen. Elf leere Bierflaschen stehen neben der Bank. Anja hat ständig eines in der Hand. Noch jemand kommt neu dazu. Während ich schreibe wandern Tabletten und fünf Euro an meinem Notizbuch vorbei. Einer mit Schäferhund kommt und will reden, aber die drei Hunde drehen fast durch. Er geht weiter. Eine Frau gibt Anja zwei Päckchen Kaustreifen für die Hunde, lächelt dabei freundlich und geht schnell wieder.

„Es ist nicht für mich", bemerkt Anja, „ aber ich freu` mich trotzdem drüber."

Noch ein Stefan holt Tabletten ab.

„Alle wollen nur ihre Ruhe und trinken hier ihr Bierchen", erklärt Anja, „manchmal laufen Leute vorbei und fragen, ob wir was haben", Drogen meint sie. „Dann trinken wir ein

Bier zusammen. Manchmal kommen auch Jugendliche, die wir nicht kennen. Wenn die was wollen, schicke ich sie weg, die sollen woanders hin. – Hier wollen alle weg vom Fixen. Ich mach` das schon seit 20 Jahren, war auch schon auf dem Strich, aber jetzt schaff` ich`s nicht mehr, allen hinterherzulaufen."

Am Neumarkt ist auch eine Drogenszene. Punks und Berber trifft man dagegen eher im Schlosspark. Vor eineinhalb Jahren sind fünf Freunde einfach weggestorben, erzählt Anja. Vermutlich war auch Selbstmord dabei, aber das wisse man nicht.

„Das war hart. Gestern spricht man noch, trinkt`n Bierchen zusammen. Dann sind sie weg, siehst du nie wieder."

Uwe klinkt sich ins Gespräch ein. Scheinbar teilnahmslos hatte er die ganze Zeit zugehört. „Vor drei bis vier Wochen", so erzählt er, „wurde Daddy am Neumarkt beim Schlafen ein Bein angebrannt."

Daddy ist ein älterer Obdachloser, der auch zum Freundeskreis gehört.

„Mit Spiritus oder Benzin. Lars und Detlef waren dabei, die haben gelöscht. Daddy war natürlich unter Schock, jetzt liegt er im Krankenhaus. Der ist der einzige, der immer ´s letzte Hemd hergegeben hat. Es erwischt immer die Falschen."

Uwe weiter: „In Amerika und auch mal bei Hamburg haben Jugendliche – so 17, 18 Jahre alt – Obdachlose angebrannt. Den Psychologen haben sie erzählt, sie wollten mal sehen, wie ein Mensch stirbt."

Das hat Uwe aus der Presse erfahren.

Ich frage Anja nach ihren Zielen. Sie hat keine Ziele für`s Leben.

„Ich lass` alles auf mich zukommen und warte auf meinen Mann. Vielleicht will er nach der langen Haft erst mal Gas geben, dann ist die Beziehung für mich beendet, weil ich bin müde. Aber das weiß er. Vielleicht werden wir`s uns einfach auch schön machen, wenn wir clean und zusammen sind."

Ich notiere.

„Ganz ehrlich?", sagt Anja, „Ich bin müde jetzt."

Wir wünschen uns per Handschlag alles Gute, während Stefan das Leergut einsammelt.

Anja interessiert sich sehr für den Fortlauf meines Buches. Wir machen ihre Arbeitsstelle als Kontaktadresse aus, da sie nicht weiß, wo sie in einem halben Jahr wohnen wird.

Caty beißt mich noch zum Abschied ins Hosenbein, als sie den vorbeilaufenden Hund nicht erreichen kann.

Wir lachen.

In der Fußgängerzone „Große Straße" singen drei Jugendliche schräge Polit-Lieder zur Gitarre. Wenig weiter schnorrende Punks, daneben ein Info-Zelt der „Aktion Fischotterschutz." Schüler auf dem Heimweg. Gelächter. Ein Obdachloser mit Riesen-Hund. Die Läden stellen ihre Waren auf der Straße aus. Das Spiel „Mensch ärgere dich nicht" gibt es jetzt auch unter dem Namen „Wirf mich! - Wenn du kannst!", wie ich entsetzt feststellen muß.

Jedes Schicksal hat seinen Grund, denke ich, und ich überlege, wie ich am Besten den Eindruck beschreiben kann, den ein Mensch bei mir hinterlässt. Mir schwebt vor, dass jemand Anja`s Geschichte liest und denkt: „Die ist doch selber schuld, soll doch arbeiten gehen und Therapie machen." Aber so einfach darf man sich`s nicht machen. Die Menschen sind verschieden. Manchen fällt es einfach schwerer, die ein oder andere Lebensaufgabe zu erfüllen als anderen. Was dem einen leicht fällt, ist für den anderen vielleicht unmöglich. Sicher, Anja ist drogensüchtig und hat eine kriminelle Vergangenheit. Aber die Gründe, die dazu führten, sind vielleicht dieselben, die es jetzt so schwer machen, ein „normales" Leben aufzubauen. „Die wissen gar nicht, was wir schon erlebt haben", sagt Anja. Ein Mensch, der mit Gewalt und Sucht aufgewachsen ist, hat oft gar nicht das

Handwerkszeug, um selbstbewusst Krisen zu meistern und sich selbst auf den richtigen Weg zu bringen. Aber sind diese Menschen deshalb schlechter als andere? Meine alte Geschichtslehrerin hat bei ähnlicher Argumentation, aber in einem anderen Zusammenhang mal gesagt: „... ich kann ja auch keine zwei Meter hoch springen, weil ich nur Wurmfortsätze statt Beine habe." Ist das nicht dasselbe wie bei Anja? Vielleicht wäre meine Lehrerin eine ganz passable Springerin gewesen, aber sie hatte nicht die äußeren Voraussetzungen dazu. Wie Anja. Ihr fehlten die Voraussetzungen für den leichten Sprung ins Leben. Das sollte man Menschen, die man gerne schnell verurteilt, zugute halten, man sollte beim Beurteilen ihrer Lebensleistung ein Handycap mit berücksichtigen. Noch ein Beispiel aus einer ganz anderen Ecke fällt mir ein: Ein Mensch hat gelernt und ist gewohnt, jeglichen Abfall ohne Rücksicht auf die Umwelt von sich zu werfen, ein anderer hat in allen Lebensbereichen den verantwortungsvollen Umgang mit seiner Umwelt gelernt und ist ihn gewohnt. Ersterer hebt aus einer plötzlichen Laune heraus eine leere Dose auf und wirft sie in den nächsten Mülleimer, während der zweite weiterhin in seinem gewohnt hohen Umweltbewusstsein lebt. Hat nicht der erste in Sachen Umweltbewusstsein einen viel größeren Entwicklungsschritt getan als der zweite, obwohl seine Leistung in der öffentlichen Aufmerksamkeit viel weniger wahrgenommen werden dürfte? Leider wird die Lebensleistung vieler Menschen in schwierigen Ausgangspositionen gar nicht anerkannt, weil kleine Entwicklungsschritte unbeachtet bleiben, wenn immer nur am gesellschaftlichen Normalzustand gemessen wird. Dabei ist doch nicht wichtig, was man ist, sondern dass man aus dem, was man ist, etwas macht. Wie Anja wirklich ist, weiß ich nicht, aber sie ist ein netter, liebenswürdiger Mensch, der sich ein besseres Leben wünscht.

Am Rande des inneren Stadtzentrums steht das Haus der Caritas. Gleich, als ich es sehe, fallen mir Elvis und Horst ein, die vom SKM gesprochen haben, einer Einrichtung der Caritas. Drinnen wird gerade umgebaut, aber Frau Zerhusen hat trotzdem Zeit für mich. Sie vergleicht die Caritas mit einer Firma mit vielen Unterabteilungen und erklärt mir den Zusammenhang von Caritas, diözesaner Caritas und SKM, dem Sozialdienst katholischer Männer. Der finanzielle und rechtliche Zusammenhang dieser Einrichtungen ist kompliziert, erklärt Frau Zerhusen. Zu kompliziert für ein Buch, das in erster Linie Menschen vorstellen will, fürchte ich, weshalb ich erst gar nicht genauer nachfrage. Ich lasse mir den Weg zum SKM in der Bramscher Straße erklären, bedanke mich bei Frau Zerhusen und mache mich auf den Weg. Die Bramscher Straße liegt etwas außerhalb des inneren Stadtzentrums. Unterwegs nehme ich mir nochmals einige Minuten Zeit für die Hase, den kleinen Fluß unter Osnabrück.

Die Tageswohnung und Redaktion

Im SKM erwartet man mich schon. Frau Zerhusen hatte mich telefonisch angemeldet. Die Sozialarbeiter Alfons und Thomas sowie Katharina, Studentin der Sozialpädagogik, begrüßen mich in ihrem Büro. Ich frage nach der Arbeitsweise des SKM und nach der Bedeutung, die eine solche Einrichtung für Obdachlose haben kann. Außerdem interessieren mich natürlich die Zusammensetzung der Gäste und Geschichten aus dem Alltag. Unter dem Dach des Hauses sind mehrere Einrichtungen zusammengefasst: Die Tageswohnung, die Kleiderkammer sowie die Redaktion der Straßenzeitung „Abseits!?".
In der Tageswohnung treffen sich nicht nur akut oder im-

mer-mal-wieder Wohnungslose, sondern auch ehemalige Wohnungslose und Menschen, die in prekären Wohnverhältnissen leben, deren Wohnungen zum Beispiel keine Dusche haben. Menschen mit oder ohne psychische oder gesundheitliche Einschränkungen treffen sich hier. Nicht zu vergessen Osnabrücker Frauen und Männer, die hier ehrenamtlich mitarbeiten und Besucher wie ich, die zwar nicht häufig, aber willkommen sind. Ungefähr 60 bis 80 Menschen treffen sich täglich hier. Geöffnet ist sieben Tage die Woche, an Werktagen mindestens neun Stunden, am Wochenende fünf Stunden täglich. Toiletten und Duschen stehen dann zur Verfügung wie auch Waschmaschine und Trockner für die Wäsche, die von Wohnungslosen ja meist Tag und Nacht getragen wird. Billardtisch, Tischfußball und Darts-Scheibe sorgen für Abwechslung. Im Ruheraum kann man sich bei Bedarf erholen. Herzstück des Hauses aber ist der Aufenthaltsraum mit angeschlossener Küche. Hier trifft man sich, hier sitzt man am Tisch und erzählt, isst und trinkt. Frühstück kostet 1 Euro, Mittagessen 1,25 Euro, für die, die das bezahlen können.

„Für`s Selbstwertgefühl", erklärt Alfons: Wer kein Geld hat, muss auch nichts zahlen. Aber „nur wegen dem günstigen Essen kommt keiner."

Es muss wohl etwas anderes sein, das die Gäste gern hierher kommen lässt.

„Wer hier herkommt, wird erst mal in Ruhe reingelassen und kann seinen Kaffee trinken", berichten die Sozialarbeiter, „wir warten, bis sie warm werden und kommen."

Die Regeln hier sind „niedrigschwellig angesetzt." Man kann kommen, wie man ist, auch betrunken ist in Ordnung. Aber andere sollen sich nicht gestört fühlen und Alkohol im Haus trinken ist nicht erlaubt. Ansonsten gelten die normalen Regeln des gesellschaftlichen Zusammenlebens. Wird eine Fachberatung gewünscht, ist diese jederzeit möglich. Bei allen Problemen, die Wohnungslosigkeit mit sich bringt, versuchen die Sozialarbeiter weiterzuhelfen. Auch beurteilen sie, ob eine Weitervermittlung an andere Stellen sinnvoll ist, zum Beispiel ins Krankenhaus oder zur Entgiftung Drogenabhängiger. Übernachtungen sind in der Tageswohnung nicht möglich, wohl aber in den Wohnheimen, von denen die Caritas zwei in Osnabrück unterhält: Das Laurentiushaus für Männer und das Hedwighaus für Frauen. Dieses Angebot gilt aber nur für Durchreisende. Dauerbewohner aus Osnabrück werden der Stadt zu teuer, wie man mir erklärt. Für diese gibt es Notunterkünfte, die aber nicht gern angenommen werden, weil die Ausstattung dürftig ist und die sozialpädagogische Betreuung fehlt. Es werde nur verwaltet, bemerkt Alfons. Außerdem sind dort alle möglichen Gruppen Bedürftiger zusammen untergebracht: Alkoholiker, psychisch Kranke, Drogenabhängige, Migranten. Das führt häufig zu Streitigkeiten, die auch dazu beitragen, dass die Notunterkünfte nur ungern angenommen werden. Die Stadt argumentiert dann, dass die Wohnungslosenzahl wohl sinkt und das Haus verkauft werden könne. Alfons hat noch mehr zu kritisieren, aber wir reden lieber wieder über die Tageswohnung des SKM. Es gibt Cliquen hier, die sich jeden Tag treffen, aber natürlich auch Einzelne, die nur mal schnell einen Kaffee trinken. Manchmal gibt es Spannungen unter den Leuten, dann sind die Mitarbeiter als Vermittler gefragt. Heute morgen zum Beispiel gab es Streit des Radioprogrammes wegen, NDR 1 oder NDR 2 stand zur Debatte.

„Einiges regelt sich ohne uns, einiges auch nicht", erklären Alfons und Thomas. „Meistens ist es friedlich, ab und zu kommt auch Unschönes vor, aber im normalen Rahmen, wie in `ner Kneipe auch. Bei Handgreiflichkeiten schreiten wir natürlich ein."

Das passiert seltener. Tagesgeschäft ist eher Gemeckere über das Essen, Beschwerden wie „Für mich hast du nie Zeit." oder „Die Dusche ist nicht aufgeräumt." und Diskussionen wie „Wer duscht wie lange?"

„Kleinigkeiten werden wichtig, wenn ich keinen anderen Tagesinhalt habe", weiß Alfons. Wenn jemand stinkt, wird das auch an die Mitarbeiter gemeldet. Als Mitarbeiter gelten indes nicht nur die beiden Sozialarbeiter, sondern auch eine ganze Reihe weiterer Frauen und Männer. Ehrenamtliche, die zum Beispiel an den Wochenenden in Zweier- und Dreier-Teams Küche und Kleiderkammer am Laufen halten, auch Gäste der Tageswohnung, die das machen. Verschiedene mit halben Stellen ausgestattete Menschen, Zivildienstleistende, Jugendliche im freiwilligen sozialen Jahr, ein Hausmeister. Auch Ein-Euro-Jobs werden hier angeboten, bevorzugt für Besucher, um diesen einen geregelten Arbeitsablauf zu bieten. Ich denke an Anja und wie sehr sie sich über ihre, wenn auch unbezahlte, Arbeit gefreut hat.

In der Kleiderkammer des Hauses werden täglich Mengen an Kleidung abgeliefert, erfahre ich. Bei Bedarf können sich Bedürftige hier etwas Passendes aussuchen. Bezahlen müssen sie nichts, die Kleider „gehen umsonst raus", was auch mit dem großen Überangebot zu tun hat. Und schließlich möchten die Spender in der Regel nicht, dass für ihre Gaben bezahlt werden muss.

Wir kommen auf „Abseits!?" zu sprechen, die Osnabrücker Straßenzeitung. Sie existiert seit 1995 und erscheint jeden zweiten Monat in einer Auflage von 7000 Exemplaren. Der Verkauf findet auf der Straße statt. Dafür verantwortlich sind Frauen und Männer aus dem Umfeld der Tageswohnung, zumeist Wohnungslose. 25 Personen sind es zur Zeit. Die meisten helfen zur Überbrückung einer persönlichen Notlage mit, manche sind aber schon seit Jahren dabei. Der Erlös von 1,10 Euro pro verkaufter Zeitung wird geteilt. 55 Cent für den Verkäufer, 55 Cent für die Redaktion.

„Diese Arbeit ist wichtig für das Selbstwertgefühl der Verkäufer", erklären Alfons und Thomas, „weil ich dort ein Produkt auf Augenhöhe abgebe, nicht nur Almosen bekomme." Außerdem lernt man Leute kennen, viele der Verkäufer haben sich schon einen festen Kundenstamm erarbeitet. Die gesamte Auflage wird fast ausschließlich in Osnabrück verkauft, nur vereinzelt auch im Landkreis. Die Arbeitszeit kann frei eingeteilt werden und ist daher von Verkäufer zu Verkäufer verschieden. Der eine arbeitet eine Stunde am Tag, ein anderer von früh bis spät. Manche verkaufen auch nur zweimal pro Woche. Der Verdienst ist frei, wird also nicht auf den normalen Verdienst – meist Arbeitslosengeld II – angerechnet. Alle Verkäufer treffen sich einmal pro Monat zur Verkäufersitzung und legen dort selbst die Spielregeln fest, an die sich alle halten müssen. So soll die Zeitung zum Beispiel nicht lautstark angepriesen werden, sondern nur hochgehalten. Nicht aufdringlich zu sein ist sehr wichtig. Jeder Verkäufer hat seinen festen Platz, wobei „Sitzung-Machende" Vorrang haben. Soll heißen: Ist der Platz von einem Bettler besetzt, muss der Verkäufer weitergehen. Verkauft werden darf außerdem nur mit einem deutlich getragenen Verkäufer-Ausweis sowie im nichtalkoholisierten Zustand. Unabhängig vom Kreis der Verkäufer trifft sich ein Redaktionsteam einmal pro Woche. Mitarbeiter und Besucher der Tageswohnung sowie Ehrenamtliche von außerhalb des Hauses arbeiten hier mit. Das Redaktionsteam sammelt Ideen für Inhalte, führt Interviews durch, wählt Photos aus, erarbeitet das Layout der Zeitung und schreibt, korrigiert oder kommentiert Texte. Oft kommen auch Leute mit Geschichten, die sie gerne gedruckt haben möchten. In welcher Form diese Artikel abgegeben werden, ist egal. Standart sind Geschichten über Wohnungslosigkeit und Sucht, aber auch Themen wie zum Beispiel „Gaumenspalten-Syndrom." Die Öffentlichkeit soll über soziale Themen informiert werden. Selbsterzählte Lebensgeschichten sind in „Abseits!?" ebenso zu finden wie persönliche Erfahrungen mit Wohnungslosigkeit und Hintergründe über Sucht, aber auch Todesanzeigen von Wohnungslosen, Kreuzworträtsel mit Spielen und Büchern als Preisen, Buchkritiken. Auch gewerbliche Anzeigen und Berichte von Spendenübergaben, die zusammen mit dem Verkaufserlös die Zeitung finanzieren.

„Wichtig ist immer der soziale Ansatz" betont Thomas, „wir sind nicht parteipolitisch."

Die Veröffentlichung der Zeitung versteht er als Politik an sich.

„Es gibt so viele Konzepte für Straßenzeitungen, wie es Straßenzeitungen in Deutschland gibt."

Viele stehen politisch links, manche schreiben gegen die Parteien, andere über kulturelle Themen. „Abseits!?" steht für erzählte Erfahrungen mit regionalem Bezug. Ziel der Zeitung ist es, in der Öffentlichkeit Veständnis für die Menschen und das Leben am Rande der Gesellschaft zu wecken und Vorurteile abbauen zu helfen. Dies soll nicht durch Konfrontation geschehen, sondern durch Aufklärung und Information. Und das das ganze Jahr über und nicht nur zu Weihnachten, wo die Menschen ihre Mitmenschlichkeit entdecken und die Auflage der Zeitung regelmäßig auf 9000 bis 10000 ansteigt. Auch sollen neue und vor allem junge Leser gewonnen werden. Dies gelingt mit Aktionen wie im November 2003. Damals durften alle deutschen Straßenzeitungen vorab und exklusiv das erste Kapitel des neuen Harry-Potter-Bandes „Der Orden des Phönix" drucken. Mit ausdrücklicher Genehmigung der Autorin. Die Auflage von „Abseits!?" erreichte damals 12000 Exemplare. Auch Farin Urlaub, Sänger und Gitarrist der besten Band der Welt, der Berliner Kultband „Die Ärzte", hat schon mal ein Interview exclusiv für die Straßenzeitungen freigegeben. Viele Straßenzeitungen in Deutschland stehen miteinander in Kontakt und schicken sich gegenseitig Exemplare zu. Alle ziehen ja schließlich am gleichen Strang. Auch ich bekomme die neueste Ausgabe. In England gibt es übrigens nur eine Straßenzeitung für das ganze Land. Ihr Name ist „Big Issue." Das Wichtigste ist gesagt. Natürlich möchte ich nicht gehen, ohne einmal den Aufenthaltsraum besucht zu haben, wo sich die Gäste treffen. Wir verlassen das Büro.

Der Aufenthaltsraum ist ein großes, recht kahles Zimmer mit mehreren Sitzgruppen. Einfache, rechteckige Tische mit einfachen Stühlen drumherum. Die Atmosphäre erinnert mich an die einer dieser alten, aber gemütlichen Kneipen, die es früher überall gab und in denen die Gäste wichtiger waren als eine repräsentative Ausstattung, über die man redet. Das ist hier sicher auch so. Mehrere Gäste sitzen in kleinen Grüppchen an den verschiedenen Tischen und schauen kurz auf, als wir den Raum betreten. Ich stelle mich vor und frage, was die Tageswohnung für die Gäste hier bedeutet. „Wunderbar", antwortet eine ältere Frau am Kopfende des hinteren Tisches.

Helga

„Wunderbar ist es hier."
Ich setze mich zu ihr.

„Hier ist alles so spontan", plaudert sie los, „hier treffen sich Leute, die sich unter normalen Umständen nie getroffen hätten. Verabredungen gibt es seltener. Morgens ist hier noch viel mehr los, vor allem, wenn mal einer auf die Mütze will."

Das komme manchmal vor, aber man muss sich ja an die Regeln halten und somit irgendwie auch einen gemeinsamen Nenner finden. Schön hier sind für Helga vor allem die gemeinsamen Mahlzeiten, man darf sich sein Essen sogar selbst mitbringen. Sie kommt schon seit zehn Jahren hierher. Von Beruf ist sie Gärtnerin, war mal im Methadon-Programm, kurz auch mal wohnsitzlos, jetzt hat sie aber eine Wohnung. Und als „Abseits!?"-Verkäuferin hat sie schon gearbeitet. Mehr erzählt sie nicht von sich. Ich dränge auch nicht darauf. Aber vom SKM erzählt sie:

„Hier war`s mal schön für zehn Jahre", erinnert sie sich, „Durchreisende wie aus dem Bilderbuch, aber viel weniger Leute als heute. Heute ist alles egoistischer, jeder macht sein Ding."

Früher brachte man seinen kaputten Mikrowellenherd gleich hierher, ein Sozialarbeiter hat ihn dann repariert. Und alle Räume wurden selbst gestrichen.

„Heute sind alle für sich und viele haben Nehmer-Qualitäten."

Die übrigen Gäste im Raum machen einen gleichgültigen Eindruck, hören aber sicher zu, was Helga da erzählt. Zwei junge Praktikantinnen gehen ein und aus, sind ständig mit irgendetwas beschäftigt oder erzählen mit den Gästen. Ihr modisches Aussehen wirkt etwas fremd hier, aber angenehm sympathisch. In der benachbarten Küche wird gearbeitet.

Es gibt vieles, was Helga an der Tageswohnung des SKM schätzt. Man trifft sich hier nicht nur, sondern kann auch „zwanglos von der Arbeit der Sozialarbeiter profitieren." Hier liegen Tageszeitungen aus mit Stellenanzeigen und natürlich die „Abseits!?", deren sozialen Ratgeber Helga gern nutzt. Wer herausfinden will, ob er überhaupt noch fähig ist, zu arbeiten, kann bei „Möwe" mitmachen, dem Arbeitsprojekt des SKM. In der Tageswohnung wird ob-dachlosen Menschen viel Gutes geboten. Ganz allgemein ist das Hilfsangebot für Menschen ohne festen Wohnsitz in Osnabrück „ausreichend", findet Helga. Deren Zahl schätzt sie auf „um die 100. Viele davon sind Einzelgänger." Die meisten haben Suchtprobleme mit Alkohol oder Drogen, „wobei die Alkis etwas über den Drogis stehen, denn Alkohol kann man ja überall kaufen, Drogen dagegen sind krimi-nell."

Helgas Redefluß ebbt langsam ab. Ich bedanke mich für das Gespräch, packe Notizbuch und Bleistift ein und verab-schiede mich von allen. Abgesehen von Helga waren die sieben oder acht anderen Gäste im Aufenthaltsraum nicht sehr an meinem Besuch interessiert. Keiner nahm am Gespräch teil, einige feixten leise miteinander. Als ich gehe, sagt einer: „Buch schon fertig?" Ich kann nicht heraushören, ob es witzig oder zynisch gemeint ist. Ich nehme es als witzig.

Draußen blättere ich beim Weitergehen im „Abseits!?". Sie ist sehr, sehr lesenswert. Den Kauf einer Straßenzeitung kann ich nur unbedingt empfehlen, egal in welcher Stadt.

Ich reise früh weiter, um die norddeutsche Tiefebene, die ich so sehr liebe und die schon kurz hinter Osnabrück beginnt, noch bei Tageslicht genießen zu können. In der Osnabrücker Fußgängerzone hätte ich sicher noch viele Gespräche finden können, aber ich bin geistig schon unterwegs. Die Tatsache, dass mich gleich einer der nächsten Züge ohne Umsteigen bis in den hohen Norden bringt, gibt mir Recht. Er fährt 16.38 Uhr nach Bremerhaven. Ich notiere noch einige Gedanken und schaue dann aus dem Fenster. Niedrige, rot geklinkerte Häuschen, Kopfweiden. Das Land wird flach, nirgends ist der Himmel höher als hier. Birkenwäldchen. Bremen wirbt für ein Theaterstück mit dem schönen Titel „Keine Stille außer der des Windes."

Bremerhaven

Bremerhaven begrüßt mich in strömendem Regen. Ich besorge am Bahnhof einen Stadtplan und fahre zur Jugendherberge, die etwas außerhalb liegt. Alleine beziehe ich ein großes Zweierzimmer für Rollstuhlfahrer mit einem riesigen Bad. Dort findet meine allabendliche Sockenwäsche statt. Im Aufenthaltsraum sehe ich mir die Nachrichten an und später mit Zivi Dennis Bayern München gegen Real Madrid. Es ist sehr nett und familiär hier. „Wunderbar ist es hier", würde Helga vielleicht sagen, „hier treffen sich Leute, die sich unter normalen Umständen nie getroffen hätten." Aufenthaltsräume sind doch alle gleich.

Am nächsten Morgen beim Fußmarsch in die Bremerhavener Innenstadt fühle ich mich pudelwohl und ausgelassen. „Mein Vater war ein Wandersmann" fällt mir ein. Das trifft zwar eher auf Elvis zu als auf mich, trotzdem habe ich Spaß beim Singen.

Für heute wünsche ich mir ein Gespräch auf einer Parkbank. Ich stelle mir vor, wie schön es wäre, so ganz ohne Lärm und überfüllte Straßen. Die herbe Ruhe des Nordens wirkt wohl gerade auf mich ein. Das lasse ich gerne zu. Die Parkanlagen, die ich anhand des Stadtplanes schnell finde, sind menschenleer, nur gelegentlich begegne ich einem Jogger oder Herrchen mit Hund. Schließlich lande ich doch in der Fußgängerzone, der „Bürger", wie sie hier genannt wird. Ihr richtiger Name ist „Bürgermeister-Smidt-Straße." Über ihr Pflaster spazieren die Möwen wie bei uns im Süden die Tauben und Spatzen. Schüler der Marineschule in schicken Uniformen verbreiten maritimes Flair. Auf den Mützen steht „Marineoperationsschule." Sie laufen immer in Gruppen. Zwei Straßenkehrer wissen nichts von Obdachlosen hier. „Früher gab`s da `n paar, aber jetzt wüsste ich nicht."

Sie raten mir, in den Stadtpark zu gehen, aber da war ich schon. In der Mitte der „Bürger" thront das Columbus-Center, ein Konsumtempel mit auf den ersten Blick unüberschaubar vielen Gängen, Geschäften und Menschen. Ein einsamer Mann in „Rumänenhaltung" sitzt davor. Er ist Slowake und spricht kein deutsch.

Die Polizeiwache

Das Polizeirevier „Mitte" im Columbus-Center finde ich nur durch stures Den-Schildern-Nachgehen. Der elektrische

Türöffner wird betätigt und drinnen begrüßen mich zwei freundlich lächelnde Beamte. Auf meine Frage, warum es denn so schwierig ist, hier in Bremerhaven Obdachlose zu finden, bekomme ich als Antwort:

„Oh, komm`sch aus Mannem?"

Nein, nicht direkt aus Mannheim, aber aus der Nähe. Joachim ist gebürtiger Saarländer und hat den Tonfall sofort erkannt. Er und sein Kollege Thomas bieten mir das „Du" an, noch bevor ich mich richtig vorstellen kann. Beide überlegen.

„In der Fußgängerzone direkt gibt es keine Obdachlosen", erklären sie angestrengt nachdenkend. „Ich wüsste auch nicht, dass ich im Sommer mal einen auf der Parkbank gesehen hätte", grübelt Thomas, „wenn, dann ist das lange her. Vielleicht mal `n paar, die beim Pastor `ne Suppe holen."

Ich frage nach dem Slowaken unten vor der Tür.

Den kennen die beiden: „Die Slowaken kommen morgens zu Geschäftsbeginn in Gruppen von vier oder fünf. Sie wurden von uns schon überprüft und befragt. Die Nacht verbringen sie im Fahrzeug, mit dem sie kommen oder gehen."

Solange sie nicht auffallen, sind sie geduldet.

Manchmal kommen auch wohnungslose Durchwanderer ins Revier, aber höchstens zehnmal im Jahr. Sie bekommen dann einen Zuweisungsschein für das GISBU, das Übergangswohnheim der „Gesellschaft für integrative soziale Beratung und Unterstützung." Die Einrichtung ist sicher ähnlich den Häusern Hedwig und Laurentius in Osnabrück.

„Dort werden sie gut betreut" weiß Joachim und Thomas ergänzt:

„Wer trotz Zuweisungsschein hier in der Innenstadt bleiben will, ist geduldet. In kalten Nächten bieten wir auch mal die Einzelzelle zum Schlafen an."

Zehn wohnungslose Durchwanderer pro Jahr sind nicht viel für eine Stadt von der Größe Bremerhavens. Wir suchen

Gründe. Wahrscheinlich, so Thomas und Joachim, ist der Einzugsbereich hier oben direkt an der Küste zu klein, vielleicht auch das Klima zu rauh, um auf der Straße zu leben. Außerdem liegen ganz in der Nähe die Großstädte Hamburg und Bremen, die vielleicht für Obdachlose attraktiver sind. Wahrscheinlich spielen alle diese Gründe eine Rolle. Die vielen fremden Seeleute, die in der Stadt ankommen und naturgemäß hier keine Wohnung haben, kommen übrigens im Seemannsheim unter. Ich überlege kurz, ob ich dem GISBU einen Besuch abstatten sollte, entscheide mich dann aber dafür, erstmal wieder Geschichten auf der Straße zu suchen, vielleicht in Hamburg.

Joachim macht sich bereit für eine Streifenfahrt und bietet mir an, mich zum Bahnhof mitzunehmen. Ich laufe aber lieber, da sieht man mehr. Das mit dem „Bestseller" finden sie eine tolle Idee und ich verspreche, mich zu melden, wenn tatsächlich ein Buch zustande kommen sollte.

Nachdem ich die fröhlichste Polizeiwache Deutschlands verlassen habe, gönne ich mir einen Besuch im Schifffahrtsmuseum und einen Barfußspaziergang am Ufer des Weserstrandbades. Ich nehme noch einen kleinen Umweg in Kauf, um mir im Weser-Yacht-Club die Segelschiffe anzusehen. Dort angekommen, finde ich den Hafen leer, nur die „Zampano" dümpelt in ihrer Box. Wie dumm von mir. Es ist Mitte März und die Schiffe liegen natürlich noch im Winterquartier in irgendwelchen Hallen und Scheunen.

Beim Zurückgehen Richtung Bahnhof liegt plötzlich Musik in der Luft. Ein Drehorgelmann hat vor dem Columbus-Center Stellung bezogen. Mit einer Kapitänsmütze über dem ernsten, aber freundlichen Gesicht dreht er die Kurbel, manchmal hüpft er kurz im Takt. Er hat ein wenig Zeit für mich.

Heinz

Sein Name ist Heinz. Er wohnt „drüben in Niedersachsen", auf der anderen Seite der Weser. Obdachlos war er nur kurz einmal, das ist schon lange her. Aber auf der Straße lebt er eigentlich noch immer. Zumindest bei der Arbeit mit seiner Drehorgel.

Geboren ist Heinz 1943 in Bad Triburg im Kreis Höchster in Westfalen. Nach seiner Schulzeit wurde er Polsterer und Dekorateur und war später zehn Jahre lang arbeitslos. Irgendwann half er als Schauermann im Hamburger Hafen beim Be- und Entladen der Schiffe, bevor er schließlich umschulte auf Garten- und Landschaftsbau. Er wurde selbständiger Landschaftsgärtner und arbeitete eine Zeit lang hart in Gärten und Parkanlagen. Aber „das kann man nicht mehr irgendwann."

Heute lebt er als Frührentner von 388 Euro Erwerbsunfähigkeitsrente und 65 Euro Wohngeld. Richtige Rente bekommt er bald, wenn er 65 wird. Seit 40 Jahren ist er verheiratet und hat vier erwachsene Kinder, „die haben aber auch alle nicht viel." Mit der Drehorgel verdient er etwas zu seinem Lebensunterhalt dazu.

Vor circa 25 Jahren, die Kinder waren noch nicht schulpflichtig, war die Familie für ein halbes Jahr obdachlos. Übernachtet hat sie in einem Zelt auf einem Campingplatz, die Tage verbrachten alle zusammen in den Städten. Gebettelt hat Heinz damals nicht, die Familie lebte von Kindergeld und vom Tagessatz der Sozialämter.

„Für die Kinder war`s normal, die mussten da mit."

Aber später als Erwachsene haben sie über diese Zeit nicht mehr gesprochen. Im Gartenbau fand Heinz schließlich eine Stelle mit einer billigen Betriebswohnung, in die die Familie einzog.

„Das war schwierig", erinnert sich Heinz, „in einer Betriebswohnung bist du immer der Angemeierte." „Du kannst ja länger machen", hörte er oft, „du wohnst ja hier."

Dennoch, die Familie hatte ein Dach über dem Kopf.

Seit fünf Jahren bereist er jetzt mit der Drehorgel Städte im nordwestdeutschen Raum. Vorher versuchte er kurz, durch Betteln seinen Lebensunterhalt aufzubessern, „aber das war nicht meine Welt." Mit dem Instrument wird man besser anerkannt, „man tut ja was für`s Geld. Betteln gilt als faul."

Hier in Bremerhaven spielt er mit kleinen Pausen von 11.00 Uhr bis 18.00 Uhr, ist dann also inklusive Fahrt acht Stunden täglich unterwegs. Ich frage ihn, wie es ist als Drehorgelspieler. „Wie die Witterung", antwortet er, „mal gibt es schöne Tage, mal schlechte Tage."

Und die Menschen?

„Manche sind freundlich."

Ungefähr 50 Euro hat er am Ende des Tages verdient, abzüglich des Fahrgeldes für Fähre und Bus bleiben ihm 45 Euro.

„Betteln bringt höchstens zehn Euro am Tag", weiß Heinz.

Man kann ihn auch engagieren. Vier- oder fünfmal im Jahr spielt er auf Hochzeiten und Jubiläen, als feste Gage verlangt er 25 Euro pro Stunde. Essen und Trinken sind meist frei. Die 200 Lieder auf seiner Drehorgel reichen als Repertoire für die unterschiedlichsten Anlässe. Das Geld braucht er. Als die Drehorgel einmal kaputt war, hat er zur Überbrückung Obdachlosenzeitungen verkauft. Seine erste Drehorgel war in Bremen geliehen. Die jetzige, eine Morat-Drehorgel, hat er für 300 Euro in der Gegend von Brake erstanden. In drei Jahren ist sie seine eigene.

„So, jetzt muss ich aber los", fällt ihm ein.

Die Fußgängerzone wartet.

Zum Abschied kramt er eine CD aus dem Gepäck und gibt sie mir:

„Für die Oma, die wird dann wieder munter."

Er lächelt.

In einem Studio in Oldenburg hat er drei CDs aufgenommen, eine mit 25 Liedern, eine mit 30 und eine mit 60. Für zehn Euro verkaufen sie sich hin und wieder auf Märkten. Dort preist er sie an.

„Man muss auch `n bisschen schnacken können."

Ich möchte bezahlen, aber Heinz lehnt das ab. Nachdem kein einziger meiner bisherigen Gesprächspartner gefragt hat, was für ihn dabei rausspringt, werde ich jetzt auch noch von ihnen beschenkt.

Mit „Tanze mit mir in den Morgen" geht Heinz die Fußgängerzone lang, in gebückter Haltung die Kurbel drehend und mit kleinen Schritten. Beim Slowaken setzt er für zehn Meter aus und grüßt im Vorbeigehen. Er möchte ihm beim Betteln keine Konkurrenz machen. Dann kommt „Herzilein." Ich überlege, ob ich ihm nachgehen soll um später noch das ein oder andere über ihn zu erfahren. Aber man sollte auch den Moment nicht verpassen, an dem das Gespräch zu Ende ist. Ich schaue ihm noch eine Weile nach. Bei „Jambalaya" drehe ich mich um und gehe in die andere Richtung weiter.

Gegen Abend bringt mich ein Zug nach Hamburg.

Spätestens heute ist mir klar geworden, dass ich meine „Obdachlosen-Tour" irgendwie umbenennen muß. Echte Berber wie Elvis oder Horst findet man zwar viele, aber viele Menschen auf der Straße, die betteln oder trinken oder einfach nur ins Schema passen, sind auch gar nicht obdachlos, sondern haben eine Wohnung wie Anja, sind Wirtschaftsflüchtlinge auf Zeit wie Tomáš oder bessern ihre Rente auf wie Heinz. Die Vielfalt muß riesig sein. Und alle können was erzählen, was ihre Lage nachvollziehbar macht. Vielleicht kann das mal jemand all denen sagen, die ihre auf und von der Straße lebenden Mitbürger gerne pauschal und abfällig als „Penner" bezeichnen.

Die Fahrt nach Hamburg ist wunderschön. Die Sonne steht tief hinter uns im Westen und alles strahlt in abendlichem Licht. Von Birkenreihen unterbrochene Viehweiden, hüb-

sche Gehöfte, Hecken. Unbeschrankte Bahnübergänge, vor
denen der Lokführer jeweils zweimal hupt, bevor der Zug
drüberrauscht. Moorige Böden, Entwässerungsgräben,
Windräder. Im Abteil riecht es nach abgestandenem Bier.
Ich befürchte schon, das kommt von mir. Vielleicht rieche
ich ja schon wie viele meiner Gesprächspartner. Als ich
umsteige, ist auch der Geruch weg. Na Gott sei Dank.

Hamburg

Die Hamburger Jugendherberge liegt wunderschön auf
einem Hügel mit Blick auf die Landungsbrücken an der
Elbe. Mit Ingo, einem sehr netten Mitbewohner meines
Zimmers, gehe ich beim Italiener essen. Wir erzählen den
ganzen Abend über Gott und die Welt. Er ist Konzernberater
und seine vorbildliche Kleidung mit Hemd und Anzug will
nicht so recht zur Jugendherberge passen. Er übernachtet
dort, „weil die Leute hier angenehmer sind als im Hotel."
Nach dem Frühstück hinter`m Panoramafenster gehe ich los
in die Stadt. Für heute und Hamburg habe ich mir aus-
nahmsweise ein Ziel gesetzt: Zwei Geschichten sollten zu
machen sein.
Es ist acht Uhr morgens. Dort, wo die Reeperbahn beginnt,
lehnt ein Mann am U-Bahn-Abgang. Nein, er lebe nicht auf
der Straße, antwortet er mir und schickt mich auf die Reeperbahn. An einer der vielen Boutiquen dort treffe ich zwei
Männer. Sie sitzen auf der Treppe zum Hauseingang und
haben offensichtlich viel Spaß bei ihrer Unterhaltung. Der
Becher, der vor ihnen steht, zeigt mir, dass sie betteln. Ich
darf mich dazusetzen.

Jassman, Faxe und Kommissar

Ein Todesfall ist zu beklagen.

Es geschah nebenan im „Clochard", wo die beiden die Nacht verbrachten. Faxe war beim Kickern am Tischfußball-Kasten seine Ratte von der Schulter gefallen und er war draufgetreten. Sie hat es nicht überlebt. Kommissar amüsiert sich verhalten und auch Faxe kann sich bei aller Trauer ein Grinsen nicht verkneifen.

„Der Clochard" ist die billigste Kneipe auf der Meile und hat zudem rund um die Uhr geöffnet, erzählen die beiden. Auch die Musik läuft rund um die Uhr. „In Extremo" oder die „Böhsen Onkelz." Die mag Kommissar zwar nicht, weil „zu rechts", aber die Kneipe an sich sei toll.

Kommissar ist 21 Jahre alt und seit vier Jahren auf der Straße.

Dem damals 17jährigen hatte die Mutter gesagt: „Haare richtig oder raus."

„Ich hab` dann meinen Rucksack gepackt und bin gegangen", erklärt er trocken.

Sein Geschmack die Frisur betreffend hat sich seither nicht geändert. Er trägt kurze, grüne Dreadlocks, die Seiten sind ausrasiert. Auf seinem Rücken baumelt eine Isomatte. Faxe hat rot gefärbte Haare in der Mitte seiner Halbglatze. An der Tarn-Jacke stecken Buttons, die auf „Evil inside" hinweisen oder „Asoziale an die Macht" fordern. Er ist 37 Jahre alt und seit zehn Jahren auf der Straße. Seine Schulzeit in Bielefeld hat er während der 12. Klasse kurz vor dem Abitur beendet. Er kaufte sich ein Wohnmobil, dealte mit Drogen wie Haschisch und Speed und landete schließlich für vier Jahre im Knast, wegen 650 Gramm Heroin, die man, wie er erzählt, bei ihm gefunden hat. Kurz nach der Jahrtausendwende kam er hierher nach Hamburg und fällt seitdem „von einer Beziehungskiste in die andere." Zur Zeit sind es vier Frauen, bei denen er abwechselnd schläft. Wenn es ihm zuviel wird, pennt er im „Clochard." Dort findet er seine Ruhe, trotz oder vielleicht gerade wegen der lauten Musik. Und im Sommer, wenn`s schön warm ist, verbringt er die Nächte im Freien unter einem Vordach. Im Knast hat er zwar eine Lehre zum Garten- und Landschaftsbauer gemacht, wie scheinbar alle meine Gesprächspartner, aber er arbeitet nicht als solcher. Manchmal macht er das Essen für den Tagestreff in Altona.

Unser Platz auf der Treppe neben der Boutique lässt träges Herumlungern nicht zu. Ständig verlassen Leute das Haus, wohl auf dem Weg zur Arbeit. Wir stehen auf, wünschen einen guten Morgen und bekommen einen guten Morgen gewünscht. Nach dem dritten Mal beginne ich eine Strichliste. Ein Streifenwagen fährt vorbei. Faxe und Kommissar schauen ihm lange nach. Die Polizei macht hier jeden Tag Personenkontrolle, klären die beiden mich auf. Der Polizist von gestern hatte gesagt, sie sollen nicht vor 8.00 Uhr hier sein, sonst drohe die Ausnüchterungszelle.

„Hamburg ist `ne kleine Stadt", findet Kommissar, „man trifft sich immer wieder."

Das gelte für alle, die hier leben, nicht nur für Polizisten. Faxe ist anderer Meinung. Ihm gefällt Hamburg, weil man hier anonym leben kann.

Das Gespräch gestaltet sich etwas schwierig, weil beide ständig abschweifen. Oft flüstern sie sich auch leise etwas zu. Kommissar beklagt die dreimonatige Sperre seines Arbeitslosengeldes II. Er hatte einen Ein-Euro-Job nicht angenommen.

„Ich kann keinen Ein-Euro-Job annehmen, weil man`s auf der Straße einfach nicht auf die Reihe kriegt."

Regelmäßige Arbeit meint er damit. Anja in Osnabrück fällt mir wieder ein.

„Wir überleben einfach nur", so Kommissar, „solange ich ein Grinsen von den Leuten krieg`, freut mich das schon."

Faxes Gedanken kreisen derweil noch um seine Ratte: „Ratten sind wie Hunde im Miniformat. Wenn ich die rufe,

84

sind sie bei mir. Meine konnte eine Nähgarn-Rolle apportieren."

Er denkt nach.

„Auf der Straße leben ist schwer mit einer Ratte, vor allem nachts im Schlafsack. Du musst aufpassen, wenn du dich umdrehst. Aber sie essen alles, was wir auch essen, von allem ein Stück."

Ihren Verdienst beim Betteln schätzen die beiden auf 10 bis 30 Euro die Stunde.

„Die Leute hier sind wie wir", erklärt Kommissar, „sie akzeptieren jeden, wie er ist. Aber wenn einer Stress will, kann er den haben."

Faxe versteht nicht immer alles und muss öfter mal nachfragen. Er hat für alle Fälle ein Messer im Schuh, verrät er mir.

Manchmal schnorren die beiden für ein Ticket und fahren in eine andere Stadt, Göttingen oder Hannover zum Beispiel. Mit den Obdachlosen dort kommt man schnell in Kontakt. „Moin Jungs, ich setz` mich mal zu euch" reicht schon, um unterzukommen. Immer klappt das allerdings nicht. In Berlin zum Beispiel ist alles etwas aggressiver, da sind sich beide einig. Meist aber sind sie eh in Hamburg.

Meine Strichliste derer, die aus dem Haus gehen, erhöht sich auf elf. Ebenso oft waren wir aufgesprungen und haben „Guten Morgen" gewünscht. Eine Frau fragt uns nach dem Weg.

Kommissar: „Hast du Kleingeld?"

Faxe: „Kannst mich aber auch adoptieren."

Mit einem müden Lächeln geht sie weiter. Beide sind schon etwas angeheitert. Das Bier geht zur Neige. Sie tuscheln eine Weile, dann stehen sie auf.

„Wir gehen was zu trinken holen. Kommste mit oder warteste hier?"

Ich warte.

Im Stillen frage ich mich, ob sie wiederkommen. Die ersten Sonnenstrahlen erscheinen zwischen den Häusern und glitzern in Fenstern. Hier und da erreichen sie schon den Asphalt der Reeperbahn. Vereinzelte Passanten beleben langsam das bisher nur von Autos dominierte Straßenbild. Eine junge Frau geht vorbei und weint am Handy. Ein bärtiger Berber im Jeansanzug schlendert gedankenverloren. Aus dem benachbarten Hotel stellt jemand Mülltonnen raus. Eine blond auftoupierte junge Frau mit billigen, abgelaufenen Stöckelschuhen stolpert unbeholfen vorüber. Zwei südländisch aussehende junge Männer ziehen Rollkoffer hinter sich her.

Nach einer halben Stunde sind Faxe und Kommissar zurück. Cognac und Schwipschwap haben sie gekauft. Jetzt wollen sie erstmal ins „Clochard."

Diesmal schließe ich mich an.

Am Ende eines tiefen Hauseinganges führt eine dunkle Treppe nach oben, eine Treppe, die mich an Edgar-Wallace-Filme erinnert. Ein Raubüberfall würde jetzt prima zur Stimmung passen. Nie und nimmer könnte man hier eine Gaststätte vermuten, würde nicht das Schild draußen darauf hinweisen. Am Ende der Treppe angekommen betreten wir die Kneipe. Die Musikbox wummert ohrenbetäubend. Licht fällt nur durch den kleinen Spalt an der Tür zum Dachgarten, ansonsten ist alles in Dunkelheit. Meine Augen brauchen einen Moment, um etwas wahrnehmen zu können. Zerdepperte Kacheln am Tresen, Möbel und Einrichtung spärlich und uralt. Papier auf dem Boden, Kippenstängel. Hier und da liegt ein Kopf auf der Tischplatte. Diese Kneipe muss Kult sein. Sie steht dazu.

„Den Leuten gefällt's so", grinst Micha, der Mann hinter'm Tresen. „Den ‚Clochard' gibt's schon 30 Jahre hier", erklärt er mir.

Geöffnet ist rund um die Uhr. Unter der Woche treffen sich Wohnungslose hier, am Wochenende Touristen.

„Da kommen auch mal Leute mit Schlips rein, die meisten Gäste sind aber Hartz IV-Empfänger. Und hier steht die beste Musikbox auf der Meile." Das stand im Hamburger Abendblatt.

Faxe und Kommissar sitzen inzwischen bei einer jungen Frau am Tisch. Ich setze mich dazu und wir schreien uns Begrüßungsfloskeln direkt ins Ohr. Sie heißt Jasmin und nennt sich „Jassman", im englischen Tonfall versteht sich. Ein Gespräch kommt nicht zustande, „Offspring" und „Die toten Hosen" sind lauter. Schließlich verlassen wir das „Clochard" wieder und nehmen Platz vor einer Filiale der Hamburger Sparkasse einige Meter weiter. Jassman hat heute Geburtstag und ich gratuliere ihr zum 24..

Seit zehn Jahren lebt sie jetzt auf der Straße, erzählt sie mir. Was dabei schön ist, möchte ich wissen, und was nicht.

„Traurige Momente sind nicht so schön", antwortet Jassman, „und schön ist, dass du irgendwann den Regen nicht mehr spürst. Auf der Straße war`s mal traurig und mal lustig." Sie schaut dabei bedeutungsvoll zu Faxe, der mit Kommissar neben uns sitzt. Eine Anspielung auf das Malheur mit der Ratte heute Nacht. Ansonsten beschreibt sie ihr Leben so: „Aufstehen – schnorren gehen – Hundefutter besorgen – saufen."

„Snoopy" heißt ihr kleiner Begleiter, für den das Hundefutter bestimmt ist. Ein niederländischer „Schapendoes", ein Schafspudel, der gleichgültig mit uns auf der Straße sitzt. Jassman hat wache, braune Augen, die bei jeder Gelegenheit fröhlich strahlen. Sie trägt einen Kaputzenpulli, wie Faxe und Kommissar auch. Über der schwarzen Wattejacke baumelt ein grüner Wollschal mit langen, lustigen Fransen. Hosen und Springerstiefel sind von der Bundeswehr, letztere mit Verschlüssen von Bügel-Bierflaschen dekoriert. Sonst hat sie, abgesehen von Snoopy, nur noch einen Rucksack bei sich.

Im Alter von 12 Jahren wurde Jassman von ihrem Stiefvater vergewaltigt. Zwei Jahre später, mit 14, ist sie schließlich von zu Hause abgehauen. Irgendwie landete sie im Kinderheim, ist dort nach zwei Wochen wieder abgehauen, hatte dann in Hannover „Stress mit den Bullen" und landete wieder im Kinderheim. Erneut abgehauen, lebt sie seitdem auf der Straße.

Ich interessiere mich dafür, wie es ist, als Kind obdachlos zu sein.

„Als Kind ist es einfach", erinnert sich Jassman zu meiner Verwunderung. „Man bekommt mehr Geld."

Als sie 15 oder 16 war hatte sie immer ältere Obdachlose um sich, die sich um sie kümmerten und auch darauf achteten, dass sie zur Schule geht.

„Morgens vor der Schule durfte ich nie trinken."

Tatsächlich hat sie so den Realschul-Abschluß geschafft, danach aber keine weitere Ausbildung begonnen. Geschlafen hat sie an verschiedenen Orten, zum Beispiel im „bed by night" in Hannover, einer Einrichtung, in der man für drei Nächte illegal und umsonst übernachten kann, spätestens am vierten Tag musste man aber gehen. Diese Regelung umging Jassman mit einem System, mit dem offensichtlich auch der Sozialarbeiter des „bed by night" gut leben konnte: Sie übernachtete drei mal dort, schlief dann eine Nacht mit Schlafsack im Park und nahm dann die nächste Drei-Tage-Runde im „bed by night" in Anspruch. So ging das eine ganze Weile. Den Park hatte sie nicht für sich. Andere Obdachlose und Junkies verbrachten ihre Nächte dort. Manchmal wachte sie auf mit einer fremden Hand in ihrer Hose. Seit sie Snoopy als Wachhund hat, ist so etwas aber nicht mehr vorgekommen. Damals hatte sie oft feste Freunde. Mit einem von ihnen war sie sechs Jahre lang zusammen.

„Er wollte sich unterhalten, aber ich war immer breit."

Trotzdem hat er in dieser Zeit zu ihr gestanden. Zweimal war sie schwanger, mit 18 und mit 21 Jahren. Beide Male hat sie abgetrieben, mal in Italien und mal in Deutschland.

„Ich war abgestumpft vom Leben hier", erzählt sie, „gefühlskalt. Der Schwangerschaftsabbruch war für mich wie eine gewöhnliche Untersuchung. Auch heute noch habe ich keine Gefühle dafür." Als sie 18 Jahre alt war und noch im Verantwortungsbereich der Jugendhilfe, bekam sie für irgendeine Straftat die Auflage, in einem Obdachlosenheim für Männer in Braunschweig drei Monate lang zu kochen. Der Koch dort war „Hardcore-Alki" mit Ein-Euro-Job. Jassman verlängerte freiwillig und ehrenamtlich um ein dreiviertel Jahr. Sie erklärt mir auch, warum: „Es ist schön, für Leute was zu machen, die selbst obdachlos sind und nicht für irgendwelche Spießer, die drauf warten, dass der Hummer auf den Tisch kommt und dann noch rummeckern." Für die Braunschweiger Punkszene hat sie damals regelmäßig Essen mitbekommen und auch nach diesem Jahr immer mal wieder am Wochenende dort gekocht. Sie hätte sogar für monatlich 465 Euro übernommen werden können, hat sich aber letztendlich doch für die Straße entschieden.

„Es ist einfacher hier. Man muß nicht aufstehen, Tisch decken usw.."

Streß mit ihrem damaligen Freund spielte wohl auch eine Rolle für ihre Entscheidung. Jetzt geht sie schnorren. Vom Staat nimmt sie kein Geld an, obwohl ihr Arbeitslosengeld II zustünde.

„Ich nehm`s lieber von freiwillig gebenden Leuten als auf Umwegen über Steuergelder. Entweder sie wollen mir was geben oder nicht."

Schnorren in Hamburg bringt ihr 70 Euro am Tag ein, in Köln nur 50.

„Hier gibt`s mehr Leute, - vielleicht sind sie auch lockerer."

Für`s Duschen und tägliche Zähneputzen nutzt Jassman die vielen Anlaufstellen der Stadt und der Kirchen.

„Für Frauen allgemein ist es schwierig. Frauen müssen sich öfter waschen."

Auch Fußbrand ist ein häufiges Problem, die Füße scheuern leicht auf, da sie ständig in den Stiefeln stecken.

Ich frage Jassman, wie sich der Kontakt zu ihrer Familie

weiterentwickelt hat, nachdem sie von zu Hause abgehauen war. Sie erzählt, sie habe ihren Stiefvater fünf Jahre nach dem Missbrauch angezeigt, die Tat sei aber schon verjährt gewesen. Die Mutter, ihrem Mann lange hörig, hatte nach Jassmans Flucht endlich den Mut, sich zu trennen und ließ sich scheiden. Lange Zeit hatte Jassman ihre Mutter ignoriert, bei den seltenen Kontakten musste sie sich Vorwürfe ihren Lebenswandel betreffend anhören. Erst Jassmans Drohung: „Entweder du akzeptierst mein Leben oder ich breche den Kontakt ganz ab", eröffnete der Beziehung der beiden einen neuen Weg. Die Mutter akzeptiert das Leben ihrer Tochter noch immer nicht, aber sie toleriert es nun. Auch die Oma hatte auf diese Entwicklung positiven Einfluß gehabt. Das Verhältnis wurde besser. Seit vier Jahren haben Jassman und ihre Mutter regelmäßig telefonischen Kontakt.

„Sie ist meine beste Freundin", erklärt Jassman sogar, „obwohl sie mir fremd ist. Wir haben die Mutter-Kind-Zeit verpasst, da sind wir sehr traurig drüber. Mit 16 geht man ja mal in die Disco mit der Mutter oder so, das hatten wir nicht."

Gesehen haben sich die beiden seit fünf Jahren nicht mehr.

Am Telefon sagt die Mutter oft: „Ich würd` dich gern wieder in den Arm nehmen."

Aber Jassman hat Angst vor einem Besuch, vor den Augen der Mutter und vor deren enttäuschten Vorwürfen, die irgendwann kommen würden. Ihre Oma wollte sie mal in Köln besuchen, aber Jassman war nicht da. Oma hat dann einem Altpunker Geld für sie hinterlassen.

Jassman wird nachdenklich: „Ich bin auf der Straße, aber immer noch Mensch. Ich weiß, wie man sich zu Hause verhält oder wenn man mit Mama Essen geht."

Ich wünsche mir im Stillen, dass sie bald wieder Gelegenheit dazu haben wird. Ein Mann bleibt vor uns stehen und hält uns eine leere Flasche hin.

„Nein danke", lehnt Jassman ab.

„Was seid ihr denn für welche?", wundert er sich.

„Wir sind keine Flaschensammler", erklärt Jassman freundlich.

„Wir sind Schnorrer", ergänzt Faxe.

Das kann ich inzwischen bestätigen: Die Zigaretten, die die
drei ständig rauchen, sind allesamt geschnorrt. Natürlich ist
auch die Cognac-Schwipschwap-Mischung, mit der sich
Faxe und Kommissar während meines Gesprächs mit Jassman in Stimmung gesoffen haben, mit geschnorrtem Geld
finanziert.

Drei tätowierte Punkte auf der Hand bedeuten im Knastjar-
gon schwul, pervers und asozial, erklärt man mir, alle weiteren Punkte die Jahre, die man in Haft ist. Jeder weitere
bedeutet ein Jahr mehr.

„Ich war vier Tage im Knast", grinst Faxe, „vier Totensonn-
tage."

Er meint damit vier Jahre.

Mit zunehmend angeheitertem Zustand reden sich Faxe und
Kommissar plötzlich mit ihren richtigen Vornamen an, die
sie ja eigentlich geheim halten wollten. Die Atmosphäre ist
ausgelassen und schön hier am frühen Morgen auf dem
Gehweg der Reeperbahn.

„Ich lebe heute und jetzt", sagt Jassman, „ich lebe nicht
gestern und habe keinen Bock, an morgen zu denken."

Mit einer Ausnahme: Sie träumt davon, einen Bauwagen
auszubauen. Der steht schon auf dem Grundstück einer
Freundin in Freiburg und wird hoffentlich bald für 200
geschnorrte Euro nach Bonn gebracht. Dort muß sie nur
noch einen Pachtplatz suchen, für circa fünf Euro im Monat,
vielleicht bei einem Bauern. In Bonn lebt Jassman zur Zeit,
erfahre ich, hier und heute in Hamburg feiert sie nur ihren
Geburtstag.

„Wie feierst du den?", will ich wissen.

„Wir sind ja schon dabei", antwortet Jassman. „Eigentlich
hab` ich jeden Tag Geburtstag, aber heut` werd` ich zufällig

ein Jahr älter."

Aus dem Nichts erscheint eine Frau undefinierbaren Alters. Ihr Zustand ist bedauernswert. Sie kann sich nur schwer auf den Beinen halten, muß permanent furchtbar husten und lallt Unverständliches in unsere Richtung. Scheinbar kennen sich die vier.

„Laß uns in Ruhe", zischt Jassman.

Aber die Frau lässt sich nicht abwimmeln. Schließlich stehen Jassman, Faxe und Kommissar genervt auf. Wir gehen weiter zum nächsten guten Sitzplatz, der aber von einem Tetra Pack und einem Stück Karton belegt ist.

„Sitzt da `n Schnorrer oder nicht?", fragt einer der dreien.

Wir sehen uns um, aber es ist niemand da und so setzen wir uns auf den Boden.

„Solche Leute können dir nichts vom Leben erzählen", sagt Jassman und meint dabei die Frau von gerade eben.

Sie raucht „Shore", erfahre ich, ein Pulver aus Opium, 3-4 % Heroin und anderen Stoffen. „Der Kick ist der Würgereiz", erklärt mir Faxe, „am Anfang musst du würgen, die Kotzerei befreit dich dann. Am Anfang ist das ja noch angenehm, aber wenn du`s brauchst, ist es `n Scheißgefühl."

Er weiß das, er war 18 Jahre lang auf Drogen, auf alles, wie er sagt. Aber damit habe er jetzt abgeschlossen.

„Find` ich auch gut", meint Kommissar, „sonst würd` ich nicht hier mit dir sitzen. Ich hasse Junks."

„Ich auch mittlerweile", erwidert Faxe.

Die Frau von eben ist weitergestolpert.

„Ich bin Säufer und Kiffer", gesteht Kommissar, „bei Koks sag` ich auch nicht ‚Nein', aber nur, wenn ich`s angeboten bekomme. Wenn ich eine Woche alkfrei mache, dann rauch` ich`n 30er oder 40er Hasch am Tag", also für 30 oder 40 Euro. „Suchtverlagerung. Ich kotz`, wenn ich`n Alkaffen hab`."

Das heißt in gutbürgerlicher Übersetzung: Er hustet und spuckt bei Alkoholentzug.

Jassman bestätigt das. Alkoholentzug sei sicher schlimmer als Heroinentzug. Sie hat auch schon eine entsprechende Therapie hinter sich. Drogen nimmt sie keine. Abgesehen von Köln, wo sie mal ein halbes Jahr lang Koks genommen hatte, hat sie bisher von allem die Finger gelassen.

„Ich kenne sie alle", sagt sie, „Hardcore-Alkis, die sich einscheißen, Junkies..."

Die Weinbrand-Schwipschwap-Flasche wird herumgereicht.

„Manchmal zittern morgens die Hände. Wenn du aufwachst und hast noch 1,5 Promille, dann hast du Glück."

Faxe und Kommissar werden zunehmend voller und gereizter gegeneinander. Jassman ist ganz klar. Einige Meter weiter fällt ein Betrunkener mit Krücken der Länge nach auf den Gehweg. Jassman und ich helfen ihm auf.

„Laßt mich in Ruhe", bedankt er sich zornig, „ich will heim."

„Das kannste doch gar nicht", gibt Jassman zu bedenken.

„Das ist *mein* Kiez", erwidert er und torkelt weiter.

Der nächste Sturz lässt nicht lange auf sich warten. Wieder helfen wir ihm auf und wieder holt sich Jassman ihren Anschiß ab. Sie bleibt ruhig und fürsorglich.

„Du bleibst jetzt stehen und konzentrierst dich auf den Nachhause-Weg", befiehlt sie.

Grummelnd schleppt er sich von Schritt zu Schritt. Diesmal klappt`s. Faxe geht eine Flasche Wein holen, die auch gleich die Runde macht. Snoopy bekommt frisches Wasser von Jassman. Alle drei Monate verbraucht er Flohmittel im Wert von 40 Euro beklagt sie augenzwinkernd. Besuch trifft ein. Zwei angeheiterte Bekannte, einer heißt Karsten. Er umarmt Jassman sehr herzlich und gratuliert ihr mit langen Blicken zum Geburtstag:

„Alles Liebe – Gesundheit und Liebe. Ohne Liebe wirst du untergehen."

„Weißt du, was das Schöne ist?", erwidert Jassman mit sichtlicher Freude: „Wenn man auf der Straße lebt und trifft

Leute wie dich, dann weiß man: Das ist ernst gemeint."
Nachdem sich alle ausgiebig begrüßt haben, sitzen wir zu
siebt am Straßenrand, Snoopy eingerechnet. Die beiden
Neuen bringen Schwung in die Unterhaltung. Karsten imi-
tiert Hitler, wir anderen schnappen nach Luft vor Lachen.
Irgendwann dann wird es Zeit für mich, zu gehen. Ich packe
meine Sachen zusammen. Jassman würde gerne erfahren,
wie es weitergeht mit dem Buch. Ich vereinbare mit ihr, die
neuesten Nachrichten im Streetwork-Café in Bonn für sie zu
hinterlegen. Wir verabschieden uns. Als ich gehe, kommt
noch ein weiterer Bekannter und wird herzlich begrüßt. Er
hat gerade eine Nachzahlung bekommen, freut er sich.
„Dann geh` doch mal Zigaretten kaufen", freut sich Jassman
mit.
Die Begrüßungszeremonie ist in vollem Gange, niemand
schaut mir nach. Inzwischen würde ich mich darüber auch
wundern.
Es ist 11.15 Uhr.

Ich schlendere ziellos durch die Innenstadt und betrachte mir
alles ganz genau. Lasse Hamburg auf mich einwirken.
An der „Rickmer Rickmers", dem im Hafen vertäuten Groß-
segler, sitzt ein Bulgare und spielt Akkordeon. Er spricht
kein deutsch. Auf dem Weg bis zur Binnenalster treffe ich
noch fünf weitere. Alle sechs sind gleich ausgestattet mit
Klappstuhl, Handwägelchen für das Instrument und Akkor-
deonkoffer, der, weit aufgeklappt, zum Geldeinwerfen
einlädt.
Ein Bettler am Jungfernstieg hat zwar eine Wohnung, aber
keinen Strom und ist arm, deshalb bettelt er. Zum Reden hat
er jetzt keine Lust. „Nicht bös´ sein", fordert er mich auf.
Aber nein. Etwas weiter am Jungfernstieg möchte sich ein
sehr verwahrloster Mann mit Hund ebenfalls nicht unterhalten. „Nicht böse sein." Schon wieder. Das scheint in Hamburg ein beliebter Spruch zu sein. Auch ein Obdachloser vor

dem Hauptbahnhof hat keine Lust, schickt mich aber weiter zum Museum für Kunst und Gewerbe.

„Da ist das ‚Drop Inn'", erklärt er mir, eine Beratungsstelle für Bedürftige. Dort sei eigentlich immer jemand zu finden.

„Immer jemand" ist stark untertrieben. Ungefähr 50 bis 70 Menschen drängeln sich vor der Eingangstür. Es ist fraglich, ob einer von ihnen seinen schönen Platz in der Warteschlange aufzugeben bereit ist, um einem Fremden mit Notizbuch Geschichten aus seinem Leben zu erzählen. So jedenfalls versuche ich mir das „Drop Inn" auszureden. In Wirklichkeit ist es mir einfach zu voll. Ob es überhaupt möglich ist, am Rande solcher Menschenmassen mit jemandem tiefergehende Gespräche zu führen, werde ich heute nicht erfahren.

Ich gehe weiter zur Fußgängerzone Mönckebergstraße.

Ein älterer Mann dort nimmt mich erst gar nicht wahr und möchte dann nicht befragt werden. An der Bushaltestelle Gerhard-Hauptmann-Platz sitzt ein Mann, der alle Blicke auf sich zieht. Genau so stelle ich mir einen mittelalterlichen Aussätzigen vor. Er trägt zerlumpte, schwarze Kleider, darüber eine ebenso zerlumpte Kutte, deren tief ins Gesicht gezogene Kapuze den Kopf verbirgt. Über die Hände sind schwarze Socken gezogen. Seine Tasche wird nur ungenügend von Klebestreifen zusammengehalten. Die hochgekrempelte Hose gibt geschwollene, rundum verschorfte Beine mit offenen Wunden frei. Die seien „von Zecken zerfressen", klärt er mich auf. Sicher meint er Krätzemilben. Die Hände sähen genauso aus und zum Beweis entfernt er den Strumpf von der einen Hand. Einzig das Gesicht ist das eines gewöhnlichen Menschen. Es hat ruhige Züge und scheint über den sonstigen Zustand seines Äußeren erhaben zu sein. Es scheint nicht dazuzugehören. Seine Aussprache ist makellos hochdeutsch und klar. Vor sechs Jahren ist er nach Hamburg gekommen, erzählt er mir etwas verwirrt.

Er redet zusammenhanglos und schweift nach jedem Satz ab. Papiere habe er keine und auch sonst nichts. Er komme hier nicht weg. Einmal wäre er eingeschlafen gewesen und dabei von Halbstarken mit Füßen getreten worden. Überall habe er Ladenverbot.

Leider kann er überhaupt nicht richtig auf mich eingehen. Abgesehen von einer Ansammlung loser Sätze ohne Zusammenhang bekomme ich nichts für ein Buch Verwertbares von ihm. Ich wünsche ihm von Herzen alles Gute und gehe weiter.

Einige Straßen weiter treffe ich Bernd. Er steht in einem Hauseingang und bettelt. Obdachlos ist er nicht, weswegen er auch sicher nicht viel sagen könne. Ein klein wenig erzählt er dann aber doch. Von der neuen Vermieterin, die er nicht in seine Wohnung lässt. Die alte Vermieterin ist gestorben, jetzt gehört das Haus einer Erbengemeinschaft. Er sieht nicht ein, die neue reinzulassen, auch wenn er dafür jetzt die Kündigung bekommen hat.

„Ich bin kein dummer Junge", rechtfertigt er sich, „woanders geht sie ja auch nicht rein."

Bernd hat Arthrose im Rücken und benötigt eine Gehhilfe, kann deshalb auch die Wohnung nicht streichen. Er ist 59 Jahre alt und vier bis fünf Stunden am Tag hier draußen um zu betteln. Von seinen 345 Euro Arbeitslosengeld II, das er als Hartz IV-Empfänger bekommt, werden 199 Euro gleich wieder abgezogen, weil die Miete zu hoch ist. Seine Wohnung darf nur 329 Euro warm kosten, „so eine Wohnung gibt`s aber nicht. Kalt vielleicht, aber nicht warm." Vom verbleibenden Geld kauft er noch eine Monatskarte für 54 Euro, letztendlich bleiben ihm im Monat nur 130 Euro. Alkohol trinkt er keinen und auf der Straße geschlafen hat er noch nie.

„Viele Leute sprechen mit mir, ich bin aber auch `n ruhiger Typ."

Soll heißen: Menschen, die ihm auf der Straße begegnen, können ihn ohne Bedenken ansprechen.

„Wie man in den Wald ruft, so schallt`s zurück."

Dann verabschieden wir uns auch schon wieder. Das Gespräch war kurz, aber ich fühle mich um eine nette Bekanntschaft bereichert. Bernd geht es hoffentlich genauso.

Kurz darauf schlendere ich durch eine geschäftige Fußgängerzone. Ein Mann fällt mir auf. Mit vorgehaltenem Pappbecher steht er mitten in der Strömung der an ihm vorbeirauschenden Passanten. Er sammelt Geld für ein Bett für die Nacht, nimmt sich aber gern Zeit für mich, wenn ich`s ihm gebe. Ich soll`s verstehen.

Tu ich.

Wir setzen uns an den Tisch eines Straßencafés und ich bestelle zwei Tassen Kaffee.

Uwe

Uwe ist 42 Jahre alt. Wenn er Geld hat, bezahlt er damit ein Bett für eine Nacht. In einem Bett zu schlafen ist ihm so wichtig, dass er oft das ganze mühsam erbettelte Geld dafür ausgibt. Bei einem Privatmann, einem Hotelier, kann er für sieben oder acht Euro übernachten. Der Kontakt mit ihm entstand aus einem Gespräch auf der Straße. Nur für Uwe hält er ein Bett frei, weshalb dieser die Sache auch nicht an die große Glocke hängen will.

„Das ist ein sehr liebenswerter Mensch für mich", erklärt Uwe, „deshalb möchte ich, dass er seine Ruhe behält. Es ist einer der wenigen Menschen, die ich noch lieb habe."

Uwe ist von hagerer Gestalt. Auch sein Gesicht mit den braunen Augen und den wenigen Zähnen ist hager. Eine dicke, gefütterte Jacke aus Leder oder Lederimitat bedeckt einen Kapuzenpulli. Er trägt Jeans und Turnschuhe.

1988 fühlte er sich von der Gesellschaft enttäuscht. Familie und Partnerschaft nennt er als *die* Gründe, derentwegen er damals ausgestiegen war. In seiner Familie war er schon immer das schwarze Schaf und schließlich waren auch die Eltern seiner Freundin gegen ihn. Das war dann der Auslöser. Seitdem lebte er in den Straßen von Hamburg und, von 1990 bis 1995, in denen der Frankfurter Innenstadt. Auch in anderen Städten war er schon und kam auch schon bei Freunden unter, aber immer nur kurz. Hamburg und Frankfurt sind die Städte, in denen er sich hauptsächlich aufhielt.

Uwe lebt nur vom Betteln. Seinen Ausweis hat er verloren, deshalb bekommt er auch kein Geld vom Staat. Wenn der neue Ausweis ausgestellt ist, kann er die 345 Euro abholen, die ihm zustehen und ist dann auch wieder krankenversichert. Solange lebt er nur vom Betteln. Er würde gern mal wegfahren, erzählt er, „in die Natur, und wenn`s nur die Lüneburger Heide ist. Irgendwo, wo ich weg bin von den Menschen und meine Ruhe habe. Das Schlimmste ist, dass es immer derselbe Trott ist." Jeden Morgen zwischen sechs und sieben Uhr wird Uwe vom Putzdienst von „Peek und Cloppenburg" geweckt. Dort schläft er immer, wenn das Geld nicht für sein geheimes Bett gereicht hat. Er wird hier nicht gern gesehen, aber geduldet. Eine ältere Frau bringt dann meist ein Frühstück und gibt ihm einen Euro für den Kaffee. Den holt er sich bei Bäckerei Kamps, mit dem leeren Becher geht er anschließend betteln, vor dem Nike-Laden. Jeden Tag.

Langsam wird mir klar, warum er seinen Alltag als immer denselben Trott empfindet. Beamten oder Angestellten mit einem derart durchorganisierten Terminkalender geht es sicher ähnlich.

Von 7.30 Uhr bis 9.00 Uhr bettelt er bei Nike. Von dem verdienten Geld geht er frühstücken in einer Bäckerei oder der Tagesanlaufstelle für Obdachlose. Gegen 11.00 Uhr geht er wieder in der Fußgängerzone betteln, wo er zwischen drei Plätzen wechselt. Die ist er auch bereit zu verteidigen. Schließlich hat er dort Stammkundschaft.

„Die Konkurrenz ist groß", bedauert er, „fremde Leute auf

meinen Plätzen jage ich weg."
Er wird dann auch mal lauter, aber nicht gewalttätig. Wenn es verbal nicht klappt, geht er weiter.
Zwischen zehn Uhr abends und Mitternacht hat der Pappbecher ausgedient und Uwe beendet seinen Tag.
Vielleicht liest er noch die Zeitung, wenn er eine gefunden hat.
Das Betteln selbst bezeichnet er als „Streß". Nicht der Konkurrenz wegen, sondern wegen der Ungewissheit den ganzen Tag über, ob das erbettelte Geld am Abend für das Bett auch reichen wird. Durchschnittlich verdient er um 15 Euro am Tag. Entweder es reicht, oder er muß Platte machen bei Peek und Cloppenburg.
Die innere Unruhe, die Uwe wohl meint, wenn er „Streß" sagt, kann ich gut nachvollziehen, ohne natürlich meine Situation mit der seinen vergleichen zu wollen: Manchmal, wenn der Tag immer länger wird, und ich durch eine Stadt pilgere ohne ein Gespräch im Notizbuch zu haben, werde ich auch langsam unruhig und ungewiß, ob ich mir das Bett am Abend auch wirklich verdient habe.
Blödes Leistungsdenken.
Dabei habe ich alle Zeit der Welt und mir selbst verordnet, in größtmöglicher Seelenruhe zu reisen. Udo meint sicher dasselbe Gefühl, aber:
„Ich hab` keine Richtlinien", erklärt er, „ich mach` ganz spontan, was mir gefällt. Es kann sein, dass ich jetzt noch *so* denk` und gleich ganz anders. Aber ich will wieder `ne Wohnung haben und bürgerlich leben."
Wie er das umsetzt, weiß er nicht.
„Ewig so weiterleben möchte ich nicht, das macht einen kaputt."
Ein ganz normales Leben möchte er.
Eine Ausbildung hat er keine. Früher hatte er Gelegenheitsarbeiten in Bremerhaven oder hier im Hamburger Hafen gemacht. Manchmal verkauft er „Hinz und Kunz", die

Hamburger Straßenzeitung, und seit vier oder fünf Jahren hilft er mit, den Weihnachtsmarkt aufzubauen. Ich frage ihn, ob er hier bleibt.

„Ich sterb` hier in Hamburg", versichert er mir eindringlich. Er habe sich in die Stadt verliebt. Auf meine Frage, was denn schon alles passiert sei, antwortet er:

„Bisher nichts Außergewöhnliches, toi toi toi", er klopft auf den Tisch, „ich geh` Gewalt aus dem Weg."

Mit anderen Obdachlosen hat er nicht viel zu tun.

„Wir kennen uns, den ein oder anderen, aber im Prinzip bin ich Einzelgänger."

Kurz darauf geht ein Bekannter vorbei. Beide begrüßen sich zwar nicht herzlich, aber doch über die Begegnung erfreut. Er kennt ihn vom Hinz und Kunz verkaufen, erzählt Uwe. Und kennengelernt haben sich die beiden durch ein normales Gespräch, so wie das unsere jetzt gerade. Seine Augen bekommen tiefe Lachfalten und man merkt ihm einen seltsamen Stolz über die Bekanntschaft an. Ich bin mir nicht sicher, ob er gern der Einzelgänger ist, als den er sich darstellt.

Langsam erwähnt er öfter, dass er ob der fortgeschrittenen Zeit innerlich unruhig wird, was ihm aber äußerlich nicht anzumerken ist. Der Streß macht sich vielleicht wieder bemerkbar, das Bedürfnis, sicherheitshalber noch ein paar Euro zu erbetteln. Vielleicht hat seine Unruhe aber auch ganz andere Gründe. Das weiß man nie so genau.

Ich stelle ihm noch ein paar Fragen, die er mir geduldig beantwortet.

„Ich bin zufrieden mit dem, was ich habe. Hab`s nie bereut, dass ich ausgestiegen bin."

Über die Menschen kann er nichts sagen. Er hat nichts gegen sie, kümmert sich aber lieber um sich selbst, schließlich habe er genug Probleme. Auch was in der Welt passiert, interessiert ihn nicht, allerdings liest er gern die Zeitung, „wegen der interessanten Berichte." Wieder einer dieser Widersprüche, bei denen ich immer das Gefühl habe, er stellt sich selbst völlig zu Unrecht als Eigenbrödler dar. Auch als er sagt, an Staat oder Menschen glaube er seit 1988 nicht mehr, bin ich mir nicht sicher, ob er selbst sich da sicher ist. Sein demoralisierter Eindruck ist bestimmt echt, aber für jemanden, der nicht an die Menschen glaubt, ist er ein sehr höflicher und zuvorkommender Gesprächspartner.

„An was glaubst du denn?", frage ich.

„An Gott", antwortet Uwe, „an Jesus Christus. Wenn ich nicht an Jesus glauben würde, wäre ich nicht mehr auf dieser Erde. Mehr hab` ich nicht zu sagen."

Ich gebe ihm zehn Euro für`s Bett, dann verschwindet er mit schnellen Schritten in der Barkhof-Passage.

Mein Zug fährt 17.44 Uhr nach Rostock.

Rostock

Die Rostocker Jugendherberge ist auf dem 153 Meter langen Passagierdampfer M.S. Georg Büchner von 1951 untergebracht und sicher eine der schönsten in Deutschland. Die Einzelkajüten mit Dusche und Toilette sehen noch aus wie damals, als das Schiff mit belgischen Soldaten zum Kongo fuhr. Der freundliche Empfangschef ist wohl ein alter NVA-Veteran, jeden Satz beendet er mit „Korrekt?"

Fast antworte ich mit „Jawoll."

Den Abend verbringe ich mit zwei Bier und zwei Schachteln Keksen in einer riesigen Holzbank auf dem beplankten Mitteldeck. Die Leuchttonnen auf der Warnow weisen den Weg zur Ostsee und mit etwas Phantasie befinde ich mich mit Keks und Bier auf großer Fahrt nach Afrika.

Zurück in der Kajüte wasche ich erstmal die Socken, die heute Dienst hatten. Meine Jacke beginnt auch langsam zu müffeln.

Ein dickes Messingrohr pumpt heiße Luft in meinen Schlafraum und erzählt die ganze Nacht Geschichten aus dem

Bauch des Schiffes. Das Gemurmel und Gebrumme wirkt einschläfernd. Zum Frühstück trifft man sich in der Offiziersmesse und ich frage mich, wo plötzlich die ganzen Leute herkommen. Gestern Abend war das Schiff wie ausgestorben. Es gibt einen selbst gemachten Brotaufstrich. Nach dem Essen genieße ich noch eine Weile das maritime Flair und verlasse dann die M.S. Georg Büchner Richtung Stadt. Der Himmel ist bewölkt und nordische Kühle fließt durch die Straßen.

Am Stadthafen treffe ich einen Rentner, der gerade ein altes Holzschiff mit Gaffelsegel auftakelt. Wir reden über das Schiff und das Segeln, dann erzählt er mir von den Randalierern des G8-Gipfels, der im Juni hier in der Nähe in Heiligendamm stattfinden wird und dass er „vor denen" sein Boot in Sicherheit bringt, er erzählt über die Häuser, die noch teilweise aus der Kaiserzeit stammen, „deswegen sehen die auch noch so gut aus", und über die Verschwendung der „Berliner Idioten", die „bis 80 arbeiten können, bis sie vom Stuhl fallen", weil sie ja eh nur ablesen müssen, was jemand anderes für sie schreibt, während für körperlich arbeitende Menschen ein Arbeitsleben bis 67 viel zu lange ist.

Ich komme nochmals auf das Boot zu sprechen. Das hat er als Hobby, erklärt er mir, um seine üppige Rente zu verbraten, „sonst will noch einer was davon." Er verabschiedet sich mit dem Hinweis, für den G8-Gipfel hätte man auch die Queen Mary mieten können, die wäre nur halb so teuer gewesen.

Ich laufe ziellos Richtung Innenstadt. Wenn ich an eine grüne Ampel komme, geh` ich rüber. Führen lassen. Ein Platz in der Stadtmitte ist bevölkert von mehr oder weniger besoffenen Jugendlichen und Männern, die sich gegenseitig anschreien. Keine gute Stimmung für das Erzählen einer einfühlsamen Geschichte, wie mir scheint. Ein Farbiger ist auch dabei und einige Kinder, die aber nicht wie Obdachlose aussehen. Vielleicht Schulschwänzer.

Vor`m H&M stehen regungslos wie Zaunpfosten drei Männer im Abstand von einigen Metern zueinander und mit dem Rücken zum Schaufenster. Auch keine Obdachlosen, wie ich beim Näherkommen feststelle. Sie warten wohl auf ihre Frauen, die drinnen einkaufen.

Herbert, der die Rostocker Straßenzeitung „Strohhalm" verkauft, schätzt die Zahl der Wohnungslosen hier auf 800, die Heime seien überfüllt. Viele schlafen auch draußen in Warnemünde am Strand. Er selbst hat jetzt keine Zeit für mich.

Die Wallanlagen mit der Teufelskuhle darin sind etwas ganz Außergewöhnliches. Ein langer Park mitten in Rostock mit einem ebenso langen, schluchtartig vertieften Gewässer. Alles steht als Teil der alten Rostocker Befestigungsanlagen unter Denkmalschutz. Seltsamerweise ist hier keine Menschenseele zu sehen, nur die kaputten Flaschen und Erbrochenes in einem Pavillon am Westende weisen darauf hin, dass hier zumindest abends was los ist.

Im Park am Friedrich-Engels-Platz treffe ich ein sehr nettes und hilfsbereites Frauchen von zwei Hunden, die mich fragt, ob sie mir helfen kann. Hier im Park gäbe es normalerweise viele Obdachlose, wundert sie sich, heute aber nicht. Vielleicht ist es zu kalt. Sie schickt mich zum Güterbahnhof und ich beschließe, heute Nachmittag noch mal hier herzukommen.

Das Haus Nummer 22 am Güterbahnhof beherbergt die Rostocker Stadtmission e.v.. Drinnen im Tagesaufenthalt sitzen drei obdachlos aussehende Männer an drei verschiedenen Tischen und lesen Illustrierte. Eine Mitarbeiterin des Vereins räumt auf.

Ich frage in die Runde, aber die Dame erklärt mir, dass hier bestimmt keiner bereit sei, etwas über sein Leben zu erzählen. Außerdem bräuchte man da die Genehmigung ihres Chefs.

Die drei Gäste sagen nichts dazu.

Ich bedanke mich und gehe weiter zum Hauptbahnhof. Zwei Menschen, die dort zusammen auf einer Bank lümmeln, entpuppen sich als Studentenpärchen. Am Stadthafen schließt sich meine erste Rostock-Innenstadt-Runde.

Und die zweite folgt sogleich.

Wieder stehen Männer vor dem H&M und warten, aber es müssen andere sein als vorhin. Soviel Ausdauer kann keiner haben. Hinter dem Kiosk am Steintor stelle ich mich drei Männern vor, die dort gutgelaunt ihr sicherlich wohlverdientes Bierchen trinken. Keiner von ihnen ist obdachlos, aber wenn ich eins ausgebe, so sagt man mir, dann kann ich mittrinken. Danke, ich muß weitersuchen.

Die Bänke im Park am Friedrich-Engels-Platz sind noch immer leer. Auf dem Spielplatz am Ende des Parks kramt ein Bärtiger in auf sein Fahrrad aufgeschnallten Plastiktüten.

Ein Obdachloser?

Nein, ein Vater, der den Fahrradhelm seines Kindes aus-packt.

Der anfangs trübe Tag ist einem wunderschönen Sonnentag gewichen. Aber ein Gespräch habe ich immer noch nicht. Irgendwie habe ich plötzlich das Gefühl, hier in Rostock soll`s nicht sein. Mein Bauch sagt: „Fahr` doch!" Mein Hirn sagt: „Bleib` noch!" Ein Rest von Leistungsdenken versucht, mich zurückzuhalten. Wenn ich hartnäckig bin und bis abends weitersuche, werde ich schon noch eine Begegnung haben. Andererseits winkt mir schon seit längerem Berlin aus der Ferne.

15.08 Uhr fahre ich ab Richtung Hauptstadt.

Die Landschaft auf dem Weg dorthin ist sanft hügelig mit oftmals vernäßten Böden in den Senken.

Wälder und große Felder wechseln sich ab.

Die Weiden, auf denen oft Rehe grasen und beim Vorbeirau-schen des Zuges nur kurz den Kopf heben, sind ohne die für Niedersachsen so typischen Hecken und Knicks. Dafür ist hier das Land der Alleen und auch der Maulwürfe.

Berlin

In Berlin angekommen checke ich bei Cornelius ein, einem lieben Bekannten aus meinem Heimatdorf, der hier studiert und in einer Wohngemeinschaft auf der Grenze Kreuzberg/Neukölln lebt. Ich bekomme das Zimmer einer Mitbewohnerin, sie ist gerade verreist. Alle Räume sind wunderschön mit Kachelofen und selbstgebauten Hochbetten, die oben unter der hohen Decke schweben. Cornelius hat es bisher noch nicht geschafft, sein Hochbett mit einer Leiter zu versehen, so dass er am Balken hochklettern muß, wenn er sich schlafen legt. Leute, die Cornelius kennen, wird das sicher nicht sonderlich verwundern. Wir erzählen über meine Reise, über sein Leben hier und über alles Mögliche aus unserem Heimatdorf.

Als ich essen gehe, empfiehlt er mir einen chinesischen Schnellimbiß ganz in der Nähe.

Die Gegend ist fest in der Hand unserer türkischen Mitbürger. Ein türkisches Geschäft neben dem anderen, im Kino laufen türkische Filme. Kneipen und Restaurants, wohin man schaut, darüber die Wohnungen der Kreuzberger und Neuköllner. Der chinesische Schnellimbiß liegt mittendrin. Durch das Schaufenster blicke ich in den leeren Gästeraum, in dem nur ein einsamer Deutscher seine Suppe löffelt. Ich bestelle am Tresen mein Essen, als mich der Gast hinter mir fragend bei meinem Spitznamen anspricht. Ich kann`s nicht fassen: Es ist ein guter Bekannter aus meinem Nachbardorf Schwetzingen, der jetzt hier eine Straße weiter wohnt und arbeitet.

Sein Spitzname?

Jupp!!

So habe ich den Jupp doch noch gefunden. Nicht in Köln, sondern in Neukölln und ganz anders als erwartet.

Wir trinken in einer Bar ein paar Bierchen. Die Bedienung ist aus Graben-Neudorf, auch nicht gerade weit weg von daheim.

Das muß man sich mal vorstellen: Ich gehe durch ein orientalisch anmutendes Viertel in einer 3,5-Millionen-Stadt am anderen Ende Deutschlands und treffe nur Landsleute von daheim. Tags drauf gehe ich gleich nach dem Frühstück los durch Berlin. Auf dem Weg Museumsinsel – Unter den Linden – Brandenburger Tor begegnen mir viel Kultur und Politik, aber wenig Obdachlosigkeit. Nur einmal in Form einer Frau, die vor der St. Hedwigs Kirche bettelt. Meine Bitte um einige Geschichten aus ihrem Leben lehnt sie freundlich ab.

Ich gehe Richtung Kurfürstendamm.

Unter einem Dach im Tiergarten liegt ein Mann regungslos im Schlafsack. Volle Plastiktüten liegen locker um ihn verteilt. Ich lasse ihn unbehelligt. Schlafenden gebührt uneingeschränkt mein wohlwollender Respekt. Ansonsten ist der Park wie aufgeräumt, nur Jogger und Touristen bringen Bewegung und Farbe in dieses Bild aus Grün und Braun. Am Bahnhof Zoo beobachte ich einen älteren Mann in verfransten Haaren und Schnurrbart. Mit schmutzigen Fingern packt er sechs Flaschen Bier in ein Rollköfferchen. Er meint, verhungern tut niemand in Berlin, es gibt genügend Suppenküchen und andere Einrichtungen für Obdachlose. Aber er hat jetzt keinen Kopf für mich, weil er die Nacht durchgemacht hat. An der Ecke Meinekestraße – Kudamm sitzt ein bettelnder Iraker. Er spricht recht gut deutsch, hat jetzt aber kein Interesse zu reden und außerdem Kreuzschmerzen. Vielleicht später, vertröstet er mich. Ein Mann, der am Georg-Grosz-Platz sehr gestenreich mit sich selbst redet und auf mich einen verwirrten Eindruck macht, redet plötzlich ganz normal mit mir, als ich ihn anspreche. Er trägt Sandalen, was in dieser Jahreszeit sofort auffällt und hat Bücher neben sich aufgestapelt, was nicht weniger auffallend ist. Er sei zwar viel draußen, sagt er, habe aber eine Wohnung. Tipps, wo ich jetzt Obdachlose finden kann, hat er auch: Am Wittenbergplatz, auf dem Alexanderplatz und dort vor allem in der Grünanlage um den Fernsehturm, in der Bahnhofsmission Zoo.

„Am Ku`damm gibt`s auch welche, die erkennt man."

Später am Ku`damm verkauft Glenn den „Straßenfeger". Er heißt nicht wirklich so, aber „Miller" mit Nachnamen, daher der „Künstlername Glenn." Er ist nicht obdachlos, gibt mir aber Tipps, wo ich sicher welche treffe: Am Otto-Platz oder im Nachtcafé in der Lehrter Straße. Da übernachten Obdachlose, „aber nicht immer von der feinsten Sorte." Tipps habe ich jetzt schon genug gesammelt, jetzt wird es Zeit für ein längeres Gespräch. Ich finde es kurz hinter`m Bahnhof Zoo am Breitscheidplatz, fast im Schatten der Gedächtniskirche.

Udo

Udo ist 47 Jahre alt. Zur Zeit übernachtet er in einer Notunterkunft, aber am kommenden Dienstag macht er sich auf den Weg zum Job-Center in Steglitz, um dort eine Arbeit mit Unterkunft zu suchen. Wie immer: Unterkunft muß dabei sein.

Udos eigentlicher Beruf ist Dachdecker, aber er hat auch schon als Maurer, Bauhelfer, Spengler, Fassadenbauer und mehr gearbeitet, immer aber auf dem Bau. Und immer woanders.

Bis „ich keinen Bock mehr habe und genug Geld. Dann geht`s weiter."

Wandertrieb.

Vor 20 Jahren war er schon mal in Berlin, genauer gesagt in Charlottenburg. Er wohnte dort in einer Pension, die ihm das Sozialamt bezahlt hat. Dann lebte er für 19 Jahre in Hamburg, hatte da eine Wohnung und auch geheiratet. Die Ehe ging in die Brüche und die Wohnung gab er auf, weil er weiterziehen wollte.

Das war vor eineinhalb Jahren.

Dänemark war die nächste Station. Dort hat er eine Weile gearbeitet, zog erneut nach Berlin und fand am Trockenbau des Kennedy-Museums eine Beschäftigung. Danach hat er in Köln mitgeholfen, eine Villa zu bauen, wiederum nur für eine gewisse Zeit.

War eine Baustelle fertiggestellt, endete auch sein Beschäftigungsverhältnis mit der betreffenden Firma.

„Job zu Ende, Arbeit zu Ende", nennt Udo das.

Köln empfand er als sehr teuer. Mit dem letzten Geld reiste er nach Österreich, „weil mir das Land so gut gefällt." Er ging auf gut Glück nach Linz und dort sofort ins Arbeitsamt am Bahnhof. Das vermittelte ihm eine Stelle mit Zimmer bei einer Baufirma in Baumgartenberg zwischen Linz und Wien. Eineinhalb Monate lang hat er beim Bau einer Kirche und eines Hauses geholfen.

„Österreich ist auch nicht billig", weiß er jetzt, „gehste da in 'nen Supermarkt mit 50 Euro, gehste mit 'ner halbvollen Plastiktüte wieder raus."

Als der Job zu Ende war, ist er wieder hochgetrampt nach Deutschland.

Irgendwann in der Zwischenzeit war er auch mal im Hafen von Rotterdam beschäftigt. Seit letztem Dienstag ist er wieder hier in Berlin. Wie's weitergeht, wird er nächsten Dienstag nach dem Besuch im Job-Center wissen.

„Überall in Europa ist es weniger kompliziert als in Deutschland", weiß Udo. „Man fragt nach Arbeit und fängt an. In Deutschland brauchst du erst mal 'ne Steuerkarte und vieles mehr. Die muß man erst mal beantragen und dann behält sie der Arbeitgeber, bis die Arbeit vorbei ist. In Dänemark gehst du zur Kommune und kommst nach fünf Minuten mit 'ner Steuerkarte wieder raus. Als Grenzgänger braucht man nicht mal 'ne Aufenthaltsgenehmigung. In Holland und Österreich regelt das mit der Steuerkarte oft auch der Arbeitgeber."

„Würdest du auch schwarz arbeiten?"", möchte ich wissen.
„Natürlich, ich nehm` alles, was kommt. Da darfst du nicht wählerisch sein."
Auf Reisen liebt er es, zu trampen.
„Da lernste `ne Menge Leute kennen."
Manchmal reist er auch mit dem Wochenend-Ticket der Bahn, aber „nur selten, mit viel Knete."
In der Regel trampt er an der Autobahn. Udo hat sich auf LKWs spezialisiert, weil sein großer Seesack mit den Klamotten in kleineren Autos zuviel Platz einnimmt.
„Bei Familien hab` ich keine Chance, mitzukommen."
Auf Rastplätzen spricht er LKW-Fahrer an, für die ein wenig Gesellschaft bei der Fahrt oft sehr willkommen ist. Wenn`s klappt, kommt man schnell weiter. Über Funk arrangieren die Fahrer mit Kollegen eine Verbindung für Udo ab einer der nächsten Raststätten.
„Da wird nachgefragt, wer da und da hinfährt. ,Ich hätte da jemanden, der mitfahren würde.' Zu 95 Prozent kommt man weiter."
Als Tramper am Straßenrand weiß man nie, wie`s kommt.
„Manchmal wird man nach nur fünf Minuten mitgenommen, manchmal steht man zwei Tage."
Das ist Udo mal hinter Paris passiert. Seit 20 Jahren trampt er schon. Immer, wenn er Geld übrig hatte, brach er auf zum Kurztrip in irgendeine Stadt.
„Egal, ob Kopenhagen oder Paris", erzählt er, „hintrampen, angucken und wieder zurückfahren."
Geschlafen hat er dort im Schlafsack auf Bänken.
„Außer Italien, Griechenland und der Türkei habe ich in Europa fast alles hinter mir."
Ein Mann schenkt Udo im Vorbeigehen eine Schachtel Zigaretten. Er nimmt sie ohne Zögern wie selbstverständlich an und ganz ohne Aufsehen, fast unter der Hand.
Wo sein Schlafsack jetzt ist, möchte ich wissen. Der ist in der Notunterkunft, eingeschlossen und mit Nummer verse-

hen wie in der Gepäckaufbewahrung. Dort kann man seine Wäsche auch waschen lassen, aber das möchte er nicht.

„Ich geb` doch keinem meine Klamotten", entrüstet er sich, „das mach` ich lieber selber. Hab` keine Böcke drauf, dass irgendeiner in meinen Klamotten rumkrabbelt. Wenn ich sonst nicht eigen bin, aber das tut nich Nout. Schließlich ist das mein ganzer Hausrat, den ich habe."

Zwei paar Jeans, Jogginghose und -jacke, drei oder vier Pullover, ein paar T-shirts, Unterwäsche, Strümpfe und Cowboy-Stiefel, „die schlepp` ich schon seit 20 Jahren mit mir rum."

Ab und zu lässt er sie beim Schuhmacher reparieren, wenn Sohle oder Absatz zu sehr gelitten haben.

Und Erinnerungsstücke?

„Was soll ich damit? Das ist alles nur was, womit man sich belasten tut, man muß es ja schleppen."

Ich frage, ob es keine Momente in der Vergangenheit gibt, an die er sich gerne erinnert.

„Die Vergangenheit gibt`s nicht", antwortet er, „was gestern war, ist gestern, man muß immer an den nächsten Tag denken. Was vor 20 Jahren war, ist mir Jacke. Auch was meine Ex-Frau tut, ist mir Jacke. Für mich ist jetzt wichtig, dass ich Dienstag `nen Job krieg`."

In der Notunterkunft mit Frühstück und Dusche kann man drei bis sechs Nächte schlafen, dann muß man gehen. Das reicht bis Dienstag. Eigentlich, so erzählt er mir, ist er zum ersten Mal in einer solchen Einrichtung untergekommen. Normalerweise, wenn er nicht gerade einen Job mit Unterkunft hat, übernachtet er mit Pferdedecke an Bushaltestellen oder „im Sommer auch mal auf `ner Wiese im Park, das is mir egal." Aber im Moment ist es zu kalt dazu.

Ich frage ihn, wie lange er noch gedenkt, so zu leben? Wenn er einen Job hat, dann solange es geht, antwortet er. Bis es ihm endgültig reicht. Oder er lernt vorher eine Frau kennen: „Ich bin 47, irgendwann muß man ja sesshaft werden. Ich werd` dann zwar irgendwann wieder `n Rappel kriegen und auf Tramp müssen, das ist unumgänglich, aber wenn die Frau das akzeptiert, isses ja in Ordnung. Kann ja sein, dass die Chemie stimmt. Aber jetzt denk` ich erst mal an Dienstag."

Ich hake nochmals bei den Frauen nach. Wie findet man als Obdachloser eine Partnerin, möchte ich wissen.

„Ich hab` schon beim Trampen welche kennengelernt", erzählt Udo, „das stehen ja auch Frauen."

Dann fährt man vier oder fünf Wochen zusammen oder auch nur eine Nacht und trennt sich dann wieder. Einmal ist er mit einem obdachlosen Pärchen zu dritt getrampt, fällt ihm ein. Von München weg hat die drei ein junger Mann im VW-Bus mitgenommen.

„Der hat gekifft ohne Ende", lacht er, „wir haben ihn dann vom Steuer weg und der Kollege fuhr für eine ganze Weile weiter, immer von Stadt zu Stadt."

Frauen lernt man auch im Park und auf Plätzen kennen. Udo spricht sie dann einfach an.

„Entweder kriegste `n paar in die Fresse, oder es klappt."

Wieder muß er lachen.

„Das ist wie`n Lotteriespiel. Du kannst auf einmal `n Sechser kriegen und ziehst dann monatelang nur Nieten. Und manchmal haste Glück und ziehst`n Dreier."

Udo ist ein sehr aufmerksamer, konzentrierter Gesprächspartner, dabei aber sehr gelassen und mit aller Zeit der Welt ausgestattet. Mal nippt er an seinem Bier, mal nimmt er einen Zug von der Zigarette. Er trägt Trekkingschuhe und Jeans, eine Strickmütze und einen bunten, blau-gelb-grün gemusterten Wollpulli. Er macht einen gepflegten Eindruck, die Fingernägel sind blitzblank, sein Vollbart gestutzt. Eine Uhr und ein Silberarmband mit groben Gliedern schmücken seine Handgelenke. Ein silberner Ring seinen kleinen Finger.

Er bietet mir eine Zigarette an und ich lehne ab.

„So viele Obdachlose wie früher wirste nicht mehr finden", erzählt er weiter. „Die Zeiten sind vorbei, dass man keine Unterkunft mehr findet. Durch die ganzen Kirchen und staatlichen Stellen gibt`s dafür zu viele Einrichtungen zum Unterkommen, zum Essen und zum Lebensmittel abholen. Wenn du nicht rauchen tust und keinen Alk trinkst, kannst du hier von einer Bude zur nächsten. Da gibt`s Kaffee für 20 Cent, oder Tee, Selters, Cola und so weiter. `Bissel zahlen muß man überall, wenn man was hat. Wenn nicht, nicht."

Hartz IV bekommt er nicht, weil er in Dänemark und Österreich war, „und die rumdaddeln, wer jetzt zuständig ist." Seine Papiere hat er. Und einen Schein vom Sozialamt, der bestätigt, dass er mittellos ist. Der ist nur für`s Fahren mit öffentlichen Verkehrsmitteln gut, erklärt Udo, wobei der Schein für die Verkehrsbetriebe nicht verbindlich ist.

„Jeder Schaffner kann selbst entscheiden, ob er mich mitnimmt, zum Beispiel bis da und da hin, dann aber raus."

Früher gab es in Berlin 17 DM Tagesgeld, erinnert er sich, und eine Monatskarte für Bus und Bahn, damit man Arbeit suchen konnte. Aufgewachsen ist Udo in der DDR. Während seiner Schulzeit in Magdeburg sei er ein aufsässiger, rebellischer Jugendlicher gewesen, erzählt er:

„In Staatsbürgerkunde wollten sie mir roten Müll eintrichtern."

Aber er hatte Verwandte in der Schweiz und in Stuttgart. Wenn die zu Besuch kamen, hatten sie auch Zeitungen dabei, „da stand das Realistische drin." Davon hat er in der Schule berichtet.

„Da sind die fast irre geworden. Und in der FDJ war ich ja auch nicht. Fahne hochziehen und Grüße vom Stapel lassen, neenee."

Zum Lehrer hatte er gesagt: „Das sind Methoden wie 1945. Ich zieh` so`n blaues Hemd nicht an. Da können wir ja die HJ wieder aufmachen."

Das reichte für die Vorladung vor`s Jugendgericht.

„Gott sei Dank, dass ich nicht ins Jugendheim kam", denkt Udo im Nachhinein, er bekam eine Verwarnung und eine vierwöchige Jugendstrafe. Seine Mutter musste vorsprechen, „die wusste gar nicht, was los war."
Vier Wochen lang wurde er im Jugendwerkhof gedrillt.
„Schule-Drill-Schule-Drill, die wollten deinen Willen brechen."
Aber auch später kam er mit dem DDR-System nicht klar, „mit den sinnlosen Parteitagen, den Überstunden ohne Bezahlung. Das war mir zu viel rot. Die haben nicht gemerkt, dass alles den Bach runtergeht. Aber ‚Wir machen weiter bis zum Ende', hieß es. ‚Wir haben den Plan mit 105% erfüllt', hieß es. Welchen Plan kannste denn mit 105% erfüllen? Wenn du da drüber nachdenkst, völlig irre."
Er zieht an seiner Zigarette.
„Und jetzt? Im Ausland fragen alle, ob wir was an der Klatsche haben: Ein-Euro-Job, Hartz IV, die reden doch auch alles schön. Das ist doch genau dasselbe."
Udos Gelassenheit ist für kurze Zeit einer fast schon wütenden Aufregung gewichen.
Ich frage nach Obdachlosen in der DDR.
„Das war unvorstellbar", betont er, „erstens hätten die dich eingelocht und zweitens haste da nur zehn Mark für ‘ne Wohnung bezahlt. Du wärst unter asoziales Verhalten gefallen. Arbeitslose gab es, nur nicht offiziell. Wenn du nur Gelegenheitsarbeiten gemacht hast, dann haben die ein Auge zugedrückt. Ganz ohne Arbeit wurde man acht Monate eingelocht und hat dann irgendeine Wohnung gekriegt."
Udo hat inzwischen seinen besonnenen Tonfall wieder gefunden. Sein Vater war 1974 gestorben. Die Beziehung zur Mutter war gut, dennoch ist er 1976, als sie wieder geheiratet hat, von zu Hause ausgezogen. Mit seinem Stiefvater ist Udo „absolut nicht klargekommen. Mit meiner Mutter schon, aber die hat nur auf ihren Mann gehört." Nach der Schulzeit in Magdeburg wurde Udo Dachdecker und zog

mit diesem Beruf auf Walze durch Ostdeutschland. Es gab viele Montagearbeiten zu erledigen und er lebte in dieser Zeit in Wohncontainern oder Wohnungen, jeweils mit vier oder fünf Kollegen zusammen. Bis 1985. Er war damals 25 Jahre alt und auf einer Baustelle in der Nähe des Rostocker Freihafens beschäftigt, wo Schiffe aus anderen Nationen an- und ablegten.

„Ich wollte eh immer abhauen", erinnert er sich und so beschloss er damals, die DDR auf einem ausländischen Schiff zu verlassen. Den Zaun, der um den Hafen gezogen war, konnte Udo überwinden, 50 Meter weiter jedoch stand er im Lichtkegel der von Sensoren ausgelösten Scheinwerfer und sah die Maschinengewehre der Grenzbeamten auf ihn gerichtet. Wegen Republikflucht wurde er zu 24 Monaten Haft verurteilt. Doch schon nach elf Monaten im Gefängnis Halle kam alles anders:

„Nachts um ein oder zwei Uhr musste ich aus`m Bett, Klamotten packen und wurde verlegt nach Karl-Marx-Stadt. Du weißt da nicht, um was es geht."

Nach drei Tagen Bürokratie wurde er in einen Reisebus gesetzt und über die Grenze gefahren, urplötzlich abgeschoben in die Bundesrepublik. Im Notaufnahmelager Giesen wurden er und andere Abgeschobene auf andere Notaufnahmelager verteilt, Udo kam nach Hof in Bayern. Da hat es ihm aber nicht gefallen und so reiste er nach Berlin, wo er, hier schließt sich seine Geschichte, vor 20 Jahren in Charlottenburg in einer vom Sozialamt finanzierten Pension untergebracht war. Seitdem er in der Bundesrepublik ist, hat er keinen Kontakt mehr zu seinen Eltern.

„Interessiert mich nicht", winkt er ab, „das ist Geschichte. Schon was vor fünf Tagen war, interessiert mich nicht mehr."

Sein Leben gefällt ihm „so, wie dat ist. Wenn ich wieder `nen Job hab`, bin ich von keinem abhängig, kann hingehen, wohin ich will und kommen, wann ich will. Und ich hab` keine Verpflichtungen irgendjemandem gegenüber. Wenn du `ne Familie hast und`n Zuhause und bleibst mal`n paar Nächte weg, was glaubste, wie hoch die Alte da kommt." Ein Leben mit einer Frau möchte er nur unter der Voraussetzung beginnen, dass sie ihn so akzeptiert, wie er ist. „Ich lass` mich nicht anbinden, dafür bin ich schon zu lange unterwegs. Wenn sie sagt: ,O.k. Udo, hau` ab für `ne Woche', dann ist das in Ordnung. Noch besser wäre, wenn sie mitkommt. Aber wenn es so ist wie mit: ,Äh, wo kommst du her?', dann wär` ich in zwei Tagen runter vom Hof. Jeden Tag den gleichen Trott, da würd` ich völlig durchdrehen. 30 Jahre in der gleichen Firma, immer dasselbe machen, da wär` ich schon in der Klapsmühle. Das ist doch kein Leben. Manchen gefällt`s, ich weiß, aber man verblödet doch dabei. Wenn das am Dienstag nicht klappt, nehm` ich meinen Seesack und geh` in `ne andere Stadt. Irgendwo wird`s sicher klappen. Wenn du einmal in diesem Leben drin bist und machst dir Sorgen, wie`s weitergeht, dann kannst du gleich damit aufhören. Du darfst nie resignieren oder dich bedauern. Entweder es klappt oder es klappt nicht und wenn`s nicht klappt, geht`s mit Seesack in die nächste Stadt, dann wird`s da probiert." - „In `ner anderen Stadt lernst du immer andere Leute kennen", fährt er fort, „du lernst immer was Neues kennen. Nicht immer den gleichen Trott. Auch hier in den Tagesaufenthalten lernste Leute kennen, schnakste mal mit denen, ab und zu triffste sie wieder und kannst absabbeln. Das ist das Schöne an der Sache."

Was nicht so schön ist auf der Straße, frage ich.

„Nicht so schön ist der Winter", antwortet Udo, „obwohl wir diesmal `nen guten Winter hatten. Der Winter und wenn du im Winter keine Arbeit hast."

Befragt nach seinem Lieblingswunsch antwortet Udo: „Einmal Ferrari fahren."

Ich erzähle ihm von Horst in Köln, der sich so für Kathedralen interessiert hat. Den Dom in Köln habe er sich auch schon angeschaut, erwidert Udo, aber „da war ein Pfaffe ein bisschen sauer, weil ich vergessen hatte, die Mütze abzunehmen."

Ins Kino geht er ab und zu, wenn er Arbeit und Wohnung und Geld hat. John Wayne-Filme sieht er gerne. Ihm gefällt seine schlacksige und überhaupt nicht überhebliche Art. Und dass es, wenn er im Film trinkt, „kein Tee ist, sondern original Whisky. Der hat auch während der Dreharbeiten gesoffen. Der hat sich auch nichts vorschreiben lassen, von niemandem. Sonst hat er den Film abgelehnt, da war er ganz konsequent." Udo hat das alles mal in einem Buch gelesen.

Er selbst trinkt mal ein Bier, dann aber auch tagelang gar keinen Alkohol. Während der zwei Stunden unseres Gesprächs hat er eine einzige Flasche Bier geleert. Alkoholiker sei er dann wohl nicht, frage ich etwas suggestiv. „Nöö", antwortet er. Er trinkt zum Beispiel keinen Schnaps.

„Wenn ich unterwegs bin, trinke ich gar nix, weil das macht `nen schlechten Eindruck, wenn man besoffen ins Auto einsteigt oder zur Arbeit kommt."

Ich frage ihn, ob ihm noch ein Wunsch für seine Zukunft einfällt.

„Nö", überlegt er, „eigentlich nicht. `Ne vernünftige Frau zu finden eventuell. Ansonsten bin ich zufrieden. Man kann nicht immer gewinnen. Da müsste man schon als Millionär geboren sein, und selbst die sind nicht glücklich. Manche haben `nen Batzen Geld und kommen nicht mit zurecht. Die haben große Probleme, wir kleine. Da bleib` ich lieber bei meinen kleinen. Jeder soll so leben, wie er will und sich nicht unter Druck setzen lassen von irgendwas. Das ist *mein* Leben und darüber bestimm` ich, kein anderer."

Unser Gespräch ist langsam zu Ende. Ich frage, was er jetzt noch macht.

„Bisschen rumsitzen noch, vielleicht trifft man noch jemanden."

„Haben wir was vergessen?", überlege ich laut.

„Nicht, dass ich wüsste", grinst Udo, „und wenn, dann bleibt das mein Geheimnis."

Da hat er Recht, denke ich, als ich weitergehe und Udo sich wieder der Sonne und den vielen Passanten zuwendet. Was mich beim drüber Nachdenken fast erschlägt, ist die unglaubliche Fülle der Geschichten, die man erfahren kann. Jeder der Obdachlosen konnte mir eine interessante Geschichte erzählen, jeder der anderen Hunderten von Obdachlosen in derselben Stadt hätten eine andere, ebenso interessante Geschichte gehabt. Ich darf gar nicht dran denken, was mir da alles entgeht.

Ich nähere mich dem Wittenbergplatz. Fast alle Bänke dort sind belegt von wintermüden Frauen und Männern, die sich den ersten Sonnenstrahlen darbieten. Meine Augen wandern von Bank zu Bank, von Person zu Person und beobachten plötzlich eine Szene, die so gar nicht ins Bild des geruhsamen Frühlingsnachmittags passen will: Ein Mann wühlt hektisch in einem von Tüten, Kleidern und Decken überquellenden Einkaufswagen, setzt sich dann auf seine Bank, sich scheinbar einen Moment zur Ruhe zwingend, um gleich wieder aufzuspringen und seine Habe im Einkaufswagen zu sortieren. Er macht einen äußerst verwirrten Eindruck und ich frage mich ernsthaft, ob es überhaupt sinnvoll ist, von einem derart verwirrten Menschen ein Gespräch zu erwarten. Als ich ihn anspreche und die ersten Sätze mit ihm wechsle, werde ich schnell eines Besseren belehrt. Schon nach wenigen Sekunden bleibt nichts von meinem vorherigen Eindruck übrig.

Joachim

Joachim drückt sich sehr gewählt aus und nichts an unserer Unterhaltung ist kompliziert oder missverständlich. Aber er scheint sehr verbittert zu sein. Meiner Bitte nach einem Gespräch stimmt er wohlwollend zu, scheint aber dabei gegen einen Rest Skepsis und Misstrauen ankämpfen zu müssen. Sein hageres Gesicht ist unrasiert, aber bartlos, durch eine Lesebrille fixiert er das Kreuzworträtsel in der Zeitschrift, die auf seinen Knien liegt. Er sei schon diverse Male befragt worden, sagt er, von Journalisten und Autoren. Meine Fragen zu seinem Leben beantwortet Joachim immer mit einem einzigen Satz, nach dem ich dann gleich eine neue Frage stelle. Kein Vergleich zum Gespräch mit Udo vorhin oder Horst in Köln, die ganze Themenbereiche im Zusammenhang erzählten. Jedes Gespräch hat eine eigene Struktur, allein wodurch ganz unabhängig vom Inhalt jedes neue Gespräch schon interessant wird.

Joachim ist mit Jeans-Anzug und schwarzer Lederjacke bekleidet, um den Hals einen braunen Wollschal gewickelt. Auf dem Kopf trägt er eine Wollmütze und am Handgelenk ein Plastikarmband bedruckt mit irgendeiner Internetadresse. Er ist 46 Jahre alt und lebt seit zehn Jahren auf der Straße. Nach gelegentlichen Aufenthalten im Obdachlosenwohnheim hatte er auch eine eigene Wohnung, die er aber wieder verlor, als er mit der Miete in Rückstand kam und mit den Nachbarn nicht klargekommen war. In einzelnen Sätzen mit vielen Pausen und Zwischenfragen gibt er mir einen kurzen Überblick über sein bisheriges Leben: Seit frühester Jugend ist Joachim alkoholkrank, wie vorher schon sein Vater und sein älterer Bruder. Es fing an zwischen 16 und 18 Jahren in der Wirtschaft des Vaters, „da kriegt man halt auch mal was ausgegeben." Vater und Bruder haben ihn nicht zum Trinken ermuntert, aber auch nicht davon abgehalten. Gleich nach dem Aufstehen bekam Joachim schon „den Flattermann. Ich musste morgens schon trinken, um den Motor anzuwerfen." In der 12. Klasse hatte er das Abitur abgebrochen und eine Banklehre begonnen und abgeschlossen. Als Bankkaufmann arbeitete er sieben oder acht Jahre hier in Berlin. Weil in der

Bank aber auch getrunken wurde und er außerdem seinen Eltern helfen wollte, ist er als Buchhalter in deren gastronomischen Betrieb gewechselt. Der wurde später verkauft und vier Jahre danach, Joachim war 36, starben die Eltern. Dann kam die Erbschaft und mit ihr „gleich ˋne Menge Freunde. Die kamen wie Motten ins Licht, als sich das mit der Erbschaft rumgesprochen hatte. Vorher hatte ich die nicht." Nach der Masche „darf ich mich mal zu dir setzen" wurde seine Bekanntschaft gesucht.

„Ich habˋ mich ausnutzen lassen", bedauert Joachim heute, „am Anfang habe ich das nicht begriffen. Ein wahrer Freund wollte mich noch bremsen, aber wenn man im Rausch ist, kriegt man das nicht so mit."

Fortan lebten Joachim und seine Begleiter auf großem Fuß. Die große Summe, um die es sich offensichtlich gehandelt hatte, wurde während der Aufenthalte in der Karibik und der Südsee ständig kleiner. Joachim trug teure Kleider und war jeden Tag in Restaurants zum Essen, „in besseren Häusern", wie er sagt.

Jetzt ist nichts mehr übrig.

Früher habe er sich über den Verlust des Vermögens sehr geärgert, erzählt er, jetzt nicht mehr. Dann schweigt Joachim wieder.

Ich frage ihn, inwieweit er seine Alkoholsucht bearbeitet. Diverse Entgiftungen hat er schon hinter sich, „aber das klappt nicht. Die Ärzte sagen, weil ichˋs nicht ernst nehme."

„Stimmt das?", frage ich.

„Nein, das stimmt nicht", erwidert Joachim, „ bei Alkoholikern geht alles vom Kopf aus. Eine richtige Therapie würde helfen, da habˋ ich aber keine Lust zu. Andere hatten auch schon eine Therapie gemacht, ich kenne aber nur wenige, die clean geblieben sind."

Noch immer antwortet Joachim in nur einem Satz. Ich muß mit Fragen wie „Wie denn?", „Warum?" oder „Wirklich nicht?" zum nächsten überleiten.

„Das Leben kann nur besser werden", glaubt er, „das Schlimmste im Leben ist, dem Geld nachzurennen, um was zu Essen und zu Trinken zu holen."

Für Essen und Trinken braucht er 10 bis 15 Euro am Tag. Manchmal stecken ihm Leute Bares oder Essen zu, ansonsten lebt er von Hartz IV und vom Flaschensammeln. Im Moment trinkt er nur Bier. Früher trank er oft härtere Sachen und hat manchmal auch jetzt noch Lust darauf, aber er kauft sich nur selten welche.

„Wenn ich was getrunken habe, bin ich`n ruhiger Typ", sagt er, „dann werde ich nicht aggressiv."

Joachim übernachtet in einem Park, immer an derselben Stelle. Letzte Woche wurden ihm drei von vier Einkaufswagen geklaut, in denen er und ein Freund all ihre Habseligkeiten aufbewahrt und transportiert hatten: Kleider, die ihnen geschenkt wurden, Radios, auch persönliche Dinge, über die er aber nicht reden will.

„Ich bin froh, dass ich`s vergessen habe."

Ob er`s wirklich vergessen hat? Er gibt sich etwas zu sehr Mühe, dies immer zu betonen.

Die ständige Gefahr, beklaut zu werden, ist einer der Gründe, warum Joachim und sein Freund als Nahziel eine gemeinsame Wohnung suchen. Ein anderer ist die geplante Suche nach Arbeit, für die sie erst eine Wohnung brauchen, denn „man kann doch so nicht arbeiten gehen", als Mensch, der auf der Straße lebt. Joachim denkt nach.

„Für`s Bankgeschäft bin ich zu alt", weiß er, weil er sich schon mal beworben hatte, „die suchen 20jährige mit der Erfahrung von 50jährigen."

Als er noch Bankangestellter war, arbeitete er dort am Schalter, trotz Alkoholabhängigkeit.

„Da gibt`s Tricks, dass die Leute das nicht merken. Man kaut Kaugummis, lutscht Bonbons gegen die Fahne. Ich habe den Alkohol auf niederem Niveau gehalten, daher hat auch die Arbeitszeit nie gelitten."

Langsam beginnt Joachim, von Zeit zu Zeit zu lächeln und auch zusammenhängender zu reden. Wenn er beim Erzählen lächelt, schaut er mir kurz in die Augen, als wolle er meine Reaktion sehen auf das, was er gerade gesagt hat. Ansonsten schweift sein Blick gemächlich über den Wittenbergplatz. Sein verbitterter Ausdruck ist aber nach solchen kurzen Aufhellungen schnell wiederhergestellt.

Joachim drückt sich nie vor einer Antwort. Er denkt über meine Fragen kurz nach und antwortet dann sehr überlegt und auf den Punkt genau.

„Man lebt so in den Tag hinein", antwortet er, als ich ihn frage, was er den ganzen Tag über macht: „Ich lese viel und mache Kreuzworträtsel. Die bekomme ich in der Regel auch fertig. Wenn man das lange genug macht, dann kennt man halt die Antworten."

Beim Flaschensammeln sammelt er auch Zeitschriften aus den Papierkörben. Er ist informiert darüber, was alles passiert in der Welt.

Aber „wenn ich mir was aussuchen könnte, dann wären das Krimis und utopische Romane. Als Ablenkung."

In seiner Zeit auf der Straße ist Joachim nie herumgereist, wie das viele andere Obdachlose tun.

„Berlin ist meine Heimatstadt, ich habe immer hier gewohnt", erklärt er.

Früher lebte er im Westteil der Stadt. Nach dem Fall der Mauer sei es mit dem Zuzug der Osteuropäer kriminell geworden, erinnert er sich, Diebstähle hätten sich gehäuft.

„Ausländische Zuzügler geben zehn Kinder an und bekommen gleich Geld und eine Wohnung", kritisiert er, „das ist es, was mich aufregt."

Er kenne da einige Beispiele.

Ich frage ihn, was er gern tun würde, wenn er sein bürgerliches Leben zurück hätte.

„Reisen" ist die schnelle Antwort. „In die Karibik reisen und vielleicht auch gleich dableiben."

Zum ersten Mal lacht er und schaut mich dabei an. Es ist ein zynisches Lachen. Wahrscheinlich denkt er gerade daran, dass er ja schon mal in der Karibik war und dort mit seinen falschen Freunden die Erbschaft verjubelt hat. Jedenfalls redet er dann davon, wie verbittert er war, als mit dem Rest des Geldes auch die Freunde gingen und er von dieser Zeit an noch exzessiver getrunken hatte, auch schärfere Sachen. Aber „ich bin nicht der Typ, der anderen die Schuld gibt. Jeder ist doch für sein eigenes Leben verantwortlich."

Selbst auf einen seiner richtigen Freunde, der ihn vom Alkohol abhalten wollte, habe er ja nicht gehört. Das sei bei Alkoholkranken so, die wollen sich nicht helfen lassen.

„Und außerdem hat mir`s Spaß gemacht, ich hatte die so genannte rosa Brille auf", erinnert sich Joachim.

„Was hat Spaß gemacht?", frage ich, „was genau macht dir Spaß, wenn du dich betrinkst?"

Zum zweiten Mal lacht er und schaut mir dabei wieder in die Augen: „Es hat mir Spaß gemacht, zu feiern, in der Regel war ich ja nur unterwegs."

Nach seiner heutigen Einstellung zu den Menschen gefragt, antwortet er: „Meine Einstellung zu den Menschen ist einfach positiv. Ich tu` niemandem was und da erwarte ich, dass sich andere auch korrekt verhalten."

Und sonstige Wünsche, abgesehen vom Reisen?

„Gesund bleiben."

Gesund ist er, wenn man vom kaputten Rücken und einer künstlichen Hüfte absieht, die ihm nach einem Sturz eingesetzt werden musste.

„Das ist irgendwie im Suff passiert."

Die Operation war gut verlaufen und wurde auch von der Krankenkasse bezahlt, schließlich ist Joachim über das Job-Center versichert, aber körperliche Arbeiten kann er nicht mehr ausführen, weshalb er, sollte er Arbeit finden, nur Tätigkeiten in Büro oder Verwaltung annehmen könnte.

Ich stelle weiterhin Fragen, die Joachim gewohnt kurz, aber

prägnant abarbeitet:

„Was machst du heute Abend noch?"

„Das wird sich finden, keine Ahnung", er lacht mich mit vielen Lachfalten an, „keinen Plan." „Bist du gläubig?"

„Ja, ich glaube an Gott. Ich bete jeden Abend und führe auch manchmal Gespräche mit ihm."

Seine Eltern haben ihn christlich erzogen.

„Was wünschst du den Menschen?"

„Dass es ihnen gut geht. Dass sie aufpassen mögen, dass es ihnen nicht so geht wie uns Obdachlosen. Das kann schneller kommen, als man denkt. Erst verliert man die Arbeit, dann die Wohnung – der klassische soziale Abstieg."

„Was waren bei dir die wesentlichsten Gründe dafür?"

„Der Alkohol und die Erbschaft haben wohl zusammen zur Obdachlosigkeit geführt. Ich weiß nicht, ob es ohne die Sache mit dem Geld auch dazu gekommen wäre, aber ich denke, dass der Alkohol eine ganze Menge dazu beigetragen hat."

„Über was ärgerst du dich?"

„Ich muss sagen, ich lebe so in den Tag. Ich ärgere mich über nichts."

„Heißt das, dass du eher zufrieden mit deiner Lage bist oder eher abgestumpft?"

„Nee, abgestumpft. Zufrieden kann man damit nicht sein."

„Machst du manchmal irgendwelche kulturelle Sachen?"

„Früher war ich drei oder viermal die Woche im Kino und oft im Theater, jetzt mache ich in der Art nichts mehr."

Aber für ein gutes Essen ist er zu haben, sagt er. Wenn das Arbeitslosengeld II kommt, gönnen er und sein Freund sich das.

„Was ausgefallenes, in `nem guten Restaurant und angenehmer Umgebung."

„Mit frischen Klamotten und rasiert", ergänze ich.

Joachim lacht: „Ja, das außerdem auch."

„Was wünschst du dir für die nähere Zukunft am meisten?",

frage ich.

„Eine Wohnung im Grünen", schwärmt er, ohne jedoch auf seine nüchterne, gestenarme Art zu Reden zu verzichten, „drei Zimmer, na ja, zwei würden auch reichen. Je nachdem, wie das Amt mitspielt."

Und dann Arbeit.

Joachims Freund hat keinen Beruf erlernt, aber beide suchen Arbeit.

„Eine Festanstellung wäre das zu Erstrebende. Es ist nicht so mein Ding, wenn die Arbeitsstelle ständig wechselt."

Er denkt nach.

„Eine Wohnung in Berlin wäre ganz schön, aber wenn's woanders wäre, könnte ich vielleicht schneller Fuß fassen. Nach der Therapie soll man ja nicht mehr dort hingehen, wo man vorher gelebt hat."

„Wie sieht's aus mit einer Therapie?"

„Ich weiß nicht, ob ich eine mache. Mein Freund will eine machen, von ihm geht die Initiative aus. Mir ist im Augenblick alles ein bisschen egal."

Wieder denkt er nach.

„Natürlich wäre es logisch, erst mal 'ne Therapie zu machen, mir wäre aber lieber: Erst Wohnung, dann Therapie, dann Arbeit."

„Was gibt es über deine Kindheit zu erzählen?", möchte ich wissen.

„Ich hatte eine schöne Kindheit und ein gutes Elternhaus. Mein Vater war Alkoholiker, aber nicht gewalttätig. Ich habe schon früh mitgearbeitet in der Wirtschaft, auch viel gefeiert."

Mehr will er dann zum gastronomischen Betrieb seiner Eltern nicht sagen. Der sei nämlich einzigartig in Berlin. Auch heute noch.

Jetzt bin ich es, der nachdenkt, lasse aber das Thema auf sich beruhen.

„Gibt es manchmal Ärger mit anderen Leuten von der Straße?"

„Kleineren Ärger gibt`s immer, wie: ‚Haste `n Bier?' – ‚Nee, brauch ich selbst, bin Alkoholiker.' Und schon gibt`s Ärger. Das ist das, was ich nicht verstehe. Die Leute, die auf der Straße sind, ziehen alle am selben Strang, aber packen das nicht."

Ich notiere, Joachim spielt derweil mit seinem Kugelschreiber, macht dabei aber keine Anstalten, am Kreuzworträtsel weiterzuschreiben.

„Vier Millionen", sagt er plötzlich, ohne dass ich ihm eine Frage gestellt hätte, „vier Millionen D-Mark von einem wertvollen Haus. Das war die Erbschaft."

Die Frage nach der Erbschaft war für mich schon in den Hintergrund getreten, aber scheinbar hatte sie doch in der Luft gelegen. Jedenfalls für Joachim. Er redet jetzt zusammenhängender, als sei gerade ein Knoten geplatzt. Als die Todesanzeige der Eltern erschien, stand die Erbschaft quasi mit in der Zeitung, erzählt er, es war bekannt, dass die Familie nicht arm war. Das Geld hatte er auf die vorhin schon beschriebene Art und Weise ausgegeben oder auch angelegt, das Angelegte dann aber auch abgehoben. Bis das meiste weg war.

„Jetzt würd` ich einiges anders machen", ist sich Joachim sicher, „als die Leute dann wegblieben, gab es keine Begründung, keine Absprache."

Jetzt war es Joachim selbst, der um etwas bat: „Kannste nicht mal, haste nicht…?", aber die Antwort war immer: „Ich hab` selber nichts."

Er hat versucht, Geld von Leuten zurückzufordern, die sich bei ihm welches geliehen hatten, die konnten oder wollten aber nichts zurückzahlen. Auch der Gerichtsvollzieher konnte nichts holen. Gerichtskosten kamen noch dazu. Erst dann, als Geld und Wertpapiere immer weniger wurden, hat Joachim versucht, gegenzusteuern, aber es war zu spät. Alkoholsucht und Wohnung brauchten die Reste auf, schließlich konnte er die Miete nicht mehr zahlen und bekam die Kündigung. Den Vorschlag seines Bruders, doch zum Sozialamt zu gehen, hatte er leider aus Schamgefühl ignoriert, „dann wäre ich wohl nicht auf der Straße gelandet."

Ich frage ihn, wann er seiner Meinung nach am besten hätte gegensteuern können gegen den Verlust des Vermögens.

„Zu einem ganz frühen Zeitpunkt", antwortet er. „Ich hätte mir nur die Kontoauszüge genauer anschauen müssen. Und ich hätte auf die Ratschläge von meinem Bruder und meinem ehemaligen Freund hören sollen. Aber ich dachte: ‚Laß` sie doch reden, mir kann keiner.' War das überheblich?", fragt er sich selbst und antwortet gleich: „Ja, vielleicht doch."

Joachims Bruder ist inzwischen gestorben. Er hatte Familie, hat auch nach der Erbschaft weitergearbeitet und das Geld vorausschauender angelegt. Er wollte Joachim auch unterstützen, der hat aber aus falschem Stolz nichts angenommen, was schließlich zum Streit zwischen den beiden führte.

„Das wird jetzt aber schon zu durchsichtig", findet Joachim, worauf wir das Thema auch beenden.

Wir merken schnell, dass damit auch das Gespräch beendet ist. Beim Abschied Nehmen wünsche ich ihm alles Gute, er lächelt mir zu.

Viele Meter weiter drehe ich mich nochmals um, um zu sehen, ob er sein Kreuzworträtsel weiter ausfüllt, er hat sich aber auch erhoben und schiebt schon seinen Einkaufwagen vor sich her und vom Wittenbergplatz.

„So", denke ich beim Weitergehen, „die Lektion hat gesessen." Beim Kommen frage ich mich, ob dieser Mensch überhaupt ansprechbar ist, beim Gehen nehme ich den Eindruck eines gebildeten, höflichen Menschen und angenehmen Gesprächspartners mit. Meinen Lebtag werde ich Niemanden mehr nach Äußerlichkeiten beurteilen. So viel steht fest.

Zurück in Kreuzberg gehe ich wieder zum Chinesen, diesmal ohne einen Landsmann zu treffen. Den Rest des Abends verbringe ich beim Gitarrespielen mit Andreas, einem Mitbewohner von Cornelius, und beim Telefonieren mit Freundin Silvia und den Eltern.

Nach dem Aufstehen nehme ich die U8 nach Berlin Mitte.

Am Kottbuser Tor stürmen eine Fahrkartenkontrolleurin in Zivil und ihr Kollege das Abteil, bauen sich am vorderen und hinteren Eingang auf und arbeiten sich dann von zwei Seiten zur Mitte vor.

„Fahrkarten!" kommandieren sie mit versteinertem Gesichtsausdruck. „Das wollen Sie mir aber nicht zeigen" bekommt ein älterer Fahrgast zu hören, der versehentlich irgendeinen anderen Schein vorzeigt.

Stress pur, denke ich, dieser Job ist ja Stress pur, den ganzen Tag über muss man jede Sekunde damit rechnen, sich mit echten und vermuteten Schwarzfahrern auseinandersetzen zu müssen. Und immer misstrauisch sein. Deshalb wohl auch die harte Linie, die die beiden fahren.

Ich freue mich für die beiden, dass diesmal kein Schwarzfahrer dabei ist. Beim nächsten Halt steigen sie aus und warten auf das nächste Abteil in der nächsten Bahn.

Auf meinem Weg durch Mitte statte ich dem Hugenottenfriedhof einen Besuch ab, „und schlender` zu Brecht seinem Grab", wie es Wolf Biermann in seinem Lied vom Hugenottenfriedhof so schön beschreibt.

Die Steinchen, die ich auf Bert Brechts und Helene Weigels Grabstein lege, sind nicht die ersten hier. Rosen und Tulpen in allen Welkestufen liegen daneben.

„Wie nah sind uns manche Tote, wie tot sind uns manche, die leben", dichtet Biermann weiter.

Dann am Hacke`schen Markt ist es ein dick bepackter Rucksack, der mich dazu bewegt, seinen Besitzer anzusprechen. Er ist tatsächlich obdachlos, aber kein Obdachloser, wie er betont, sondern „Clochard".

Lippenweh und Andi

Andi heißt er. Neben ihm sitzt Lippenweh, der sich allem Anschein nach erst mit meiner Frage für diesen Namen entschieden hat. Er überlegt einen Augenblick, bevor er antwortet. Die beiden haben sich vorhin erst kennengelernt, als Andi um eine Zigarette bat, also am Schnorren war, um im Straßen-Jargon zu bleiben. Seitdem sitzen sie hier.
Lippenweh ist 32 Jahre alt und hatte schon einige Jahre ohne Obdach hinter sich, wohnt jetzt aber in einem Haus hier in der Nähe, wie er erklärt, worauf ich aber auch selbst hätte kommen können, da seine Bekleidung, bestehend aus Jeans und FC Barcelona T-Shirt, bei diesen Temperaturen keinen anderen Schluß zulässt. Er sieht aus wie gerade mal eben rausgekommen, um die ersten Sonnenstrahlen zu genießen.
Andi geht ohne weiteres als der Clochard durch, als den er sich bezeichnet. Er trägt schwarze Turnschuhe und eine oliv gescheckte Armeehose, dicke Wollsachen schützen Kopf und Körper vor kühlen Nächten. Um sein Kinn sprießt ein flaumiges Bärtchen. In seinem Rucksack transportiert er seine gesamte Habe. Der wiegt 35 kg, erklärt er. Andi ist 29 Jahre alt und seit 9 Jahren auf Platte. Er ist gebürtiger Mecklenburger, hat mit Deutschland aber inzwischen abgeschlossen. Das Rechtssystem geht ihm „auf'n Keks. Man hat im eigenen Land nix zu sagen. Und das hat nichts mit rechtsradikal zu tun." Vielmehr mit seinen Erfahrungen in deutschen Ämtern: Nach seiner insgesamt vierjährigen Ausbildung zum Raumausstatter und technischen Zeichner war Andi eine Zeit lang fest angestellt, für 18 Euro die Stunde, wollte sich dann aber selbständig machen. Weil ein Papier fehlte, durfte er das nicht. Der Stempel für den Gewerbeschein wurde ihm vom Amt verweigert.

„Alle anderen", beklagt er sich und meint damit wohl Ausländer, „haben den Gewerbeschein in acht Wochen." Nur er nicht.

Woran es lag, wollte ich wissen.

„Vielleicht, weil ich Deutscher bin. Aber dann war Schluß. Ich hab` meine Sachen gepackt, meine Wohnung gekündigt, alles verschachert in 24 Stunden, für`n Appel und`n Ei."

Es zog ihn nach Frankreich. Dort wollte er erstmal 14 Tage bleiben, um sich zu beweisen, dass er dort ohne Geld Urlaub machen kann und ohne einen Ton Französisch zu beherrschen. Über Saarbrücken und Metz kam er nach Nizza, lebte fortan auf der Straße und übernachtete in Parks. Es wurden zwei Jahre daraus, in denen er die ganze Côte d´Azur bereiste. In Nizza hat Andi einen Landsmann aus Mecklenburg getroffen, „man hört das ja, Zufall, wie immer", der schon seit 22 Jahren hier lebte. In den nächsten vier Wochen bekam Andi die richtigen Schnorrstellen gezeigt, dann trennten sich die beiden wieder. In Cannes durfte er des Rucksacks wegen nicht lange bleiben und weil Betteln dort verboten ist. Geschnorrt hat er trotzdem, natürlich ohne sich erwischen zu lassen und mit in Mülltüten verpacktem, am Strand eingebuddeltem Rucksack. In Antibes waren Festspiele und Bettler und Durchwanderer wurden von höflichen Gendarmen gleich bei der Ankunft weitergeschickt. Während dieser Zeit hat Andi am Strand geschlafen, „da war immer was los, es gab da Feuerspucker" und alle möglichen anderen Leute. Beim Zigaretten Schnorren hat er eine alte Dame kennengelernt, die ihn in ihre Villa aufgenommen und eingekleidet hat.

„Fängt alles mit `ner Zigarette an", sagt er unter Anspielung auf Lippenweh.

„Ja", erwidert der, „bloß hab` ich keine Villa."

Die Dame war 72 Jahre alt, ihr Mann „machte mit Immobilien und war nur einmal im Jahr da." Andi lebte einige Wochen in ihrer Villa, besuchte mit ihr auch mal das „Casino royale", ein Spielkasino, in dem nur Prominente absteigen, und bekam am Tag 3000 francs als Taschengeld, das sind umgerechnet etwa 450 Euro. Auf diesen Betrag besteht er auch dann noch, als ich etwas ungläubig nachfrage. Ansonsten hat er „bis mittags gepennt, auf Partys gefeiert und das Geld verballert." Er konnte sich frei bewegen und hatte „mit Oma" kaum Kontakt. Ich frage, aus welcher Motivation heraus die alte Dame ihn so umsorgt hat. Das weiß er nicht genau, antwortet Andi, aber im Haus lebte noch eine weitere Deutsche, mit der Andi „rumgeshakert" hat. Sie war wie er 20 jahre alt, hatte Probleme daheim, wurde geschlagen und ist von den Eltern weggelaufen. Die alte Dame hat sie als Haushälterin aufgenommen. Es scheint, als hätte sie vielleicht aus irgendeinem Grund das Bedürfnis gehabt, jungen Deutschen etwas Gutes zu tun.

Schließlich wurde Andi das Leben dort zu eintönig, „die Freiheit hat gefehlt." Er ist gegangen, ohne ein Wort zu sagen.

Als nächstes verschlug es ihn nach Vence, eine Stadt im Hinterland der Côte d`Azur, die als Künstlerstadt und für ihr Parfum bekannt ist. Dort kam er in einem Zimmerchen im Obergeschoß eines verfallen aussehenden Hauses unter. Der Besitzer ließ ihn dort eine Woche wohnen und hieß – Gerard Depardieu, französischer Kinoheld und in der Rolle des Cyrano de Bergerac immerhin einer meiner Lieblingsdarsteller.

„Du verarschst mich auch nicht?", frage ich nach.

„Neenee, das ist wahr", versichert Andi, „das war aber der einzige Promi, den ich dort kennengelernt habe. Er hat mir auch Essen gegeben, aber kein Geld. Und ins Zimmer durfte ich nur über Nacht, tagsüber musste ich raus."

Nach einiger Zeit des Reisens und Bettelns an der Côte d`Azur ging Andi über die französisch-spanische Grenze nach Barcelona, wo er einen Tag im Bahnhofsviertel verbrachte. Aber „die Bullen dort sind so hart, die können dich als Clochard bis zu 48 Stunden festhalten." Er verließ Spanien wieder Richtung Frankreich und reiste gleich weiter nach England, per Anhalter, wie meistens, wenn er unterwegs ist.

Ein halbes bis ein Jahr blieb er auf der Insel, „das muß so 1999 / 2000 gewesen sein." Auf Bauernhöfen hat er nach Arbeit gefragt, für Kost und Logis alles gemacht, was so anfällt, die meiste Zeit bei der Obsternte. Scheunen waren oft sein Nachtquartier. An diese Zeit schlossen sich drei Jahre in Holland an, ebenfalls auf Bauernhöfen und ebenfalls meist im Obstbau.

„Viele Äpfel gab`s da", erinnert er sich.

Schließlich zog es ihn wieder nach Frankreich, wo er zurzeit auch lebt. Seinen Lebensunterhalt verdient er jetzt auf französischen Bauernhöfen.

Wie kommt es, dass ich ihn hier in Berlin treffe?

Zwischenzeitlich musste Andi in Deutschland seinen Ausweis verlängern lassen und verbrachte daher im Jahre 2001 14 Tage in der alten Heimat. Dieser Besuch hatte Folgen: Ein Jahr später wurde er Vater eines Sohnes, der inzwischen fünf geworden ist. Jedes Jahr zu dessen Geburtstag besucht er ihn in Mecklenburg, wo er in der Nähe von Bützow lebt.

„Kinder können nichts dafür", weiß Andi. Jetzt ist er auf dem Weg zurück nach Frankreich, saß aber die letzten drei Wochen in Berlin fest.

Und das kam so:

Andi hatte am Bahnhof seinen Zug verpasst und übernachtete bei einer Frau aus dem Obdachlosenmillieu. Beim Stadtbummel am nächsten Tag – sie wollte eine Zeitung kaufen gehen – verloren sich die beiden aus den Augen. Andi fand weder seine Gastgeberin noch deren Wohnung wieder und schließlich stand sein Rucksack noch dort, mit seiner gesamten Habe. Die nächsten Wochen verbrachte er damit, Berlin zu durchstöbern auf der Suche nach der Frau und / oder ihrer Wohnung. Ein Kumpel half dabei. Geschlafen hat er auf der Straße mit Schlafsack und Isomatte von der Caritas Berlin.

„Ich geh` nicht in Notunterkünfte. Das hab` ich einmal gemacht", er verzieht das Gesicht, „in der Lehrter Straße hier in Berlin, aber da sind zu viele Leute und dann musste ich noch auf dem Fußboden schlafen."

Seinen Rucksack hat er inzwischen wieder gefunden. Jemand gab ihm den Tipp mit dem Zeitungsbus am Alexanderplatz, wo offensichtlich innerhalb der Obdachlosenszene Nachrichten hinterlassen werden können. Tatsächlich hatte die Frau dort einen Zettel hinterlegt mit der Anschrift ihrer Wohnung. Andi und sein Rucksack waren wieder vereint. Jetzt ist er wieder auf dem Weg nach Frankreich, muß sich aber zuerst noch eine Grundlage von 300 Euro erschnorren, „um so schnell wie möglich rüberzukommen. Mit Schlafabteil bis Paris kostet schon 210 Euro."

„Das kannste aber auch billiger haben", meint Lippenweh, „für 29 Euro."

„Clochard deluxe", grinst Andi, „einmal im Jahr kann man sich das leisten."

Alles, was Andi braucht, muß er schnorren oder verdienen. Geld vom Staat bekommt er keines.

Was jetzt noch fehlt, ist der Anfang seines Lebenslaufes: Kurz nach seiner Geburt wurden Andi`s Eltern wegen Republikflucht verhaftet. Sie kamen in den Knast, Andi ins Heim.

„Ich wurde staatlich erzogen", beschreibt er in korrektem Staatsdeutsch, seine Kindheit verbrachte er in den verschiedenen Heimen der DDR, wurde in kurzen Abständen weitergeschickt ins nächste.

„Da bist du als Kind bestraft worden, weil deine Alten abhauen wollten", bedauert er.

1991, im Alter von 13 Jahren, wurde er schließlich aus dem Heim entlassen und durfte zurück zu seinen Eltern. Die sind heute nicht gut auf Andi zu sprechen, sein Leben auf der Straße akzeptieren sie nicht.

An dieser Stelle sind wir in der Gegenwart angekommen, Andi schließt seinen Lebenslauf ab und schweigt.

Ich frage ihn nach den Erinnerungen, die ihm zuerst einfallen, wenn er an die vergangenen Jahre auf der Straße zurückdenkt.

Da wäre die Zeit in Paris irgendwann im Winter. Vier Wochen lang hat er im Schlafsack unter einer abgelegenen Brücke übernachtet. Ich muß grinsen, weil ausgerechnet ein Deutscher das Ur-Klischee vom Pariser Clochard unter der Brücke erfüllt. Der Rest ist nicht zum Grinsen: Andi wurde von fünf Unbekannten zusammengetreten und mit Messern gestochen und lag dann mehrere Tage unter der Brücke, verletzt und mit leichtem Blutfluß aus dem Mund, bevor er „von einer Oma" gefunden und dann im Krankenhaus ein viertel Jahr lang behandelt wurde. Zwei gebrochene Rippen und ein Lungenriß mussten versorgt werden. Wer das alles bezahlt hat, weiß Andi bis heute nicht.

„Die ‚securité soziale' eventuell, die gibt`s in Frankreich in jedem Krankenhaus. Die versuchen, das Geld irgendwie zurückzukriegen und wenn`s nicht geht, dann zahlt`s der Staat."

Aber er erinnert sich auch an die Nächte an den Stränden der Côte d`Azur. An den Sternenhimmel. Und an die Sonne über dem Meer, wenn man morgens aufwacht.

„Und die Menschen sind fürsorglicher dort. Haste mal kein Geld gekriegt, dann aber wenigstens Essen, manchmal in vollen Töpfen. ‚Bringst`en aber morgen wieder', haben die Leute gesagt."

Und wie geht`s weiter, wenn er jetzt zurückgeht nach Frankreich? Er geht wieder zu den Bauern und fragt dort nach Arbeit.

„Aber nichts Festes. Ich brauche immer verschiedene Menschen."

Ein halbes Jahr lang hat er mal versucht, mit einer festen Freundin zu leben.

„Aber ich kann nicht mehr in einer festen Wohnung schlafen, da fühl` ich mich eingesperrt. – Vielleicht später mal, wenn ich älter bin."

Er nippt an seinem Bier.

„Wenn ich 50 bin, ist Schluß."

„Das schaffste nicht mehr", gibt Lippenweh zu bedenken: „Wenn du so lange auf der Straße bist..."

„Ich mach` so lange wie`s geht", nimmt sich Andi vor, „vielleicht auch nur noch zehn Jahre, wenn nichts dazwischen kommt, ich nicht zusammengetreten werde oder so was."

Lippenweh ist Diabolo-Jongleur.

„Man kann`s auch Künstler nennen", bedeutet er mir. Wie schon erwähnt, hat auch er einige Jahre als Obdachloser hinter sich, lebt aber heute in einer Wohnung hier in der Nähe und vom Diabolo-Spielen, Schnorren, Hartz IV und gelegentlichem Arbeiten „in Omas Garten."

Seine Vorgeschichte erzählt er „lieber nicht so ausführlich, das dauert so lang."

Also kurz und bündig: „Meine Kindheit in Ost-Berlin war o.k.. Dann sollte ich zur Armee, bin deshalb im Oktober 1989 nach Prag, nur mit Hinfahrkarte."

Über die Botschaft der BRD kam er nach Hof und von dort wieder nach Berlin, diesmal in den Westteil der Stadt. Dort fand er keine Arbeit und zog „ohne was" weiter nach München.

„Ich hatte keine Ahnung, kein Geld und wusste nicht, wo ich schlafen sollte." Arbeitslosengeld hatte er beantragt, aber nicht bekommen. Erst durch die Bekanntschaft eines alten Mannes bekam er den ersten Halt: Der nämlich lebte schon seit 30 Jahren auf der Straße und wusste einen Tipp: „Setz` dich ans Hofbräuhaus! Alles, was du kriegst, kannst du behalten."

„Aber die Leute geben doch kein Geld", gab ihm Lippenweh zu bedenken, so was kannte er nicht aus der DDR.

„Doch, doch, die geben dir", versicherte der Alte.

„So hab` ich Schnorren gelernt", blickt Lippenweh zurück, und damit kam er für`s erste über die Runden.

Doch dann, er war zurückgekehrt nach Berlin, hat er dort ein

Autoradio geklaut. Er ist abgehauen, wurde später erwischt, in Untersuchungshaft genommen und schließlich zu einer Bewährungsstrafe verurteilt. Als Bewährungsauflage sollte er eine Wohnung und einen Arbeitsplatz nachweisen und er machte sich auf die Suche. Seine erste „Wohnung" war eine Notunterkunft. Die hat er verlassen, als jemand mit dem Messer auf ihn losgegangen ist. Die nächste Station war ein Obdachlosenheim in der Kölner Südstadt. Wegen einer Schlägerei an Karneval musste er gehen. Er trampte nach Stuttgart und wurde dort von den Behörden vor die Entscheidung „Knast oder Obdachlosenheim" gestellt. Da entschied er sich dafür, Deutschland zu verlassen. Über die Grenze nach Frankreich und gleich weiter Richtung Süden an die Côte d`Azur. Fünf oder sechs Tage verbrachte er dort, konnte sich aber ohne Kenntnis auch nur eines Wortes Französisch nicht verständigen und zog weiter. In Paris schließlich lernte Lippenweh einen Belgier kennen, der sowohl deutsch als auch Französisch zu sprechen verstand. Der bot ihm Nachhilfe nach Art der Straße an:
„Immer, wenn die was sagen, schreib` dir das so auf, wie du`s gehört hast, ich übersetz` es abends."
Gesagt – getan. Lippenweh notierte sich die Wörter, die er aufschnappte und wenn er den Sicherheitsbeamten „Degage" sagen hörte, was soviel heißt wie: „Verpiß dich", dann stand kurz darauf „Dickarsch" im Notizbuch.
„So hab` ich`n bisschen Französisch gelernt."
Zahlen lernte er beim Verfolgen der Fußballberichte im Radio, „da kenn` ich mich aus, das hab` ich selbst mal gespielt."
Das Lernen der Landessprache trug schnell Früchte:
„Als ich ein bisschen Französisch konnte, konnte ich mit den Leuten reden", erklärt Lippenweh, „dann gab`s mehr Geld beim Schnorren."
Irgendwann, als er nach dem Weg zum Supermarkt fragte, hat er Joe kennengelernt, „einer mit Stirnband und Irokesen-

schnitt." Er war auch Deutscher und die beiden sind eine Weile miteinander umhergezogen. Eines Tages beobachteten sie jemanden beim Diabolo-Spielen.

„So hat`s bei mir angefangen", erinnert sich Lippenweh, „ich hab` mir dann auch`n Diabolo gekauft und seitdem lief`s noch besser mit Geldverdienen, auch wenn ich nur wenig konnte."

Dieses Leben lebte er drei Jahre in Frankreich.

Dann kam er zurück nach Deutschland, über die Gründe hat er nichts erzählt und ich habe leider vergessen, ihn danach zu fragen. Er machte eine Ausbildung zum Elektriker und schulte später um zur „Fachkraft für Lager und Logistik." Einen Arbeitsplatz fand er keinen. Dabei spielte die Tatsache, dass er den für Lagerarbeiten notwendigen Gabelstaplerführerschein ständig hätte erneuern müssen, eine gewisse Rolle, die er aber nicht näher erläuterte. Erneut verließ Lippenweh sein Heimatland und lebte für zwei Jahre in Frankreich und Italien. Diabolospielend verdiente er sein Geld in Rom, Mailand und anderen Städten. Ein Hund, der ihm zugelaufen war, wurde sein Weggefährte. In Süditalien schloss er sich einer Gruppe an, die später sechs Leute und acht Hunde umfasste. Einmal gab es aus irgendeinem Grund Streit. Lippenweh wurde über ein Geländer geworfen und rollte der Polizei direkt vor die Füße. Wie es weiterging, erzählt er nicht.

Das Gespräch mit Lippenweh ist recht anstrengend, da er dazu neigt, viel drumrumzureden. Zum ersten Mal schreibe ich nicht alles auf, was mir erzählt wird, sondern versuche, die interessanten Dinge von unpassenden Kommentaren und zusammenhanglosen Erzählfetzen zu trennen. Bei allen vorhergehenden und auch nachfolgenden Gesprächspartnern habe ich streng darauf geachtet, jedes Detail, was mir erzählt wird, aufzuschreiben und auch im Buch zu erwähnen. Unwesentliches gibt es vielleicht gar nicht und falls doch, dann kann ich nicht beurteilen, was wesentlich, was unwesentlich ist. Schon allein die Tatsache, dass die Menschen mir im Rahmen ihrer Lebensgeschichte diese Dinge erzählen, zeigt doch, dass sie ihnen wichtig sind. Lippenweh redet manchmal über's Ziel hinaus und so habe ich kein schlechtes Gewissen, das wegzulassen, womit er ganz sicher auch selbst einverstanden wäre und nur das zu erwähnen, was mir als im Buch vermittelbar erscheint. Wie zum Beispiel die folgende Episode:

Lippenweh erzählt, dass man unterwegs auf Europas Straßen viele bekannte Leute trifft. In Siena ist ihm Joschka Fischer über den Weg gelaufen. Der hatte ihn während einer Diabolo-Vorstellung auf Italienisch angeredet, worauf Lippenweh erwiderte: „Ich kann deutsch."

„Was machst`n hier?", wollte der damalige Bundesaußenminister wissen.

„Arbeiten" war Lippenwehs Antwort.

Von einem Mann aus Fischers Begleitmannschaft bekam er 20 Euro.

Dann erzählt er noch von einer Begegnung mit einer Zigeunerin vor der Deutschen Bank irgendwo in Italien:

„Die packte ihre Titte aus und säugte ihr Kind und meinte dann, ich soll da weg. Und das vor der Deutschen Bank."

Er hat dann gesagt, sie solle doch zur Zigeunerbank. Der Sicherheitsdienst der Bank hat die Frau dann weggeschickt.

Seit drei Jahren ist Lippenweh jetzt wieder hier in Berlin.

„Manchmal war es hart auf der Straße. Aber das Klima in Südeuropa ist angenehmer als hier. Man arbeitet dort, um zu leben und lebt nicht, um zu arbeiten. Hier in Deutschland bringen sich die Leute um, nur weil sie ihre Arbeit verlieren. Das gibt's doch gar nicht."

„Hier in Deutschland gilt ein Penner ja auch als sozial heruntergekommener Mensch", ergänzt Andi.

„Aber Deutschland hat das beste soziale System für Obdachlose", gibt Lippenweh zu bedenken, „du musst hier nicht auf der Straße leben. Manche kommen da nur nicht klar mit rechtzeitig Rechnungen bezahlen, für die Wohnungen sorgen und solche Sachen."

Das Gespräch geht seinem Ende zu. Jetzt möchte ich aber doch noch wissen, woher Lippenweh seinen Namen Lippenweh hat.

Das war an Sylvester 2003 / 2004, klärt er mich auf. Da stand er plötzlich bei der Polizei mit einem Loch in der Lippe. Woher das Loch kam und was er bei der Polizei wollte, das weiß er bis heute nicht.

Ich gebe Andi die anfangs vereinbarten 15 Euro. Er fährt dann nach Lyon, wo ein Kamerad auf ihn wartet. Zusammen wollen die beiden auf Arbeitssuche gehen, im Süden an der Côte d`Azur.

Und später?

„Was später ist, weiß ich nicht. Keinen Plan."

Wir verabschieden uns.

Es ist früher Nachmittag und noch genügend Zeit für eine weitere Begegnung aus der Reihe „Berliner Gespräche." Ein Afrikaner, den ich auf dem Alexanderplatz anspreche, weiß nichts von Obdachlosen. Er selbst ist wohl auch keiner. Das Pärchen am Alex, das sich so angeregt unterhält, hat jetzt keine Lust. Beide sind zwar obdachlos, aber sie will nicht erzählen. „Tut mir leid", sagt sie. Ich frage mitten in eine Gruppe von acht Menschen, die um eine Parkbank versammelt sind. Manche sind nicht obdachlos, der Rest will nicht reden. Zwischenzeitlich rufe ich noch bei meiner lieben Bekannten Inka an, die auch in Berlin wohnt, sie war aber nicht zu erreichen. In einer belebten Straße kauert ein Österreicher an einem Stromkasten und bettelt mit vorgehaltenem Pappbecher.

„Eher nicht", beantwortet er meine Frage nach einem Gespräch.

„O.k.. Alles Gute."

Bis 16.00 Uhr eiere ich in der Umgebung um den Alexanderplatz umher und bemerke plötzlich einen Hauch von

Abschiedsstimmung, der in der Berliner Luft liegt. Ich beschließe, mich gemütlich und auf Umwegen dem Hauptbahnhof zu nähern, um unterwegs vielleicht noch eine Begegnung zum Abschluß zu haben. Aber Regierungsviertel und Hauptbahnhof sind wie geleckt. Etwas flapsig angezogene Zeitgenossen sind hier keine Obdachlosen, sondern Amerikaner. Der „Straßenfeger"-Verkäufer am Eingang zum Hauptbahnhof vermutet Obdachlose eher *hinter* dem Bahnhofsgebäude. Er selbst ist auch einer, aber er „muß verkoofn." Die Frau in der Bahnhofmission auf der Rückseite des Bahnhofes erklärt mir, dass sie nur wenig mit Obdachlosen zu tun hat.

„Die haben wir manchmal auch, aber eigentlich eher Reisende mit Problemen. – Wir haben ja auch kein Essen und keine Unterkunft."

Als ich den Hauptbahnhof betrete, steht der Zug nach Magdeburg ganz oben auf der Anzeigetafel. Er fährt in wenigen Minuten. Ich stelle mir die Deutschlandkarte vor, die ich daheim zurückgelassen habe und in die Silvia, Michelle und Atessa regelmäßig meine Etappen einzeichnen. Den äußersten Osten werde ich wohl nicht erreichen, wenn ich jetzt nach Südwest weiterfahre.

Egal.

Führen lassen. Magdeburg steht nun mal oben.

Den Zug erreiche ich mit dem Abfahrtspfiff.

Magdeburg

Die Stadt erschlägt einen. Die überbreite Straße zwischen Jugendherberge und Rathenau-Straße, sie heißt Erzbergerstraße, die riesigen Wohnblöcke, alles wirkt sehr kalt und unpersönlich auf mich. Nirgends ein gemütlicher Winkel. Die kennt man vielleicht nur als Einheimischer. Die Rathenau-Straße steuere ich schon morgens um halb 10 so zielgerichtet an, weil es da einen Waschsalon geben soll.

Meine Cordjacke möchte unbedingt dorthin, sie riecht schon recht streng nach Obdachlosem.

Mit Anne aus Annes Waschparadies komme ich schnell ins Gespräch. Wir reden über meine Reise und sie versichert mir, dass es überall in der Stadt Obdachlose gibt, vor allem in den Parks. Aber morgens träfe man nur vereinzelt welche an, erst so ab 12.00 Uhr, vorher wären sie noch in der Unterkunft oder ließen sich in ihren Verstecken von der Sonne aufwärmen. Ob sie meinen Namen erfahren darf, fragt sie, „vielleicht kennt man Sie ja als Schriftsteller." Ich kann sie beruhigen. Mich kennt keiner als Schriftsteller.

Mit angenehm duftender Cordjacke beginne ich meine Suche. In einem Park an der Elbe sitzt ein Bärtiger zwischen zwei Plastiktüten auf einer Bank und sonnt sich und seine nackten Füße. Als ich näher komme, zieht er schnell die Socken an. Mit gesenktem Blick und leiser Stimme erklärt er, er sei nicht obdachlos und ich solle doch mal in der Breiten Straße nachsehen oder am Dom an der Volksbank, da wäre eine Essensstelle. Ich schlendere am Ufer der Elbe entlang. Ein Mann mit zwei voll bepackten Rucksäcken ruht sich dort aus. Der Satz, mit dem ich das Gespräch eröffne, ist noch immer der alte: „Guten Tag, ich mache eine Deutschlandreise und sammle Geschichten von Menschen, die auf der Straße leben. Trifft das auf Sie zu?"

„Nein."

Auch die Antwort ist nicht ganz neu. Dabei hätte ich wetten mögen, dass mein Eindruck zutrifft, schließlich spreche ich nicht alle Menschen an, die mir begegnen.

Der nächste Verdächtige schläft ein paar Bänke weiter in den ersten Sonnenstrahlen. Ich gönne sie ihm und lasse ihn in Ruhe.

Eine Hinweistafel am Flussufer erinnert an die Schiffsmühlen, die fast 1000 Jahre lang bis 1911 hier in der Elbe vor Anker lagen. Das Hausschiff beherbergte die Wohnung des Müllers und das Mahlwerk, während das Wellschiff den

Aufleger für die Mühlenwelle trug. Dazwischen plätscherte das Schaufelrad in der Elbströmung.

Zurück in der Innenstadt stehe ich plötzlich vor der Touristen-Information. Meine Frage nach Obdachlosen nimmt die Frau am Schalter so selbstverständlich auf, als würde täglich jemand diese Frage stellen. Freundlich lächelnd zückt sie ohne hinzuschauen einen kopierten Stadtplan aus dem Fach für kopierte Stadtpläne und breitet ihn vor mir aus. So, als hätte ich gerade nach einem Hotel gefragt oder nach der Freilichtbühne, auf der heute das Abendkonzert stattfindet, so macht sie Kringel um die Orte, an denen sich jetzt Obdachlose aufhalten.

Diese Frau ist wirklich gut informiert.

Mit vorgehaltenem Stadtplan gehe ich weiter durch die Straßen, um – so habe ich mir vorgenommen – all die aufgemalten Kringel abzuarbeiten. Doch soweit kommt es nicht. Der erste ist gleich ein Volltreffer. In der Nähe der „Neuen Strombrücke" schlängelt sich ein sonnenbeschienener Grüngürtel zwischen Wohnblocks und Elbe am Fluß entlang. „Hinter den Arkaden" heißt die Gegend. Genau diese Stelle hat die Dame der Touristen-Information mit einem Kringel versehen und genau an dieser Stelle treffe ich Willy.

Willy und Ramona

„Unter meinem richtigen Namen kennt mich niemand", lächelt er spitzbübisch.

Aber „Willy" passt, wie ich finde.

Er ist 70 Jahre alt, zahnlos und lebt seit der Wende 1990 auf der Straße. Gegen ein Gespräch hat er nichts einzuwenden. Die Frau, die mit Willy die Bank teilt, möchte auch dabeisein, denn „Willy ist doch mein bester Freund." Ramona

heißt sie und ist 49 Jahre alt. Auch sie war schon wohnungslos, aber darüber spricht sie nicht. Auf dem Fußweg vor der
Bank nehme ich Platz. Der Boden ist schon von der Sonne
erwärmt, ich kann im Schneidersitz alles notieren und wir
können uns beim Reden anschauen. Ich frage, ob es in
Ordnung ist, wenn wir uns duzen.

„Jaja", nickt Willy wie selbstverständlich, „bei uns ist das
Gang und Gäbe."

„Was möchtest du mir erzählen?", komme ich gleich zur
Sache.

„Vor der Wende war ich sechs Jahre lang verheiratet",
beginnt Willy. Lange vor der Wende war das. In den 50er
Jahren, um genau zu sein. Die Familie, zu der noch zwei
Kinder gehörten, lebte damals schon in Magdeburg. Sohn
Dietmar war fünf, Tochter Sieglinde vier Jahre alt, als ihn
seine Frau verließ. Willy selbst war wegen Wehrdienstver-
weigerung im Gefängnis. Sie brachte noch die Kinder zur
Krippe und ging dann „mit einem von den Grenzern nach
drüben." Willy hat die Kinder aus dem Heim abgeholt und
allein großgezogen. Gearbeitet hat er dann im Schlachthof.
Doch sein beruflicher Werdegang beginnt viel früher. Eigentlich schon in seiner Kindheit. Willys Vater war Kessel-
schmied und bewirtschaftete nebenbei ein paar Äcker. Die
Mutter arbeitete bei einem Bauern, „aber nur deshalb, dass
der die Landwirtschaft der Familie mitmacht." Der heran-
wachsende Willy blieb der Landwirtschaft treu. Er verließ
das Elternhaus und zog zu einem Bauern, bei dem er in den
40er und 50er Jahren privat zum „Schweizer", zum Melker
ausgebildet wurde. Jeden Morgen um vier Uhr ging die
Arbeit los, da pünktlich um sechs Uhr die Milch abgeholt
wurde. Willy lernte und arbeitete, wurde schließlich in
seinem Beruf zum Meister, was in der DDR „Ober" genannt
wurde, und war als solcher ein Fachmann für alle Arbeiten
rund um die Kuh. Fragen des Züchtens und des Deckens
gehörten ebenso zu seinem Aufgabengebiet wie Probleme

bei der Geburt, zum Beispiel wenn ein Kalb verkehrt herum im Mutterleib lag. Verlassen hat Willy die Landwirtschaft, als sich die Meinungsverschiedenheiten mit dem Boss des Hofes häuften, „der war mir zwar theoretisch überlegen, praktisch aber 'ne Null." Er fand im Schlachthof eine neue Arbeitsstelle, machte dort eine Fleischerlehre mit Zusatzausbildung zum Trichinenschauer und erhielt die Schusserlaubnis für das Schlachten der Tiere. Die Schlachthöfe rund um Magdeburg waren zu einem Kombinat zusammengefasst. Willy wurde als Springer dort eingesetzt, wo gerade etwas nicht klappte. Er nahm an Wettbewerben im Schweine-Zerlegen teil und schaffte es mit viel Training bis zum Bezirksmeister.

„Ich durfte aber nicht weitermachen, weil ich ein politischer Blindgänger war."

In dieser Zeit wurden seine Kinder groß. 30 Jahre lang war er in diesem Betrieb, bis zur Wende 1990. Obwohl er rentabel war, wurde der Schlachthof dicht gemacht, die Maschinen ausgebaut und nach Hamburg gebracht. Willy beschloß, seine Heimatstadt Magdeburg zu verlassen und in Hamburg sein Glück zu suchen. Im Schlachthof dort fand er eine Beschäftigung und eine betriebseigene Wohnung. Ob er zerlegen kann, hat man ihn gefragt. Er präsentierte seinen Messersatz „Dieck" aus Schweden, der in der DDR zu seiner Arbeitsausstattung gehörte.

„Da hatten die doof geguckt, die hatten nur ‚Zwilling'. ‚Dieck' war viel besser und teurer."

„Die haste wohl geklaut", hat man ihn gefragt.

Am Fließband, wo jeder Kollege etwas anderes aus den toten Tieren herausschnitt, trampelte Willy „gehörig ins Fettnäpfchen, weil ich behauptet habe, dass ich alles schneller schneiden kann."

Heute erzählt er das mit einem altersweisen Grinsen. Aber das stimmte auch, wie er hinzufügt, „ich war schneller."

Der Meister, der oben im Glaskasten auf alles einen Blick

hatte, hatte gesagt: „Ich hätte dich gern in Hamburg behalten, aber du stehst zu viel am Band."

Willy übersetzt das mit: Er war zu schnell am Band.

Schließlich hatte der Sohn des Meisters auch noch Willys Messerset gestohlen. Er hat es zwar wieder zurückbekommen, aber der Arbeitsplatz war verloren.

„Wenn sie mich in Hamburg behalten hätten, wäre ich dageblieben", denkt Willy zurück. Aber es kam ja anders. Irgendwo im Westen Deutschlands arbeitete er dann bei einem Metzger. Der nutzte die Gelegenheit, um mit Willy als Werbeträger seine Würste als „Magdeburger Würste" anzupreisen, obwohl ihm die richtigen Zutaten dazu fehlten. „So nicht!", entrüstete sich Willy, „diese Wurst konnte man so gar nicht machen. Er hatte zum Beispiel ganzen Kümmel und nicht den gebrochenen wie in Magdeburg. Der ist würziger."

Willy verließ den Metzger und schloss sich einer Schausteller-Truppe an, besser gesagt, einem Schausteller-Paar. Die Truppe bestand dann aus Willy, dem Chef und dessen Frau. Sie tingelten zwei Jahre lang mit einem Karussell über die Dorffeste des Hunsrück und des Saarlandes. Willy wurde gut behandelt, bekam Essen und Geld und schlief im Wohnwagen. Später begann sein Chef zu saufen und Willy musste mit dessen Frau allein für`s Aufstellen und Abbauen des Karussells sorgen.

Dann kam die Zeit beim „Zirkus Oral". Dort hatte er es gut, weil er eine Fahrerlaubnis besaß und im Gegensatz zu den anderen Mitarbeitern die Truppe zwischen Holland und Deutschland hin- und hertransportieren konnte. Zur Truppe gehörten 25 Menschen, die meisten waren Zigeuner. Der Boss und sein Bruder waren die Clowns und sie hatten eine Seiltänzerin und Schlangenfrau, „die kam rin, wo keener durchkam." Ihren Namen hat Willy vergessen.

Von ihm als Fahrer war der Zirkus abhängig.

„Ich habe dadurch `n bisschen was kennen gelernt", erinnert

er sich. „Die Menschen. Von Stadt zu Stadt haben wir, je nachdem, ob sie katholisch oder evangelisch war, ganz schöne Unterschiede gemerkt. In katholischen Gegenden waren wir nur Zigeuner. Da war schon das mit Wasser und Strom viel komplizierter. Man musste drum betteln und manchmal auch Wasser aus dem Hydranten klauen. Kamen wir in evangelische Gegenden, waren wir gleich viel angesehener."

Aufgetreten ist Willy nie während seiner vier Jahre beim Zirkus. Er war zuständig für den Transport und den Auf- und Abbau, außerdem für die Versorgung der Tiere.

„Die Hengste. Wenn die ihren Koller kriegen, dann hab` ich sie beruhigen müssen. Wenn sie bocken, greift man sie in die Nüstern. Das tut denen weh, aber was willste machen, wenn so ein Hengst durchdreht?"

Während der Vorstellung musste Willy die Tiere bereithalten, nach der Vorstellung war Stalldienst, „da war jeder mal dran." Pferde, Kamele, ein Lama, Bären und Hunde mussten versorgt und deren Ställe ausgemistet werden. Abends um 23.00 oder 24.00 Uhr kam man schließlich zur Ruhe. Dann wurde das Zelt geschlossen und alle trafen sich drinnen auf ein Bierchen. Das war so üblich. Im Winterquartier in der Nähe von Bitburg hat Willy mit der Erlaubnis des Zirkuschefs bei einer bekannten Brauerei gearbeitet und jeden Abend eine Schubkarre voller Trester für die Pferde und vier Flaschen Bier als Haustrunk für sich mitbekommen. Im Zirkus selbst gibt es während des Winterquartiers nicht viel zu tun. Man kümmert sich um das Nötigste und verbringt zusammen seine Zeit. Das Zusammenleben hatte so seine Besonderheiten.

„Das waren Zigeuner", erklärt Willy, „von dem Teller, von dem du gegessen hast, haben die nicht mehr gegessen. Auch die Tassen wurden erst ausgewaschen, sonst hätten die nicht getrunken. Die gehen auch an kein krankes Tier ran. Das ist ihr Glaube."

Um die kranken Tiere hat sich dann Willy gekümmert, nur dann, wenn er nicht mehr weiter wusste, wurde ein Tierarzt gerufen.

„Der junge Chef machte oft Probleme", erinnert sich Willy, „der wollte keine Widerworte."

Mit dem alten war es einfacher. Jeweils vor und nach dem Winterquartier gab es für alle ein „Grillfest mit allem PiPa-Po." Wenn die Tage wärmer wurden, ging es wieder los und die ganze Truppe zog über's Land, von Vorstellung zu Vorstellung. Aber von den Dörfern und Städten, in denen das Gastspiel stattfand, haben sie manchmal kaum etwas gesehen.

„Wir haben uns teilweise nicht getraut", bedauert Willy, „weil wir oft, wenn wir dort unterwegs waren, misstrauisch beäugt und als Zigeuner angefeindet wurden. Einmal gab's sogar 'ne Keilerei, weil die Leute unbedingt die Tiere sehen wollten. Die Polizei hat die Störer dann mitgenommen. Schön war, dass man viel rumgekommen ist und doch viel gesehen hat, viele Charaktere kennengelernt hat. Viele sind gutmütig, viele sind böse, das lernt man beim Zirkus kennen."

Irgendwann waren vier Jahre vergangen.

„Dann hatte ich die Faxen dicke, warum wees ich ooch nicht."

Er kehrte zurück nach Magdeburg und lebt seitdem, seit nicht ganz sechs Jahren, wieder in seiner Heimatstadt.

„Hier möchte ich auch bleiben, aber ich darf nicht", eröffnet er mir plötzlich, „ich hab' in Sachsen-Anhalt nur 48 Stunden Aufenthaltsrecht."

Und das kam so:

Willy unterhielt zu DDR-Zeiten zusammen mit zwei Freunden einen Piratensender. Sie sendeten illegal ein Programm mit Musik, allgemeiner Hetze gegen den Krieg und auch kritischen Kommentaren gegen BRD und DDR. Aber hauptsächlich ging es um Krieg. Die Sender waren in zwei normalen Autos versteckt, einer davon war jeweils auf Sendung. Wollte die Staatssicherheit ihn orten, mussten sie ihn mit zwei Ortungsgeräten über Kreuz einpeilen. Damit begann die Jagd: Eine Anzeige im Auto der Sendepiraten ließ die Ortungsversuche der Stasi-Beamten erkennen, so dass kurz vor der Kreuzpeilung der Sender ausgeschaltet und somit unsichtbar gemacht werden konnte. Dann ging der zweite Sender im zweiten Auto von irgendeiner anderen Stelle aus auf Sendung. Was wie ein Räuber und Gendarm Spiel anmutet, war damals eine ernste Sache und schließlich kam es auch, dass Willy und seine Freunde nach sechs Jahren auf Sendung von der Stasi irgendwo in Sachsen-Anhalt verhaftet wurden. Alle drei wurden nach der Wende verurteilt zum Landesverbot, in Köln.

Warum in Köln, frage ich verwundert?

„Weil Piratensender in der BRD halt auch verboten waren", versucht Willy mich aufzuklären. Der Zusammenhang zwischen Verhaftung in Sachsen-Anhalt und Verurteilung in Köln bleibt unklar.

Diese Lücke fällt mir erst viel später wieder auf, als ich beim Schreiben des Buches meine Notizen sortiere. Aber so ist das mit Gesprächen auf der Straße. Sie sind in jedem Fall unvollständig und sie bleiben es auch, denn Willy und all die anderen sehe ich nie wieder, nachfragen ist nicht möglich. Vielleicht ist das gerade das Schöne: Die Menschen erzählen mir, was ihnen im Moment wichtig ist, der große Rest bleibt ihr Geheimnis.

Willy hat also kein Aufenthaltsrecht hier in Sachsen-Anhalt, für 48 Stunden zwar, aber nicht, um dauerhaft hier leben zu können. Er tut`s trotzdem, auf der Straße eben.

„Die Polizisten kucken drüber weg, die wissen das bestimmt", ist er sich sicher. „Einige machen alle 14 Tage Ausweiskontrolle, die kennen mich und ich weiß genau, dass die bescheid wissen, aber ich klau` nicht, ich randalier` nicht, und so lange lassen mich die Polizisten in Ruhe."

Lieber sitzt er mit Freundin Ramona in der Sonne. Die beiden treffen sich hier ohne Verabredung, oft nur manchmal, aber immer mal wieder.

„Wir sind hier, weil's billiges Bier gibt, mit Pfand 30 Cent", klärt Ramona mich auf.

„Stier-Bier" trinken die beiden, fünf leere Flaschen, ordentlich neben der Bank aufgereiht, zeugen davon. Während ich immer noch auf dem Boden hockend angestrengt notiere, sitzt Willy mit den Ellenbogen auf die Knie gestützt und zu mir vorgeneigt, so als ob er sichergehen will, dass ich auch alles, was er sagt, gut hören kann. Er lässt sich gern fragen. Immer wieder, nach jeder sinnvoll in sich geschlossenen Episode, unterbricht er seine Geschichte und fährt erst dann fort, wenn ich ihn mit „Warum denn das?" oder „Und dann?" dazu auffordere. Beim Überlegen und Erzählen, nach wie vor auf die Knie gestützt und weit zu mir vorgebeugt, schweift sein Blick in die Ferne. Er überlegt ruhig und mit gerunzelter Stirn. Dann wieder schaut er mich mit wachen, aufmerksamen Augen an und erwartet die nächste Frage.

Willys Sohn wohnt in Dresden, bei ihm könnte er sofort unterkommen. Er ist 43 Jahre alt und arbeitet bei der Bahn, seine Freundin, Willys Schwiegertochter in spe, arbeitet bei Karstadt, „die haben beide was zu meckern", freut sich Willy und meint damit: Beide haben was zu sagen in ihrem Betrieb. Im Mai wollen sie heiraten und drei Wochen in Kanada verbringen, Willy muss dann solange das Haus seines Sohnes hüten.

„Der würde's sofort zulassen, dass ich da wohnen bleibe", weiß Willy, „aber da fühl' ich mich nicht wohl. Ich will zwar langsam mal zur Ruhe kommen, aber hier in Magdeburg. Hier kennt man alle, in Dresden ist man fremd. Aber ich krieg ja hier keine Wohnung wegen dieser Geschichte."

Um doch wieder das Aufenthaltsrecht für Sachsen-Anhalt zu bekommen, hatte er sogar den damaligen Bundeskanzler Kohl angeschrieben und den Magdeburger Oberbürgermeister. Vom Kanzler bekam er keine Antwort, vom Bürgermeister ein Schreiben mit „Tut mir schrecklich leid,..." am Anfang und ohne Begründung.

„Vielleicht geh' ich auch zurück in den Hunsrück", fällt Willy nach einem Moment des Nachdenkens ein, „die Gegend um Murrbach und Hundheim, da hab' ich mich ganz schön wohl gefühlt. Viel Wald daneben, da hat's mir gefallen. - Da hab' ich Pilze gesucht."

Willy muss lachen.

„Da hatte jedes Dorf zehn Einwohner und neun Spitzbuben." Eine Zeit lang hängt er irgendwelchen Gedanken nach. Ich nutze diese wenigen Sekunden, um aufzuschauen und mir mit einem langen Rundumblick ein Bild von der aktuellen Umgebung zu machen.

Ramona tut das schon die ganze Zeit und genießt dabei die warme Sonne. Manchmal gibt sie kurze Kommentare oder regt sich auf, wenn in Willys Erzählungen ihm etwas Ungerechtes widerfahren ist. Sie trägt einen Hausschuh und einen Turnschuh an den Füßen. Witzig finde ich das und liebenswert, aber irgendwie auch zu banal, um es anzusprechen. Ob es ein Versehen war oder Gleichgültigkeit, bleibt Ramonas Geheimnis. Willy trägt lederne Herrenschuhe und Jeans mit Aufschlag.

„Ich habe in der ehemaligen DDR besser gelebt", fährt er schließlich unaufgefordert fort. „Bei uns waren Spitzenverdiener im Schlachthof mit 700 bis 800 Mark. Das war viel."

Ramona hat damit abgeschlossen, über DDR und BRD möchte sie nicht reden.

„Dieser Staat hier bringt mir genauso viel wie die DDR", erklärt sie, „nämlich nichts. Ich saß elf Jahre wegen Republikflucht und bekam 64000 DM Abfindung, sonst nichts."

Willy lebt heute von seiner Rente und vom Flaschensammeln.

„In der DDR war auch schon Pfand auf alle Flaschen, aber da gab's auch keine Obdachlosen", erinnert er sich.

„Dir steht mehr zu", versichert Ramona vorwurfsvoll.

„Jaaa", erwidert Willy.

Dieses lang gezogene, wohlwollende, aber auch etwas abwehrende „Jaaa" habe ich jetzt schon öfters von ihm gehört, immer dann, wenn Ramona sich aufregt und er beschwichtigen und ausgleichen möchte.

„Nee, is so!", stichelt Ramona hartnäckig weiter.

„Jajaa."

„Du bist mit allem zufrieden."

„Jaaa."

„Das ist`n Saustaat geworden."

„Das stimmt", nickt Willy, „weil die Ausländer, die haben mehr zu sagen als wir. Wir kriegen eine Kleinigkeit, die kriegen alles in den Arsch gepustet."

Ramona regt sich auf, Willy schweigt.

Wenn jetzt die warme Jahreszeit beginnt, schläft er wieder meist draußen im Freien, während er die Winternächte bei seinen Kumpels verbringt. Warmes Essen bekommt er für 50 Cent in der Obdachlosenküche. Zu seinem Besitz gehören die Dinge, die er bei sich trägt, sowie ein Fahrrad, ein Schlafsack und ein Gaskocher, den Willy „Flaschenbrenner" nennt. Alles gut versteckt.

„Bis jetzt bin ich zufrieden", versichert er mir, „ich rechne nicht von heute auf morgen, sondern ich lebe heute. Was morgen ist, kann ich nicht sagen."

„Hast du keine Pläne?", will ich wissen.

„Mein Plan ist, langsam zur Ruhe zu kommen, - langsam, nicht zu schnell."

Willy lacht.

„Was bedeutet das?" hake ich nach.

„Was das bedeutet?", Willy überlegt, „da hab` ich mir noch gar keine Gedanken gemacht. – Dass ich nicht mehr auf der Straße liege. – Dass alles seinen ruhigen Gang geht."

Das hat dann vielleicht doch auch mit Dresden zu tun, wie ich erfahre.

„Und wenn ich dann mal richtig ausflippen will, wenn mir die Bude zu eng wird, dann komm` ich zurück nach Magdeburg."

Wieder sitzen wir eine Weile schweigend und jeder hängt Gedanken nach, von denen die anderen nichts wissen. Die Pausen werden langsam länger, Dinge, die in der Umgebung geschehen, gewinnen mehr und mehr unsere Aufmerksamkeit.

Willy hat seine Lebensgeschichte erzählt, jetzt möchte ich gerne noch einiges über die Einstellung wissen, die er heute zum Leben hat. Genauso freundlich und konzentriert wie bisher gibt er mir Auskunft. Er macht einen gütigen Eindruck und lacht gern. Der Eindruck ist auch der eines sehr besonnenen, klaren Denkers, obwohl er inzwischen schon einige Bier intus hat. Man merkt es ihm nicht an. Anders Ramona, sie ist schon deutlich angesäuselt. Willy erzählt:

„Wenn jemand zu mir sagen würde: ‚Ich lieg` seit einem Monat auf der Straße', würde ich sagen: ‚Geh` zurück.' Das Leben ist sehr hart. Wenn man das nicht gewohnt ist, oder – will mal sagen – wenn man nicht dazu geboren ist, der geht kaputt. Das geht dann mit Alkohol los."

Willy ist vielleicht dazu geboren. Er selbst würde sich einen „Tramp" nennen:

„Wir werden ja oft als ‚Assi' bezeichnet, auf der anderen Seite heißt es ‚Tramp.' Assis klauen, Tramps sind die, die in keiner Stadt bleiben, das war ich auch mal."

Alle nennen es anders, fällt mir auf, meinen aber das Gleiche: Wenn Elvis vom Berber spricht, Andi vom Clochard oder Willy vom Tramp, dann meinen alle den ehrenhaften Wandersmann im Gegensatz zum verschlagenen, unehrlichen Schlitzohr. Eine einheitliche Begriffsbestimmung scheint es selbst unter den Obdachlosen nicht zu geben. Nur mit einem Wort möchte niemand bezeichnet werden: Mit „Penner."

„Ich muß mal raus", erklärt mir Willy, „und wenn ich bloß

drei Tage mal raus bin, auch aus Magdeburg. Ich bin kein Mensch, der sesshaft geworden ist."

„Schaffste nicht", wirft Ramona ein.

„Doch, ich muß es schaffen."

„Warum?", will ich wissen.

„Ich bin zu alt", antwortet Willy.

„Ich find` das so toll von Peter", lobt mich Ramona plötzlich, nachdem sie mich wohl eine Weile beim angestrengten Mitschreiben beobachtet hatte, „er schreibt das alles so, wie er`s hört."

Das will ich meinen, denn da gebe ich mir besondere Mühe: Jedes gesagte Wort soll rein und die zitierten Sätze so, wie sie gesagt wurden.

Der Gedanke, ob Willy zum Tramp-Sein geboren ist, geht mir nicht aus dem Kopf.

„Hast du alles richtig gemacht?", frage ich ihn.

„Nein" antwortet er sofort mit Nachdruck und weit aufgerissenen Augen. Keine Sekunde musste er für dieses Nein überlegen. „Mein Fehler war, dass ich nach der Wende Tramp geworden bin. Ich hab` `nen echten Tramp getroffen, der 20 Jahre auf der Straße war und mir alle Schliche beigebracht hat. Das alles hat mich nicht gerade fasziniert, aber ich dachte: ,Versuchste`s mal', und ich habe bis jetzt durchgehalten. Das war`n Fehler, dass ich dem Tramp in die Hände gefallen bin. Ich hatte damals keine Arbeit und das war eben der einfachste Weg. Zwischen Hamburg und meinem Leben als Schausteller war das."

Wieder waren wir auf Willys Biographie zu sprechen gekommen. Jetzt möchte ich doch aber wirklich noch etwas darüber erfahren, was ihn heutzutage im Innersten bewegt.

„Meine Hobbys sind Tiere", erzählt er mir, „zu Wasser und zu Lande. Ich sitze manchmal irgendwo und beobachte die Tauben und die Krähen, wie sie ihr Nest bauen. Früher hab` ich viel bei ,Urania' über Tiere gelesen, das is`n Buchverlag in der DDR, heute kucke ich oft bei `nem Kumpel im Fernsehen Tiersendungen, wenn ich kann. Ich find`s gut, weil die Tiere schlauer sind als der Mensch. Ein Hamster oder eine Maus zum Beispiel, die graben tiefer, wenn sie wissen, dass der Winter kälter wird. Da siehste mal, dass die Tiere nicht dumm sind."

„Menschen sind auch nicht dumm", wirft Ramona ein.

„Menschen sind dumm", entgegnet Willy.

„Warum?", frage ich.

„Weil der Mensch sich nur selber kennt: ‚Was interessiert mich der, lass den doch verrecken.'"

„Auf was würdest du dich freuen?", ist meine nächste Frage und sein Wunsch gilt nicht sich, sondern der Menschheit: „Dass die ganzen Kriege wegfallen. Da sind nämlich nicht die ganzen Kleinen dran schuld, sondern die Großen."

„Bist du immer noch der Kriegsgegner von früher?", frage ich und spiele damit auf die Zeit beim Piratensender an. Willy nickt.

„Wie kommt`s, dass du so für den Frieden eingetreten bist?"

„Meine Eltern waren Antifaschisten, mein Vater war KPD-Mitglied, dadurch wurde ich geprägt, immer gegen den Krieg zu sein. Auch heute noch."

Ich schreibe Wort für Wort mit.

„Was ich nicht verstehe", fährt Willy fort: „Erst bomben sie alles kaputt, dann sollen wir spenden, ganz allgemein, ob das jetzt Irak ist oder Vietnam, das war genau dasselbe. Das find` ich nicht korrekt." Und: „Für die Palästinenser wurde eine Flugbahn gebaut zu 90 Prozent aus Spendengeldern und von der UNO, nee, von den Vereinten Nationen. Dann kommen die Israelis und bomben alles kaputt. Das find` ich unfair. Auf der einen Seite wird was gespendet, und dann wird alles kaputtgeknallt."

„Gibt es irgendwas, wovor du Angst hast?"

„Angst und Geld habe ich noch nie gehabt", grinst Willy, „weil ich immer sage: Heute lebst du, morgen wees ich nicht. Also brauch` ich heute keine Angst zu haben."

Ich frage, ob er mir noch eine Geschichte erzählen kann. Er überlegt angestrengt.

„In jungen Jahren haben mich `n paar Nutten an den Haaren reingezogen. Ich hab` sie angemacht und sie haben mich beim nächsten Mal reingezogen und auf Nuttenart kaputtgemacht. Ich war froh, als ich weg war."

„Noch eine Geschichte?"

Wieder überlegt Willy.

„Magdeburg hat sich nach der Wende zum Schlechten verändert. Zum Beispiel haben sie die Halle so klein gebaut, da können nicht mal Fernsehwagen reinfahren."

Ich merke, dass das Gespräch nicht mehr von alleine läuft und wir verkrampft nach Themen suchen. Die letzten beiden Fragen waren Verlegenheitsfragen meinerseits und dementsprechend erzwungen waren die Antworten. Das Gespräch nähert sich seinem Ende.

Willys Gedanken hängen wohl noch dem letzten Satz nach, dass nämlich Magdeburg sich zum Schlechten verändert hätte. Er ergänzt:

„Kinderkrippen waren in der DDR akkurat. Was ist heutzutage? Zu wenig. Die vom Westen wollten uns was beibringen und können`s selber nicht. Der Russe hat uns auch kaputtgemacht."

Ramona nickt zustimmend.

Nach über zwei Stunden verabschieden wir uns voneinander. Willy sagt, er will auf jeden Fall noch den Start meines Buches erleben. Ich auch, denke ich. Ramona bekommt meine Telefonnummer, sie will es lesen, „auf jeden Fall."

„Kann ich euch noch was Gutes tun?", frage ich schon im Stehen.

„Nee, lass mal", antwortet Willy und Ramona meint: „Das mit dem Buch ist schon gut genug."

Beide wünschen mir viel Glück, als ich gehe, ich wünsche ihnen alles Gute. Wieder guckt mir keiner nach. Obdachlose gucken einem nie nach. Aus der Ferne betrachte ich mir noch eine Weile, wie sie da sitzen. Schon wieder in der Masse mit all den anderen verschmolzen, aber trotzdem näher als all die anderen. Wie war das noch bei Antoine de Saint-Exupérie? Der Fuchs sagt zum kleinen Prinzen: „Ich brauche dich nicht und du brauchst mich ebenso wenig. Ich bin für dich nur ein Fuchs, der hunderttausend Füchsen gleicht. Aber wenn du mich zähmst, werden wir einander brauchen. Du wirst für mich einzig sein in der Welt. Ich werde für dich einzig sein in der Welt..." Erst wenn man sich vertraut gemacht hat, werden Menschen wichtig und voller Bedeutung. Mit den Städten ist es übrigens genauso. Ich betrete jede neue Stadt mit Spannung und Neugier, aber auch mit Unbehagen. Ich verlasse sie wie einen guten Freund. Man lernt sich kennen.

Ein warmes Gefühl bleibt in mir zurück. Mir fällt auf, dass ich bisher noch niemandem Unfreundlichem begegnet bin, genau wie es Michelle mir bei meiner Abreise gewünscht hat. Sicher trägt auch meine Einstellung dazu bei. Ich rechne nun mal nicht mit Unfreundlichem. Wie sagte Elvis: „Wie du in den Wald reinschreist, so kommts zurück." Ein bisschen Vertrauen ins Leben kann sicher nicht schaden.
Ich wandere weiter durch die Stadt.
In der Teestube der Magdeburger Stadtmission e.V. platze ich mitten ins Programm, aber ohne zu stören, wie ich erfahre. Zwei Männer spielen Schach an einem Abseits stehenden Tisch, sieben weitere Personen sitzen im Stuhlkreis beim Themengespräch. Das Thema heute ist „Fasten", die Leiterin der Stadtmission liest einen Erfahrungsbericht vor. Ich darf gerne zuhören oder um halb fünf wiederkommen, dann wird der Kreis beendet sein. Ich bedanke mich und gehe Geschichten suchen. Jemand rät mir, direkt zur Elbe zu gehen. Das tu ich gern und sofort und ohne nochmals auf den bekringelten Stadtplan der Touristeninformation zu schauen. Noch ein Gespräch mit Blick auf den Fluß wäre jetzt genau

das Richtige. Aber erst setze ich mich mal ans Wasser und ziehe Schuhe und Strümpfe aus, nur für zehn Minuten.

Beim anschließenden Weg am Ufer entlang treffe ich niemanden, der auf mich wie ein Obdachloser wirkt. Das wundert mich ein wenig, denn sicher lieben auch Obdachlose schöne Orte und ich versuche, den Tag mit ihren Augen zu sehen. Vielleicht ist jetzt am späten Nachmittag nicht die Zeit, um gemütlich am Fluß zu sitzen. Daß auch Obdachlose einen Rhythmus haben können, hat mir ja schon Uwe in Hamburg bewiesen und heute morgen hatte auch Anne in Annes Waschparadies davon gesprochen. Vielleicht ist es in dieser Zeit irgendwo anders interessanter. Die Bettler nutzen jetzt vielleicht den ersten Konsum-Ansturm vor den Kaufhäusern, die Flaschensammler durchsuchen vielleicht gerade jetzt, nach der Mittagszeit, die Mülltonnen nach Pfandflaschen.

Es ist auch gut möglich, dass gerade jetzt irgendeine Institution irgendetwas sehr Interessantes für alle Obdachlosen anbietet. Der Massenauflauf in Hamburg fällt mir ein, kurz bevor im „Drob Inn" die Tore geöffnet wurden. Vielleicht aber scheuen sich die Magdeburger Obdachlosen auch davor, den ganzen Tag in der prallen Sonne am Fluß zu sitzen und kommen erst abends an solche Plätze oder morgens zum Aufwärmen. Vielleicht ist es auch ganz anders. Jedenfalls treffe ich die, die ich suche, weder an der Elbe noch auf meinem weiteren Weg durch die Stadt und am Bahnhof vorbei, so dass ich kurz nach 16.30 Uhr wieder vor der Teestube stehe. Sie ist hübsch in einem Innenhof gelegen.

Die Teestube

Von der Leiterin Frau Bolzek erfahre ich, dass man hier nur sporadisch auf Wohnungslose trifft.

„Die halten sich eher in der Bahnhofsmission auf."

Gäste der Teestube hingegen sind vorwiegend trockene Alkoholiker, Hartz IV-Empfänger und psychosomatisch Kranke. Die nutzen nicht nur die Teestube zum Treffen und Sich-Austauschen, sondern auch die angegliederte Suchtberatungsstelle, die Beratungsstellen für Familie, Kinderpsychologie und Ehe und für psychisch Kranke sowie die Möglichkeit zum Duschen und Wäsche-Waschen. Genau gegenüber im Innenhof lockt ein kleines Lädchen mit dem Namen „Chic aus zweiter Hand." Dort gibt es Kleider und Haushaltsgegenstände, „alles, was man mit einer Hand von A nach B tragen kann", wie Frau Bolzek erklärt. Menschen mit dem „Magdeburger Paß" einem Ausweis, der allen Bedürftigen in Magdeburg zusteht, dürfen dort einkaufen, zu Preisen zwischen 50 Cent und 5 Euro pro Gegenstand.

Von einem Obdachlosen erzählt Frau Bolzek, der eine Zeit lang relativ regelmäßig die Teestube besuchte. Er war im Obdachlosenheim hier in der Nähe untergebracht, musste es aber wie üblich jeden Morgen um 7.00 Uhr verlassen und wusste dann nicht, wohin. Die Teestube wurde sein bevorzugter Tagesaufenthalt.

„Der war jeden Tag hier", erinnert sie sich, „bis er auf einmal wegblieb."

Meist lässt sich nicht herausfinden, was aus den Besuchern der Teestube geworden ist. Dann bleibt nur der Wunsch, dass es ihnen gut geht. Im geschilderten Fall erfuhr Frau Bolzek nach umgehenden Erkundigungen, dass ihr Obdachloser in ein privates Haus umziehen konnte.

„Wenn einer, der immer kommt, dann plötzlich weniger oder gar nicht mehr kommt, dann vermisse ich ihn als Mensch, habe aber den Trost, dass er`s eventuell geschafft hat. Das ist für mich wichtig."

Sie selbst arbeitet hier mit einer befristeten ABM-Stelle, möchte aber nach deren Ablauf auf jeden Fall ehrenamtlich hier weiterarbeiten, „da mir die Leute ans Herz gewachsen sind. Ich hab` mit ihnen inzwischen Vertrauen aufgebaut."

Dies sei nicht nur für sie selbst, sondern auch für die Besucher hier sehr wichtig. Schließlich bleibt durch die übliche Praxis, ABM-Stellen jährlich neu zu vergeben und nicht zu verlängern, nicht viel Gelegenheit, um Beziehungen und Vertrauen in aller Ruhe wachsen zu lassen um dann eine Zeit lang in harmonischer Vertrautheit miteinander leben zu können. Ich wünsche ihr alles Gute für ihre Arbeit. Dann verabschieden wir uns. Ich solle doch, falls ich noch die Bahnhofsmission besuchen sollte, Grüße an Frau Scheer ausrichten. Dazu kommt es nicht mehr, meine nächste Station ist Weimar.

Falls Frau Scheer dieses Buch lesen sollte, so bestelle ich die Grüße hiermit auf diesem Wege.

Weimar

Die erste von mehreren Jugendherbergen liegt erfreulich nah am Bahnhof und nur wenige Meter von der Innenstadt entfernt. Ich stelle meinen Rucksack in das winzige Einzelzimmer und gehe los, um noch einen abendlichen Eindruck von der Stadt zu bekommen, ganz gemütlich. Das Notizbuch habe ich natürlich immer dabei, man weiß ja nie, aber auf Gespräche bin ich nicht mehr aus. Eher auf`s Essen: Im „Casablanca" gibt`s Pizza und Salat und Informationen zur Weltlage aus diversen Zeitungen und Zeitschriften. Für den Rest des Abends teile ich die Innenstadt mit mehreren Schulklassen, die sich offensichtlich noch im Dunkeln auf Goethe- und Schiller-Pirsch befinden.

Am nächsten Morgen treffe ich schon um 9.30 Uhr einen Obdachlosen. Er sitzt am „Graben" in der Nähe Goetheplatz auf einer Bank, ist aber etwas unschlüssig und „wollte nur mal ein Bierchen trinken." Da will ich nicht stören. Er verweist mich auf den Theaterplatz und das Obdachlosenwohnheim in der Ettendorfer Straße, „mit Linie 6 fahren." Ich bevorzuge den Theaterplatz. Der Name verspricht Gespräche inmitten großer historischer Kulisse und mit kulturellem Flair. Genau so kommt es auch. Als ich den Platz betrete, ist mein Gesprächspartner schon da. Gleich auf der ersten Bank scheint er mich zu erwarten.

Wolfgang

Eigentlich wollte er heute noch zum Friseur, ärgert er sich.
„Is doch o.k.", versuche ich ihn zu beruhigen.
„Für mich nicht", entgegnet er.
Trotzdem ist er bereit für ein Gespräch. Wolfgang ist 64 Jahre alt und sitzt jeden Tag hier, dies ist sein Stammplatz. Die Nächte verbringt er im Obdachlosenwohnheim, wo er seit drei Jahren ein Zimmer mit Küche und Toilette für 116 Euro Monatsmiete bewohnt. Von Oktober an, wenn er 65 wird, hat er Anspruch auf Altersrente, zur Zeit sichert eine Invalidenrente sein Auskommen. Wolfgang ist Alkoholiker. 50 Prozent seiner 60prozentigen Invalidität gehen auf das Konto der Alkoholsucht, die restlichen 10 Prozent sind auf Osteoporose und die Folgen einer Hüftoperation zurückzuführen. Von den 860 Euro Invalidenrente werden ihm fixe Kosten wie Miete und Fahrkarte gleich abgezogen. Mit 270 Euro Taschengeld im Monat fristet er sein Leben.
Geboren wurde Wolfgang am 7. Oktober 1942 in Dresden, „genau am Gründungstag der DDR, nur sieben Jahre vorher." Als Dreijähriger erlebte er die Bombardierung Dresdens und die anschließende Flucht durch die Feuerhölle der brennenden Innenstadt. Erinnerungen an dieses Erlebnis hat

er keine. Das Haus der Familie war zerbombt, die noch bewohnbaren Wohnungen Dresdens hoffnungslos überfüllt. So kam Wolfgang ins Kinderheim, seine Mutter fand für sich ein einzelnes Zimmer in der Stadt. 1958, er hatte gerade die achte Klasse beendet, wurde er aus dem Heim entlassen und lebte fortan wieder bei seiner Mutter. Den Vater kennt er nicht. Er sei Professor gewesen, Chef der medizinischen Akademie Dresden, hatte die Mutter erzählt. Unterhalt habe er nie bezahlt. Wolfgang hat sich nie dafür interessiert, ihn zu suchen. Einen Bruder gab es auch. Die folgenden zwei Jahre lebte die Familie in einer kleinen Wohnung in der Dresdner Neustadt, wobei Wolfgang mit seinem Bruder das Schlafzimmer bewohnte, die Mutter die Stube. 1960 beendete er die zehnte Klasse mit einem Abschluß von 2,2, die anschließende Lehre zum Möbeltischler schloß er mit 1,4 in Theorie und Praxis ab. An der Abendschule holte er das Abitur nach, ein Medizinstudium sollte folgen. Die Aufnahmeprüfung in Leipzig beendete Wolfgang als Drittbester von 360 Bewerbern, trotzdem bekam er eine Absage.
Mit welcher Begründung?
Er durfte nicht, weil sein Vater Mediziner war, erklärt er mir, die Kinder dürfen nicht auch Mediziner werden.
Warum nicht?
„`Weiß nicht, warum. Da gab`s nirgends von irgend jemand `ne Erklärung, warum das so war. Nur, weil mein Vater Professor war, der angebliche Vater, ...“
Mit: „Interessiert mich aber nicht“ beendet er diesen Gedanken.
Dann kam die Zeit auf dem Bau. Auf der Abendschule in Dresden lernte Wolfgang Betonbauer, Note 1 in Theorie und Praxis.
Er überlegt, „das war 1966.“
Dann der Meisterbrief in Straßen- und Tiefbau, ebenfalls Note 1 in Theorie und Praxis. Mit dem Meisterbrief wurde er 1968 als Bauleiter beim Autobahnbaukombinat Dresden

160

eingestellt. Verdient hat er als Bauleiter weniger als der Brigadier, der Vorarbeiter einer Brigade, „der musste nur halbe Steuern zahlen, - aber das ist Vergangenheit. Aber wenn du`s aufschreiben willst, bitte."

Wieder beendet er den Gedanken mit einer enttäuscht wirkenden, etwas zur Schau gestellten Gleichgültigkeit. Wolfgang erzählt stakkatohaft kurze Lebensabschnitte, die er abrupt beendet und oft mit dem Hinweis, dass ihn das gar nicht interessiere. Nebenbei trinkt er Schnaps aus einer kleinen Flasche und Bier, raucht Zigaretten.

„In den 60er Jahren und später haben alle auf`m Bau Alkohol getrunken, alle! Bier und Schnaps. Ich hab` nur weißen getrunken, der schmeckt anders. Brauner hat mehr ätherische Öle und macht die Leber kaputt."

Seiner Alkoholsucht wegen verlor Wolfgang kurz nach der Wende 1990 seinen Arbeitsplatz und ist seither arbeitslos. Zwanzig Jahre lang hat er mit einer Frau zusammengelebt, sie war Geschäftsführerin eines Lampengeschäfts. Vor sechs Jahren warf sie ihn schließlich aus der gemeinsamen Wohnung in Schöndorf, sie konnte mit seiner Sucht nicht mehr leben. Die Wohnung hatten sie zusammen gekauft, aber auf sie überschrieben. Später wohnte Wolfgang drei Jahre lang in einer Wohnung etwas außerhalb der Stadt, aber auch die musste er verlassen, „weil sie nicht in Ordnung war, ich konnte wegen der Hüfte nicht saubermachen, konnte ja kaum loofn." Der Eigentümer war in der NVA, der Nationalen Volksarmee der DDR, „Hauptmann bei den Panzern. Wahrscheinlich wollte er`s deshalb so sauber haben." Der hat dann dafür gesorgt, dass Wolfgang in ein Obdachlosenheim geht, ihn sogar dorthin gefahren.

„Ein viertel Jahr war ich dort, musste tagsüber raus bei Wind und Wetter, durfte nur nachts rein."

Schließlich verschlug es ihn nach Weimar. Seit drei Jahren wohnt er hier im Obdachlosenheim in einer Übergangswohnung mit Küche und Toilette. Dusche ist im Keller, Badewanne gibt es keine. Meist wohnen zwei Personen in einer Wohnung.

„Da kann man solange bleiben, wie man will. Nur wenn man sich was zu Schulden kommen lässt, fliegt man raus."

Wolfgang zahlt 116 Euro monatlich an Miete, warm. Aber darum kümmert er sich nicht. Eine Betreuerin holt die 860 Euro Invalidenrente ab, begleicht Rechnungen und zahlt Wolfgang ein monatliches Taschengeld von 270 Euro aus. Was mit dem Rest des Geldes geschieht, weiß er nicht, nur, dass die Betreuerin für ihn seine 2300 Euro Schulden abbezahlt hat. Er ist jetzt schuldenfrei. Die Betreuung wurde ihm auf Antrag der Heimleiterin vom Gericht zugesprochen. Sie sagen, er sei nicht in der Lage, sein Leben selbst zu gestalten. Wolfgang scheint damit zufrieden zu sein.

„Ich könnte es auch ablehnen und alles selbst machen, aber warum denn?"

Er spielt mit seinen Fingern. Schon mehrmals ist mir sein gutes Gedächtnis für Zahlen aufgefallen. Jahreszahlen oder Geldsummen nennt er, ohne zu überlegen und die Richtigkeit seiner Angaben hält auch einem Nachrechnen stand. Wolfgang trägt eine dunkle Stoffhose mit „Nadelstreifen" und einen Parka über blauem Hemd und blauem Pulli. Neben ihm an der Bank lehnt ein Schirm, auf den er sich stützt, wenn er zu Fuß geht. Rötliche Haare und ein grauer Bart umrahmen sein Gesicht. Hängende Augenlider verleihen ihm einen traurigen Ausdruck. Wenn ich etwas frage, antwortet er meist in einem genervt klingenden Tonfall, was er aber sicher nicht so meint.

Das Obdachlosenheim in Weimar ist ein reines Übernachtungshaus. Hier kann er zwar den ganzen Tag drin bleiben, wenn er möchte, aber gekocht wird dort nicht. Zwei mal wöchentlich kommen Mitarbeiterinnen der Tafel unter`m Schwesternhaus und bringen Brötchen und Brot von Supermärkten.

„Für zwei Euro bekommst du `ne Tüte voll Lebensmittel,

aber ich hol` mir da nichts."

Es gibt auch die Möglichkeit, Mittagessen zu bestellen und sich ins Heim bringen zu lassen, für zwei Euro vierzig. Dieses Angebot hat er bis vor kurzem auch genutzt.

„Bis vorigen Monat habe ich immer 80 Euro für`s Essen bekommen, jetzt nicht mehr, weil ich 150 Euro von meinem Konto abgehoben habe. Der Rest, was jetzt übrig bleibt, reicht nicht für Essen, Trinken und Rauchen."

Aber Flaschen sammeln und Betteln tut er nie.

„Das ist unter meiner Würde."

Vor 14 Tagen hätte er eine Ein-Zimmer-Wohnung haben können, aber als er sie besichtigen wollte, passte der Schlüssel nicht mehr, so erzählt er. Auch die Ein-Zimmer-Wohnung in Dresden, die seine Mutter bewohnt hatte, erwähnt er im Verlauf des Gesprächs. Die stünde seit 1976 leer und er könne jederzeit einziehen.

„Hauptsache Dach über`m Kopf."

Irgendwann lange nach der Wende hielt sich Wolfgang im Rahmen einer vierteljährigen Langzeittherapie in einer Klinik auf, „da bist du drin und darfst keinen Alkohol trinken." Zum ersten Mal seit langer Zeit war er für sechs Wochen trocken. Aber auf der anderen Straßenseite lockte eine Kneipe.

„Ich war der einzige Gast und trank meinen Kaffee, hab` dann geguckt, ob jemand kommt und dreimal Bier und Schnaps bestellt."

Eine Mitpatientin der Therapiegruppe, Krankenschwester von Beruf, hat`s gerochen und der Stationsschwester mitgeteilt. Wolfgang wurde entlassen.

„Der Drang nach`m Alk, die Sucht, hat mich in die Kneipe gezogen. Ist ja als Sucht weltweit anerkannt und als Krankheit angenommen. Ich weiß nicht, warum ich wieder angefangen hab`. Geschämt hab` ich mich hinterher absolut nicht, einfach nur gut gefühlt."

Zwei Jahre später war er aus demselben Grund in derselben

Klinik. Vier Wochen lang hat er es durchgehalten, „dann wollte ich nicht mehr. Ich hatte ohne Alkohol keine körperlichen Symptome, keine Entzugserscheinungen, kein Händeflattern, nichts. Aber ich hab` mir gedacht: Trinkste dein Bierchen weiter und dein Schnäpschen."

Jetzt trinkt er morgens sein Bier und einen Flachmann mit Schnaps, „sonst nur drei oder vier Bier den Tag über."

Ich frage ihn, ob er`s denn nicht noch mal angehen will mit einer Therapie.

„Nee", winkt er ab, „mit Entgiftung und Langzeittherapie will ich nichts mehr zu tun haben. Ich habe deshalb meinen Konsum stark eingeschränkt. Vor der Therapie hatte ich während der Arbeitszeit 0,7 Liter Schnaps, am Feierabend `ne 0,35er Flasche und cirka 12 Flaschen Bier. Das gehörte zu DDR-Zeiten dazu, das war Gang und Gäbe. Fahr doch mal nach Bayern runter, was da auf`m Bau abgeht. Leute auf DDR-Baustellen, die keinen Alkohol tranken, waren die Ausnahme. Die wurden zwar akzeptiert, aber von manchen auch belächelt."

Wolfgang selbst hat jeden akzeptiert, fügt er hinzu.

„In der Therapie war jeden Tag Gruppensprechstunde. Da hat man mich ausgelacht, wenn ich gesagt habe, dass es in Bayern genauso ist", wundert er sich. „Das wünsch` ich niemandem, wenn einer alkoholkrank ist wie ich, sich so einer Therapie zu unterziehen", sagt er nachdenklich. „Wenn man weg will vom Alkohol, muß man das, klar, sonst geht`s nicht. Aber ich bin mit der Situation so zufrieden, dass ich`s nicht mehr angehen muß."

Fast klingt das wie der Versuch, sich selbst zu entschuldigen.

„Was genau war denn so schlimm an der Therapie?", frage ich.

„Nichts zu trinken. In der Langzeittherapie durfteste in der ersten Woche das Haus nicht verlassen. Einkaufen mussten andere. Hab` alles akzeptiert, war mir aber zu viel, obwohl ich`s wollte. Ich hatte Appetit auf Alkohol, obwohl ich mich selber dort angemeldet habe. Ich kann`s nicht recht erklären. Aber is egal.“

Mit dem Trinken hat Wolfgang angefangen, als er als Zwanzigjähriger Bauarbeiter wurde. Zehn Jahre später erst kam das Rauchen hinzu.

„Ich hasse den Tag, als ich auf dem Bau angefangen hab`“, ärgert er sich still.

„Würdest du jetzt was anderes machen?“ frage ich.

„Ja, keinen Alkohol mehr trinken. Dann würde ich heute noch arbeiten.“

Stattdessen ist Wolfgang heute pflegebedürftig mit Pflegestufe 1, das heißt: Einmal pro Woche kehrt eine Betreuerin die Wohnung aus und wischt die Möbel. Sein 70jähriger Nachbar hat Pflegestufe 3 und bekommt täglich Besuch einer Putzfrau, die den Haushalt regelt.

„Was ich noch sagen wollte“, fährt Wolfgang fort: „Meine Mutter war auch Alkoholikerin und mein Bruder auch.“

Seine Mutter wurde vor 18 Jahren von einer Straßenbahn überfahren, erzählt er beiläufig.

„Mein Bruder ist jetzt 68 und seit neun Jahren trocken, hat`n viertel Jahr lang die Therapie durchgezogen. Vor dem zieh` ich den Hut. Der darf keinen Tropfen Alkohol mehr trinken, sonst geht`s sofort wieder los. Früher war er Kraftfahrer in der Waldschlößchen-Brauerei, die gibt`s noch, der ist nur unter Stoff gefahren.“

„Hier gibt`s genug Alkoholiker und Jugendliche, die trinken“, merke ich an: „Was denkst du über die?“

„Auf jeden Fall nichts Schlechtes. Es liegt mir nicht, über Menschen was zu denken, die ich nicht kenne. Man glaubt gar nicht, wer alles Alkoholiker ist, von dem man`s gar nicht glaubt. Aber is egal.“

„Aber is egal“ ist eine von Wolfgang sehr häufig gebrauchte Schlussbemerkung, manchmal auch: „Interessiert mich aber nicht.“ Oft erzählt er viel und zusammenhängend, um dann den Gedanken mit „Aber is egal" zu beenden.

„Was würdest du Kindern und Jugendlichen sagen?"

„Hände weg vom Alkohol. Ich hab`s ja an mir gesehen, was es eingebracht hat. Gar nichts. Meinen Ruin hat`s eingebracht, ja. Und das muß nicht sein. Wenn mein Bruder hier sitzen würde neben mir, der würde das Gleiche sagen, garantiert."

Seine Gedanken bleiben beim Bruder hängen: „Wenn ich ihn besuchen würde und ich hätte `ne Fahne, würde er sagen: ‚Wolfgang, du kannst gehen.' Dann würde ich sagen: ‚Tschüß', und würde gehen. Da hätte ich aber Verständnis für."

Wolfgangs Großvater war Bergmann und 33 Jahre lang in einem Steinkohlebergwerk unter Tage, „nebenbei hat er noch 220 Hektar Land bestellt. Der ist 112 Jahre alt und lebt noch heute in Kattowitz, mit 14 hat er angefangen, Schnaps zu trinken. Aber so alt wollte ich nicht werden."

„Warum nicht?"

„Wenn ich gesund wäre, dann ja, aber mit dem Alkohol, - so nicht."

„Was findest du schön am Leben?", möchte ich wissen.

„Daß man lebt", antwortet er. „Alkohol kann stimulierende Wirkung haben, man darf nur nicht zu viel trinken."

„Wo ist die Grenze?"

„So wie jetzt bei mir ist es in Ordnung. Ich hab` keine Folgekrankheiten wie Leber oder so. Ich hab` mich immer gesund ernährt, war ja 13 Jahre lang im Kinderheim und hab` die Ernährungsweise immer beibehalten."

Und dann der Sport: Wolfgang war dreimal DDR-Meister im Judo-Schwergewicht, in den 60er Jahren, als er noch auf dem Bau gearbeitet hatte. 106 Kilogramm waren sein Kampfgewicht. Heute wiegt er 66 Kilogramm und kann, wie er sagt, keiner Fliege was zuleide tun.

„Zwei Nachbarn von mir sind an Leberzirrhose gestorben, am braunen Schnaps, der hat 4,8 Prozent ätherische Öle. Die

tranken das. Im weißen Schnaps sind nur 1,8 Prozent."
In der Flasche, an der er gelegentlich nippt, ist Kaliskaya-Wodka, weiß, 37,5 Prozent Alkohol, 0,1 Liter für 99 Cent.
„Davon trinkst du eine Flasche am Tag?" frage ich.
„Na", antwortet er, das heißt „Ja" auf Sächsisch und klingt nach dem französischen „no".
„Ich werd` im Oktober 65", überlegt Wolfgang, „das reicht. Reisen mach` ich keine mehr, erleben will ich auch nichts mehr. Das, was ich erlebt habe, das reicht mir, mehr brauch` ich nicht."
Ich notiere und überfliege kurz, was mir Wolfgang alles gesagt hat.
„Na", fragt er, „haste genug geschrieben?"
„Ja."
„Dann mach` was Anständiges draus."
Es ist Zeit zum Abschied nehmen. Beamte des Ordnungsamtes erscheinen und Wolfgang nimmt noch schnell einen Schluck. Alkohol auf dem Theaterplatz ist verboten.
„Wenn Touristen kommen und Bierchen trinken, dann dürfen die das, bei uns wollen sie gleich Geld oder geben dir 24 Stunden Platzverbot."
„Warum sitzt ihr dann hier?"
„Weil ich hier Leute sehe. Hier triffste jeden. Auch Einheimische. Wenn du dich verabreden tust, triffste dich immer auf`m T-Platz, so heißt der hier, - aber mir isses egal."
Das Ordnungsamt macht hier öfters Kontrolle, eben weil sich hier viele Alkoholiker treffen.
„Da sieht euch doch gleich jeder", hake ich nach.
„Das macht mir nichts", wehrt Wolfgang ab, „ich bin zwar Alkoholiker, besauf` mich aber nicht."
Wir schweigen eine Weile.
„Großvater hat nur morgens und abends 100 Gramm Selbstgebrannten getrunken, sonst keinen. – Fast 35 Jahre mit Hacke unter Tage und dann noch Land bestellt. Na ja, egal."
Als ich um die Ecke biege, drehe ich mich noch mal um.

Wolfgang schaut mir tatsächlich nach. Er lächelt und nickt mir zu. Er wird der Einzige bleiben.

Beim Abschied hat er gesagt, er bleibe noch ein Stündchen sitzen, das Wetter genießen. Dafür beneide ich ihn gerade einen Moment. Ich gehe weiter durch Weimar, besteige auch mal die Linie 6 und fahre raus zum Obdachlosenheim in der Ettendorfer Straße. An der Fassade steht in großen Buchstaben ein Spruch von Václav Hável: „Hoffnung ist nicht die Überzeugung, dass etwas gut ausgeht, sondern die Gewißheit, dass etwas Sinn hat, egal wie es ausgeht."

Das Obdachlosenheim Weimar

Drinnen locken mich Arbeitsgeräusche in einen großen, nahezu leeren Raum, in dem an jeder Ecke gearbeitet wird. Die Bewohner des Heimes renovieren gerade die Küche, wie mich Barbara aufklärt, vor kurzem wurde der Garten in Ordnung gebracht, jetzt ist die Küche dran. Barbara ist die Sozialarbeiterin des Heimes. Sie arbeitet hier seit vier Jahren.

„Die Arbeit ist ein Angebot zur Tagesstrukturierung für die Heimbewohner", erklärt sie: „Wenn was zu tun ist, sprechen wir verschiedene Bewohner an, und wer Lust hat, macht mit. Freiwillig und unter Anleitung von Honorarkräften aus der Sozialarbeits-Ecke."

Größere Schäden in der Wohnung behebt aber der Betreiber, da es oftmals teuer wird. Betreiber des Obdachlosenheimes ist die Stadt Weimar, die Sozialbetreuung wird zusammen von der katholischen Caritas und der evangelischen Diakonie übernommen.

„Jede Stadt und jedes Dorf muß eine Obdachlosenunterkunft vorhalten", erläutert Barbara, „oder zumindest eine Pension oder ein Zimmer bereitstellen. Jede Stadt hat die Vorgabe, jedem Bürger, dem zum Beispiel zwangsgeräumt wird, einen Platz zu bieten. Ebenso Durchreisende, die für drei Nächte beherbergt werden müssen. Dann kann man sie weiterschicken, das ist aber nicht gängiges Recht meiner Meinung nach."

Zur Zeit leben 50 bis 60 Bewohner hier. Neben der Unterkunft steht ihnen auch eine Kontaktstube zur Verfügung, in der man sich bei Kaffee und Tee treffen kann. Alkohol und Rauchen sind im Heim verboten. Wie auch schon von Wolfgang beschrieben, gehören warme Mahlzeiten nicht zum Angebot. Dafür aber Sozialbetreuung:

„Wenn wir merken, dass Leute mit behördlichen Dingen nicht zurechtkommen, regen wir Begleitung durch Betreuer an, die dann vom Gericht bestellt werden. Meist werden Alkoholiker oder psychisch Kranke betreut. Das Geld wird in Absprache zugeteilt, bei Sonderwünschen neu verhandelt. Ansonsten wird es von uns verwaltet."

Wie bei Wolfgang, denke ich, ohne sie auf ihn anzusprechen, schließlich möchte ich nicht hinter seinem Rücken Erkundigungen über ihn einholen.

„Probleme, die hier auftreten, sind meistens Geldprobleme mit den Behörden. Seit Hartz IV ist es schwieriger als damals beim Sozialamt. Man muß immer einen großen Antrag stellen und es dauert länger als vorher. Auch für den Durchreisenden entsteht viel Bürokratiekram. Er bekommt über Hartz IV sein Tagegeld da, wo er gerade ist. Viele haben auch Probleme mit der Gesundheit. Oft werden kranke Menschen erst von hier aus zum Arzt geschickt. Einige brauchen auch nur mal jemanden zum Reden und natürlich gibt es hier im Wohnheim auch die ganz normalen zwischenmenschlichen Konflikte. Wenn Alkohol im Spiel ist, fliegen auch mal die Tassen. Der Alltag ist gespickt mit verschiedenen Begebenheiten. Im einen Moment gibt`s Theater, im selben Moment ist`s wieder gut. Es gibt Leute, die delirieren und sehen Tiere, die nicht da sind. Andere schmeißen Töpfe. Eine Frau hat ständig alle auf Bulgarisch belabert. Ein Mann wollte einen Vogel kaufen, kaufte sich aber, weil es keine Vögel mehr gab, eine Ratte und lies sie im Zimmer frei herumlaufen. Der durfte sie behalten, musste aber einen Käfig kaufen."

Aber alles in allem sei es hier „ein Stück weit wie eine große Familie. Wer hier landet und den ersten Schock des Landens überwunden hat, der lebt hier `ne Solidarität. Die Leute hier helfen sich, leihen sich gegenseitig Geld und Alkohol, schenken sich Zigaretten. Manche Leute haben`s schwer, hier wegzugehen."

Ich auch, aber ich möchte nicht länger stören, verabschiede mich und verlasse das Heim wieder. Nicht mit Linie 6, sondern zu Fuß komme ich der Innenstadt näher. Der Eindruck des Außenbezirks mit seinen marode wirkenden, DDR-Charme versprühenden Wohnsilos verschwindet augenblicklich beim Betreten des inneren Weimar: Das überschaubare Stadtzentrum glänzt mit schönen Pflasterstraßen, alten Häusern und Kultur und Geschichte an jeder Ecke. Ich gehe ziellos durch die Straßen. Goethe und Schiller lasse ich links liegen, vielleicht beim nächsten Mal. Heute suche ich nach anderen Persönlichkeiten, solche wie Wolfgang. Einige wenige Männer, denen ich mich unterwegs vorstelle, sind nicht obdachlos. Jedes Mal, wenn mir jemand erklärt, er sei nicht obdachlos, muß ich aufpassen, dass ich nicht „Schade" sage. Im Eifer des Geschichten-Sammelns freue ich mich doch insgeheim über jedes „Ja." Beim nächsten Menschen auf dem Goetheplatz habe ich Grund dazu.

Lutz

Er sitzt auf dem niedrigen Metallrohr, das die Grünanlage begrenzt, vor ihm auf dem Boden eine mit wenigen Münzen befüllte Plastikschale. Er ist mit einem Gespräch einverstanden und ich setze mich zu ihm auf den Boden.

„So kann ich nicht mehr sitzen, im Schneidersitz", erklärt er mir.

Eine Metallplatte im linken Knöchel hindert ihn daran. Außerdem habe er zehn Stiche im Kopf. Mit 60 km/h hat ihn in Halle ein Auto angefahren. Er lag drei Wochen lang im Altenburger Krankenhaus im Koma, Nackenwirbel verschoben, Halskrause, Fuß in Gips.

„Zwei Brüder sind absichtlich auf mich drauf, die haben`s auch zugegeben. Ich bin über die Straße gelaufen und die kamen genau auf mich zu. Die wollten mich liegenlassen und in den Straßengraben schmeißen, mussten dann aber anhalten, haben zu viele gesehen. Die kennen mich und wollten mich aus dem Weg haben. Hatte mal Streit mit denen."

Sie waren der Meinung, er würde nicht nach Halle passen und solle zurück nach Jena.

Lutz ist 45 Jahre alt, sieht aber, bartlos und klein von Statur, jünger aus. Er macht einen sehr netten ersten Eindruck und wirkt unsicher. Etwas konfus beginnt er, seine Lebensgeschichte zu erzählen:

Mit Unterbrechungen lebt er seit sieben Jahren auf der Straße, aber zwischendurch auch mal für drei Jahre in einer Kölner Wohnung und zwei Monate lang in einer Zweier-Wohngemeinschaft in Halle. Seine Frau hat in Düsseldorf gewohnt. 2006, nachdem „das mit dem Bein" passiert war und er lange im Krankenhaus gelegen hatte, kündigte er die WG in Halle, „weil sich die Nachbarn über die ständigen Partys und so weiter aufgeregt haben." Seine Frau hat er lange nicht gesehen. Die beiden hatten in Jena geheiratet, aber die Ehe wurde 1989 nach fast sieben Jahren geschieden. Jetzt ist er in Weimar, „einfach so." Er war 17 Jahre nicht mehr hier, aber als seine Mutter gestorben ist, hat er alles im Westen abgebrochen.

Ohne groß nachzudenken bemerke ich schon beim Mitschreiben, dass es schwierig sein wird, aus dem, was mir Lutz erzählt, später mal gedanklich seinen Lebenslauf nachvollziehen zu können. Ich sehne mich nach Wolfgangs exakten Zahlenangaben. Aber: Neues Gespräch, neuer Stil. Lutz erzählt eben so, also schreibe ich`s auch so. Irgendwie passen diese wilden Gedankensprünge zu seiner Person, er hat etwas Verschlagenes in seinem Ausdruck.

Seit 14 Tagen wartet er auf sein Arbeitslosengeld II, das er in Erfurt ausgezahlt bekommt. Beantragt ist es schon, aber „das dauert.“ Jeden Tag fuhr er schwarz von Jena nach Erfurt, um sein Tagegeld abzuholen. Drei mal wurde er schon erwischt. Ansonsten „sitze ich rum und bettle.“ Zu den Flaschensammlern gehört er nicht, „das sind zu viele.“

„Wie ist das Leben auf der Straße?“, frage ich.

„Sehr hart. Manche Leute beschimpfen dich, man soll doch zur Arbeit gehen. Man darf sich nicht mit jedem einlassen, man kann an den Verkehrten kommen. Beklaut worden bin ich, schon mehr als einmal. Prügeleien gibt`s auch, vor allem, wenn sie besoffen sind. Deshalb bin ich meistens alleine unterwegs.“

In Halle lagen sie zu zweit unter einer Brücke an der Saale. Der andere „ist saufen gegangen“, Lutz hat derweil auf dessen kleinen Hund aufgepasst. Nachts, als Lutz sich schon zum Schlafen hingelegt hatte, wurde sein Schnaps geklaut. Der andere war am nächsten Morgen gegangen mit Sack und Pack und ohne Hund. Der blieb dann bei Lutz.

„Ich konnte den Hund doch nicht allein lassen.“

Dann wird es abenteuerlich: In Düsseldorf wurde er „von denen aus dem Obdachlosenheim“ gejagt, elf Jahre lang. „Ich hab` meine Schnauze aufgemacht, da ging`s ums Recht.“ Er hatte sich mit der Düsseldorfer Obdachlosenzeitung angelegt, bei deren Verkauf er damals selbst geholfen hat. Es ging um eine Übernahme.

„Das geht nicht gut“, war seine Meinung, „Junkies und Besoffene haben früh um acht schon Zeitungen verkauft und

die Leute angemacht. Das bringt doch nichts."
Seine Kritik hat sich herumgesprochen, es wurde auch
Unwahres über ihn erzählt. Irgendwie und irgendwann
verschlug es ihn dann nach Barcelona. Er wollte dort in einer
Gärtnerei arbeiten, traf aber stattdessen „die anderen" wieder, die in der Stadt eine Versammlung hatten. Sie jagten ihn
durch Barcelona. Schließlich kam es im spanischen Fernsehen zu einem Rededuell zwischen ihm und seinen Verfol-
gern. In der Presse wurde er als „Killer" dargestellt, die
betreffende Zeitung machte drei Millionen Umsatz mit
diesem Bericht. Dann verließ er Barcelona und ging zu Fuß
zurück nach Deutschland, 473 km in den ersten sechs Tagen.
An Tankstellen versorgte er sich mit frischem Wasser.
Irgendwo in Frankreich, an irgendeiner Tankstelle, stieg er
„einfach in ´nen Reisebus rein", der Fahrer ließ ihn bis Paris
mitfahren. Von dort aus schlug sich Lutz ohne Geld bis nach
Düsseldorf durch und war schließlich wieder in Deutschland
angekommen.
Spätestens jetzt, Lutz hatte seine abenteuerlichen Erlebnisse
auf der Flucht in aller Ernsthaftigkeit erzählt, stecke ich
etwas im Dilemma: Soll ich´s einfach alles glauben, zumindest im Kern, denn nichts ist ja oft so unglaublich wie die
Wirklichkeit selbst, oder soll ich eher dankbar schmunzeln
über die phantasievolle Geschichte, die sich Lutz für mich
ausgedacht hat oder von der er vielleicht sogar selbst über-
zeugt ist. Einen Moment lang überlege ich, ob ich die Geschichte überhaupt schreiben soll. Ich kenne Lutz überhaupt
nicht und möchte nicht, dass er meinetwegen als Schwindler
dasteht. Aber schließlich sammle ich doch Geschichten. Lutz
weiß, dass ich mitschreibe und das ist seine Geschichte.
Punkt.
Wir erzählen noch über andere Dinge und Lutz gibt mir
geduldig Auskunft:
„Das Schönste auf der Straße ist, dass du keinem Rechen-
schaft schuldig bist." – „Die sollen erst mal andere Politik

machen. Die Geld haben, bekommen immer mehr, die wenig haben, immer weniger." – „Hart und ungerecht ist das Leben. Ich bin zwar nicht ausländerfeindlich, aber denen wird alles in den Arsch gesteckt. Die kriegen die besten Wohnungen, uns stecken sie ins Obdachlosenhaus."

„Meine Geschwister wollen mit mir nichts mehr zu tun haben", erzählt er und dass er das besitzt, was er anhat „und noch`n paar Klamotten."

Dann kommt er wieder auf den Unfall zu sprechen und dass er nicht ohne Folgen blieb:

„Durch den Unfall habe ich viel vergessen."

Der Fahrer wollte noch eine Anzeige machen um das Geld für die Autoreparatur zu bekommen, Lutz hätte angeblich 4,5 Promille Alkohol im Blut gehabt. Aber aus der Anzeige wurde nichts.

„Ich würde jeden Job wieder annehmen", fährt Lutz fort, „auf dem Marktplatz kellnern wie in Erfurt, aber dann ohne Wohnung. Man hört da jedes Wort von den anderen Zimmern. Man hat nie seine Ruhe."

In seine Plastikschale hat noch niemand etwas hineingeworfen, vielleicht, weil ich dabeisitze. Aber vielleicht auch, weil Lutz zum ersten Mal an dieser Stelle sitzt. Er ist noch nicht lange in Weimar, war vorher in Erfurt, „aber da sitzen zu viele." Vielleicht müssen die Menschen hier sich erst an ihn gewöhnen. Einen kennt er schon näher, erzählt er mir, mit den anderen will er nichts zu tun haben.

„Wenn ich in zwei Monaten keine Wohnung hab`, kauf` ich mir`n Rucksack und zieh` durch`s Land. Und ins Ausland, Schweiz, Österreich, vielleicht Richtung Spanien. Weiß noch nicht."

Ich gebe Lutz fünf Euro und zum ersten Mal lacht er, ja er freut sich richtig.

16.15 Uhr fahre ich weiter nach Nürnberg. Auf die lange Fahrt in den Sonnenuntergang freue ich mich. Die Bahnfahrt ist der einzige Moment des Tages, an dem ich weder Einfluß auf das Tempo habe noch alle meine Sinne wach halten muß. Ich sitze nur und schaue. Drei Stunden lang. Vor den herrlich saubaren, hohen, bis knapp unter die Decke reichenden Fenstern meines Abteiles fliegt die Landschaft vorbei. Sanfte Hügel wechseln sich ab mit riesigen Feldern, die wunderschön im rötlichen Abendsonnenlicht liegen. Darüber ein hoher, erhabener Himmel, der im Gegensatz zur vorbeirauschenden Landschaft von der Geschwindigkeit des Zuges völlig unbeeindruckt scheint. Der Thüringer Wald ist dann ganz etwas Besonderes. Schon fast bergig mit hohen, bewaldeten Hügeln, die aber alle recht kurz sind und sich gegenseitig durchbrechend und ineinander verschachtelt daliegen. Wie ein Kinderzimmer-Gebirge. Sehr sympathisch. Weiter vorne im Abteil unterhalten sich zwei Herren im Anzug ununterbrochen über die Vor- und Nachteile der neuesten Automodelle und machen sich über andere Leute lustig, die in ihren Augen etwas falsch gemacht haben. Wie eine Karikatur erscheint mir diese Szene angesichts der Geschichten, die mir Anja und Horst und all die anderen erzählt haben. Eine Karikatur über die Belanglosigkeit.

Nürnberg

Die Nürnberger Innenstadt gilt völlig zu recht als eine der schönsten überhaupt. Mittelalterliche Straßenszenen spielen sich hier ab, wenn man will. Die fast vollständige Stadtmauer umschließt ein Gewirr von verwinkelten Straßen, in denen man noch auf Schritt und Tritt unvermittelt vor uralten Häusern stehen kann. Auf dem Hügel ganz am Ende der Innenstadt und doch noch mittendrin thront die Burg, an der schon Friedrich Barbarossa mitgebastelt hat. Im Pferdestall residiert sehr stilvoll die Jugendherberge, Schulklassen bevölkern die Gänge. Ich bekomme allein ein Sechserzimmer im hintersten Teil eines abgelegenen Flügels, scheinbar sehe ich ruhebedürftig aus. Dessen ungeachtet mache ich mich gleich wieder auf den Weg in die Stadt. Mitten im Zentrum ist ein ganzer Gebäudekomplex samt Vorplatz abgesperrt und von der Polizei bewacht. Die Außenminister der europäischen Union treffen sich heute hier, wie mich eine Polizistin aufklärt. Heute morgen schon hätte ich in Weimar Exbundeskanzler Helmut Schmidt treffen können, beim Frühstück in der Jugendherberge erzählte mir eine Lehrerin, dass der gerade in der Stadt zu Gast sei. Jetzt glaube ich Lippenweh, dass man dauernd jemanden Bekanntes trifft, wenn man unterwegs ist. Die Nacht verbringe ich sicher vor feindlichen Ritterheeren und Söldnerscharen hinter den dicken Mauern der Burg und morgens gehe ich früh los. Wieder so ein wunderschöner Tag. Mal sehen, was er bringt.

Zuerst zwei Nonnen. Sie zeigen mir den Weg zur Wärmestube und erklären, dass sie selbst auch Übernachtungsmöglichkeiten für Obdachlose anbieten. Ich bedanke mich, möchte aber erst mal die Stadt sehen und mich in den Straßen Nürnbergs auf die Suche machen. Sie wünschen mir alles Gute.

In einer Ecke am Jakobsplatz belagern sieben Jugendliche eine Gruppe von Bänken. Sie sind 15 oder 16 Jahre alt, etwas unmodern gekleidet und stolze Besitzer einer Unmenge von Bierflaschen, die teils voll, teils leer um die Bänke verteilt auf dem Boden stehen. Straßenkinder oder Blaumacher?

„Darf ich euch mal was fragen?", frage ich in die Runde.

Alle zeigen auf einen.

Ich stelle mich vor und erzähle ihm von meiner Reise durch Deutschland und von der Suche nach obdachlosen Menschen jetzt gerade hier in Nürnberg.

„Trifft das auf euch zu oder macht ihr blau?"

„Wir versteh nikt", antwortet der junge Mann.

Es sind Touristen aus Tschechien.

Der nächste, den ich frage, schickt mich weiter zum Bahnhof.

„Hier in der Innenstadt ist`s weniger."

Er ist ungefähr 55 Jahre alt, trägt einen weißen Rauschebart und lange Haare. Neben ihm stehen eine Plastiktüte und ein Radio. Obdachlos ist er nicht.

Zwei weitere schicken mich auch zum Bahnhof oder alternativ auf die Wöhrder Wiese im Osten der Stadt. Einer war mal wohnungslos, jetzt aber nicht mehr.

Ich gehe weiter.

Bärtige Männer, die gemütlich auf Parkbänken sitzen und ihr Bier trinken, gibt es hier viele. Wir sind ja aber auch in Bayern. Das macht die Obdachlosensuche schwerer, denn auf die Auswahlkriterien Bier-Bart-Bank kann ich mich hier nicht so recht verlassen.

Es herrscht schon etwas Biergartenstimmung in der ganzen Stadt. In einer Grünanlage führt ein Trampelpfad unter die Brücke am Westtorgraben. Ich folge ihm durch`s Gestrüpp und finde tatsächlich eine Decke mit zusammengerolltem Schlafsack darunter, aber ohne Besitzer. Es gibt sie also noch, die Leute unter der Brücke. Der Platz gefällt mir. Direkt am Wasser, darüber eine viel befahrene Straße. Ein heimlicher Winkel mitten im Trubel. Weiter.

Der Weg führt mich durch enge Gassen und oft am Wasser entlang. Alte Stein- und Fachwerkhäuser, verwinkelt, mit hohen Dächern und Holzbalkonen, in deren Schatten von der Pegnitz gespiegelte Sonnenstrahlen tanzen. Im Bioladen an der Maxbrücke gönne ich mir Schokobanane und Holunderlimo. Eine Slowakin bettelt an der Museumsbrücke. Sie spricht kein deutsch.

Auf der Wöhrder Wiese treffe ich Charly und El Condore. Sie sitzen auf einer Bank und bieten von dort aus den „Straßenkreuzer" an, die Nürnberger Obdachlosenzeitung. Beide gehen manchmal in alter Gewohnheit auf Platte, schließlich waren sie mal obdachlos. Jetzt haben sie eine Wohnung, El Condore seit 1985, Charly seit fünf Jahren. Die hat er einem

Wachmann zu verdanken: Der hatte ihn auf einer Wechsel-
brücke, einem Sattelschlepper-Auflieger, entdeckt und ihm
geholfen, eine Wohnung zu finden und obendrein auch
Arbeit bei einer Spedition. Da fährt er auch heute noch ab
und zu, lebt aber hauptsächlich von seiner Behindertenrente.
El Condore hat den „Straßenkreuzer" mit aufgebaut. 13
Jahre ist das jetzt her. Beide sind sehr nett und die Unterhaltung fröhlich, trotzdem verabschieden wir uns gleich wieder.
Ich muß heute einen richtigen Obdachlosen finden.
Jemand zeigt mir den Weg zum Obdachlosenheim in der
Pirchheimer Straße. Eine Begegnung auf der Straße wäre
mir zwar lieber, aber ich kann mir`s ja mal ansehen, viel-
leicht kommt mir auf dem Weg dorthin um die halbe Stadt
noch eine Begegnung dazwischen, so denke ich. Dem ist
nicht so.

Das Obdachlosenheim Nürnberg

Schließlich stehe ich vor dem „Domus misericordiae", dem
„Haus der Barmherzigkeit." Das klingt so schön ungewohnt
nach katholischem Bayern und allgegenwärtigen Nonnen
und jahrhundertealtem Konservativismus. Ich durchschreite
feierlich die Pforte. Drinnen im Büro empfängt mich ein
Langhaariger mit Ohrring, die dicken Dreadlocks hinten
zum Zopf gebunden. Ulrich ist Sozialpädagoge hier und
nimmt sich gern Zeit für mich. Das Haus hat eine lange
Geschichte, erzählt er, schon seit 100 Jahren steht es im
Dienste der Mitmenschlichkeit. Mal war es Säuglingsheim,
mal ein Heim für Jugendliche, jetzt Unterkunft für Obdachlose, immer aber unter der Trägerschaft der Caritas. Seit 15
Jahren gibt es hier Übernachtungsmöglichkeiten, aber „nur
ein Bett und abends eine Suppe reichen nicht." Dieser Meinung waren Ulrich und seine drei Kollegen, und so erarbei-

teten sie vor sieben Jahren ein sozialpädagogisches Konzept für das ganze Haus. Ulrich war damals gerade neu dazugekommen und hatte vorher in der Gefängnis-Suchtberatung, in der Bewährungshilfe, der Jugendarbeit und der Strafentlassenenhilfe gearbeitet. Heute bietet das Domus misericordiae die Notübernachtung mit 20 Betten, Betreutes Wohnen mit 35 Betten und die sozialpädagogische Beratung. Die Kapazitäten des Domus sind immer ausgelastet. Zur Notübernachtung kommen Menschen in Notlagen oder Menschen von der Straße, die mal wieder in einem Bett schlafen möchten. Das Zimmer muß angemietet werden und sowohl Abendessen vor wie auch Frühstück nach der Übernachtung gehören selbstverständlich dazu. Samstags kann man hier auch von Supermärkten gespendetes Essen abholen. Notunterkünfte gibt es mehrere in Nürnberg. Die Kommune selbst führt zum Beispiel ein Haus, ebenso die evangelische Kirche und die Heilsarmee, aber auch Vereine wie „Hängematte e.V.", der Plätze für Drogenabhängige bereithält.

„Deswegen hast du auch kaum jemanden auf der Straße gesehen", bemerkt Ulrich, „gezwungenermaßen sitzt hier keiner auf der Straße. Jeder hat die Möglichkeit, irgendwo unterzukommen."

Für die sozialpädagogische Beratung wechseln sich vier Sozialarbeiter im Schichtdienst ab. Die Beratung steht für jeden offen, hauptsächlich aber für die, die hier wohnen. Andere werden oft an Fachberatungsstellen weitervermittelt, wie zum Beispiel an die Schuldnerberatung oder zur „Mudra", die Drogenabhängige berät. Das hört sich alles gut organisiert an, so als ob viele Stellen Hand in Hand arbeiten.

„Es ist auch so", bestätigt Ulrich, „ich kann`s gar nicht glauben, wie gut`s hier läuft. Auch die gute Zusammenarbeit mit der Kommune. Die setzen sich wirklich ein."

Das Haus wird auch gelegentlich besucht von Gruppen, die Leben und Nöte der Obdachlosen kennenlernen wollen,

Polizeischüler und Konfirmandengruppen waren schon hier wie auch Schüler einer Montessori-Schule. Im Rahmen des „Betreuten Wohnens" bietet das Domus obdachlosen Menschen die Möglichkeit, auch längerfristig in eigenen vier Wänden zu leben. Die Miete wird bezahlt von ARGE, dem Zusammenschluß von Arbeitsamt und Sozialamt in Nürnberg. Die Betreuung wird neben den Sozialarbeitern von vielen anderen Personen gewährleistet, vor allem aber von den Schwestern der Niederbronner Schwesterngemeinschaft, die im Gegensatz zu den Sozialarbeitern mit im Haus leben und das Herzstück des Betreuten Wohnens bilden. Sie kümmern sich um Hauswirtschaft, Seelsorge und Freizeit der Bewohner, führen Gottesdienste durch, machen Krankenhausbesuche und begleiten Sterbende auf ihrem letzten Weg.

„Die Schwestern wohnen hier und unterscheiden nicht zwischen Leben und Arbeiten", wie Ulrich zu schätzen weiß. „Sie kriegen alles mit im Haus und in der Nachbarschaft."

Zwei der Schwestern sind jeweils im Domus tätig, eine dritte besorgt den Haushalt und die Vierte arbeitet mit den Blinden einer angegliederten Einrichtung für Blinde. Dann gibt es noch einen Außendienstmitarbeiter: Pater Juan aus Peru ist Straßenseelsorger, er schläft bei den Obdachlosen auf der Straße, kümmert sich um deren Nöte und organisiert auch mal Fußballspiele. Er lebt für die Obdachlosen, sagt Ulrich. Leider ist er nur für eine gewisse Zeit in Nürnberg, da Priester seines Ordens verpflichtet sind, ständig weiterzuziehen.

Die Arbeit der Schwestern lässt sich laut Ulrich in drei Tätigkeitsbereichen zusammenfassen: Hauswirtschaft, Seelsorge und Freizeit.

In der Hauswirtschaft erhalten die Bewohner des Domus Unterstützung je nach Bedarf. Manche putzen und kochen und räumen gern selbst auf, manchen wird geholfen, für manche wird der gesamte Haushalt von den Schwestern geregelt.

„Jeder kann kommen ins Haus der Barmherzigkeit", erklärt Ulrich, „alle, die sonst nirgends unterkommen. Der therapeutische Ansatz ist sehr niedrigschwellig im Betreuten Wohnen, die Bewohner dürfen auch trinken, schließlich sind alles erwachsene Menschen. Verbieten tun wir nichts, wir motivieren aber zur Arbeit mit den Suchtproblemen."

Eine Hausordnung gibt es natürlich.

Wie unterschiedlich, denke ich. Ein Obdachlosenheim in Weimar mit striktem Alkoholverbot, das andere in Nürnberg ganz ohne Verbot. Was beide Häuser unterscheidet, ist sicherlich nicht eine unterschiedliche Motivation, denn beide wollen helfen. Das eine hilft durch Setzen von notwendigen Grenzen, die der Betroffene sich selbst zu setzen nicht in der Lage ist, das andere hilft durch Akzeptieren des Mensch-Seins so, wie es ist, ohne jedoch als Mit-Mensch, nicht als Aufpasser, das Begleiten in die richtige Richtung zu vergessen. Das eine setzt an den Rahmenbedingungen an, das andere am Innersten des Menschen. Das Ziel ist dasselbe: Zu helfen.

Die Seelsorge des Domus ist eingebettet in den christlichen Jahresrhythmus. Die Schwestern legen großen Wert darauf, dass die Feste gemeinsam gefeiert werden, auch von Bewohnern, die ansonsten viel alleine sind. Zu diesen Festen, an denen auch schon der Erzbischof teilgenommen hatte, sind alle willkommen, auch Menschen anderer Konfessionen. Kleine Geschenke werden verteilt, eingepackte Zigaretten zum Beispiel. Die alltägliche Seelsorge leisten die Schwestern zusammen mit Pater Juan. Sie führen Gottesdienste und Meditationen durch, halten Andachten, nehmen sich Zeit für Gespräche, hören zu und helfen, schaffen eine Atmosphäre, in der Menschen mit Sorgen ihr Herz ausschütten können.

Beim Gestalten der Freizeit bringen sich alle ein, Schwestern und Pater wie auch Sozialarbeiter, aber auch Honorarkräfte wie die Musikerin, die den Chor des Hauses leitet und Ehrenamtliche wie die 91jährige, die jeden Tag kommt und für die Bewohner da ist. Die Bewohner selbst haben die Möglichkeit, auch mit 1-Euro-Jobs an der Freizeitgestaltung mitzuarbeiten. Angeboten werden verschiedene Ausflüge, Fußballspiele, Handwerkliches wie Töpfern oder Fahrradreparaturen, Bastelarbeiten für`s Zimmer oder als Geschenke für die Ehrenamtlichen. Auch Reparaturen am Haus, wenn möglich, wobei die Arbeit aber an eine Fachfirma vergeben wird, wenn sauber gearbeitet werden muß. Alle Angebote sind für die Bewohner des Domus freiwillig.

Die Ziele formuliert Ulrich so:

„Es soll gelernt werden, ohne Gewalt zusammenzuleben und versucht werden, wie eine große Familie zu sein."

Inwieweit das auch klappt, frage ich.

„Die Stimmung ist unterschiedlich", antwortet er, „wie im normalen Leben. Es gibt Höhen und Tiefen. Viele haben kein zufriedenes und kein glückliches Leben, sind vielleicht krank und die Wohnung ist weg. Viele wissen aber auch, dass es ihnen nie so gut geht wie hier und wollen nicht weg."

15 Bewohnern konnte im letzten Jahr eine eigene Wohnung außerhalb des Domus misericordiae vermittelt werden. Jeder, der sich wieder selbst versorgen kann, muß das Haus verlassen. Diese Befristung kann aber bei guter Begründung von den Sozialpädagogen verlängert werden. Für Ulrich ist wichtig, all die Menschen, die woanders nicht hinwollen, hier zu integrieren. Mit all ihren Eigenarten. Fuzzy zum Beispiel kann nach all den Jahren auf der Straße Heizungswärme nicht ertragen, erzählt er, er schläft auch im Winter bei offenem Fenster.

„Komm, wir gehen mal zu Fuzzy", grinst Ulrich plötzlich, „der kann dir viel erzählen, wenn er nicht grad zu besoffen ist."

Wir nehmen die Treppe nach oben und begegnen Fuzzy an seiner Wohnungstür. Ein kleiner Mann mit kurzen, zerzausten Haaren, zwar betrunken, aber dennoch bereit für ein Gespräch. Es findet unten am Tisch im Foyer statt. Im Treppenhaus begegnen mir die beiden Nonnen wieder, mit denen mein Tag kurz nach Verlassen der Jugendherberge begonnen hatte. Wir grüßen uns freundlich.

Fuzzy

Ulrich beginnt das Gespräch mit dem Hinweis, dass Fuzzy ein erfolgreicher Verkäufer der Obdachlosenzeitung ist. Über 180 „Straßenkreuzer"-Exemplare habe er in zwei Monaten verkauft, ergänzt Fuzzy mit sichtlichem Stolz. Er ist auch im Domus-Chor und hat schon mit dem apostolischen Nuntius, dem päpstlichen Gesandten, ein Lied gesungen. Die Platzwunde am Kopf rührt von einem Sturz, der ihm gestern einen Aufenthalt im Krankenhaus bescherte. Nachdem ich mich vorgestellt habe, möchte er gleich mal wissen, woher ich komme.

Aus der Kurpfalz.

Na, die Gegend kenne er gut, erzählt er mit breitem fränkischem Dialekt: „Ich war schon in Mannheim, Speyer, Karlsruhe...."

In Landau, nicht weit jenseits des Rheines in der Pfalz, war er im Heim. Zehn Jahre war er alt und mit 19 verließ er es wieder. Eigentlich ist er aber gebürtiger Nürnberger, 1947 hier geboren. In Nürnberg hat er die meiste Zeit seines Lebens verbracht:

„Über zwanzig Jahre lang hab` ich auf der Wiese hinter`m Bahnhof geschlafen, bis die U-Bahn gebaut worden ist, dann mußte ich weg. Alle meine Sachen von der Straße waren weg, auch meine Couch. Die haben gedacht, das wäre Sperrmüll."

Couch und Spirituskocher hatte er am Rand seiner Wiese im

Annapark in den Büschen versteckt. Den Tag über hielt er sich dann am Aufseßplatz auf, zum Betteln.

„Vun allaan kummt jo das Geld net."

Obwohl er nur immer stumm und ganz ohne etwas zu sagen hinter seiner Schüssel saß, wie er betont, war die immer voller Geld. Jetzt muß er aber nicht mehr betteln, er verkauft ja Zeitungen. Die Miete, die er jetzt im Domus zahlen muß, übernimmt die ARGE. Früher kam er auch ohne Geld aus.

„Des brauchte ich gar nicht, weil ich keine Formalitäten hatte."

Er war da, wo er wollte und wie er Lust hatte, „manchmal bis abends, manchmal bis um eins." Die Polizei hat keinen Ton gesagt, die kannte ihn schon. Man grüßte sich:

„Wie geht`s euch, mir geht`s gut."

Fuzzy ist ziemlich besoffen und lallt, ist aber weit davon entfernt, nicht am Gespräch teilnehmen zu können. Er hört zu, antwortet genau auf Fragen und weiß auch genau, was er sagen will, nur die Zunge möchte nicht mehr so recht. Sein Ellenbogen rutscht immer wieder von der Tischkante ab. Dabei geniest er es offensichtlich, jemandem seine Geschichte erzählen zu können, beim ständigen Lächeln blitzen seine zwei verbliebenen Zähne. Ulrich sitzt daneben und hört zu, sicherlich kennt er Fuzzys Geschichte schon. Ab und zu korrespondieren die beiden fast unmerklich miteinander: Ein kurzes Lächeln, ein Nicken. Die beiden mögen sich.

Insgesamt lebte Fuzzy 30 Jahre lang auf der Straße, davon 20 Jahre lang mit Unterbrechungen in Nürnberg. Die Zeit dazwischen verbrachte er mal in Hamburg, mal an der Ostsee, einige Jahre auch in Ostfriesland, mal im französischen Lyon, am Gardasee, in Holland und Österreich „und so weiter. Im Ausland hab` ich auch gut leben können. Das beste Ausland war Spanien, das hat `ne bessere Kultur als andere Länder. Wenn du nix gegessen hast, waren sie beleidigt. Die laden dich ein und stellen dir Essen hin, da kannst du gar nicht alles essen. Interessant war für mich Spanien und Frankreich. In Frankreich gibt es viele Kinder, die unter den Brücken bei den Ratten schlafen. Aber das ist lange her."

Einmal hatte Fuzzy auch Stadtverbot in Nürnberg, weil er keine Wohnung vorweisen konnte.

„In den 60er Jahren ist man ohne Wohnung ins Gefängnis gekommen."

2001 kam er von seinen Reisen endgültig zurück nach Nürnberg. Er war auf der Suche nach seiner Mutter, hat sie aber nicht mehr gefunden. Fuzzy ist eines von 16 Kindern von verschiedenen angeheirateten Vätern. Aber zur Familie hat er keinen Kontakt mehr gehabt. Einmal, als in der Abendzeitung ein Bericht mit Bild von ihm erschien, hat sich eine Schwester aus Amerika gemeldet. Sie hatten daraufhin einige Zeit lang telefonischen Kontakt. Einige Brüder leben heute in der Nähe von Ansbach, wie er weiß.

Die Eltern führten 48 Jahre lang ein Gasthaus. Als Sechsjähriger war Fuzzy in Begleitung seines vierjährigen Bruders zum ersten Mal von zu Hause abgehauen, später noch öfters. Deswegen und auch aufgrund der Tatsache, dass er oft die Schule schwänzte, kam er schließlich als Zehnjähriger ins Heim nach Landau. Auch von dort ist er mehrmals abgehauen, endgültig mit 14.

„14 oder 19?", frage ich, da Fuzzy am Anfang unseres Gespräches angegeben hatte, im Alter von 19 Jahren das Heim verlassen zu haben.

„Neenee, 14", bestätigt er mir, „1961 bin ich abgehauen."

Da landete er auf der Straße. Den Rhein entlang ging er zu Fuß flussabwärts nach Norden, schließlich bis nach Hamburg. Von da an bereiste er Europa. Wenn er Hunger hatte, fragte er bei Pfarrern nach Essen. Zwischendurch arbeitete er auch einmal als Heizer in einem Hotel, musste dort Kohlen schippen und schüren. Bei Regen suchte er sich einen trockenen Platz, auf einem Heizungsschacht zum Beispiel, „im

Parkhaus hab` ich auch schon übernachtet. Nicht schön war, wenn`s zu regnen angefangen hat elf Kilometer vor der Stadt."

Fuzzy ist nie mit dem Zug gefahren, „wegen dem Geld." Auf dem Weg zwischen den Städten hat er gebettelt.

„Auch im Wald war ich ständig drinne. Ich hab` gute Ohren g`habt, das brauchste, wenn du im Wald liegst. Im Winter im Schnee eingebuddelt, im Schlafsack, dann ging`s weiter. Im Schnee hab` ich die beste Temperatur drin g`habt. Aber eins sog ich, wenn einer dies macht: Kein Alkohol trinken! Du schläfst ein und wachst am anderen Tag nicht auf. Da ist er erfrorn. Ich trink im Sommer auch a bisserl mehr Schnaps, aber im Winter sieht mich keiner mit Schnaps. Und früher hab` ich eh net so viel g`soffn."

Immer mal wieder kam er nach Nürnberg, aber es zog es ihn auch wieder weg.

„Ich bin nirgendwo außer in Nürnberg länger geblieben, immer hat mich die Polizei wegg`jagt. Am schlimmsten war`s in Frankfurt."

Da gab`s Ärger mit anderen Obdachlosen.

„Meist wäre ich gern länger geblieben, weil ich ja Kontakt finden wollte. Aber am besten gefällt`s mir in meiner Heimatstadt."

Hier lebt er wieder seit sechs Jahren. Erst mit Couch im Annapark und seitdem im Domus misericordiae. 2004 hatte ein Polizist gesagt: „Such` dir langsam mal `ne Wohnung."

„Ich will keine Wohnung", hatte Fuzzy geantwortet.

Doch dann erkrankte er an Lungenentzündung und kam über Straßenambulanz und Krankenhaus schließlich ins Domus.

„Sonst wär` ich jetzt immer noch auf der Straße", ist er sich sicher. Und: „Jetzt bin ich froh, hier zu sein."

Was schön hier ist, möchte ich wissen.

„Dass ich nicht mehr draußen schlafen muß, das ist jetzt das Wichtigste, sonst wär` vielleicht noch was dazugekommen. Hier gefällt mir alles, der Ganove", er zeigt auf Ulrich,

„wenn ich ihn anschaue."

In seiner Zeit auf der Wiese im Annapark und auf dem Aufseßplatz hat er selbst gekocht, mit dem Spirituskocher auf zwei Backsteinen, das Essen auch selbst gekauft, wie er betont.

„Wenn er isst, ist er ein besserer Mensch wie die, wo nur saufen", sollen die Leute gesagt haben und ein Polizist hat gefragt: „Was gibt's denn heute wieder zu essen?"

Damals hat Fuzzy andere Obdachlose zwar gekannt, war aber eher ein Einzelgänger. Wenn er „Sitzung" gemacht hat, hat er die anderen weggeschickt, die seien aber sowieso eher am Bahnhof zu finden gewesen. An einem Tag an Weihnachten hat er mal 180 Euro eingesammelt.

„Sammeln war immer mein Beruf", sagt er, jetzt auch den Straßenkreuzer verkaufen. Gleich nach der Sitzung hat sich Fuzzy in seinen Schlafsack gelegt und geschlafen, bei Regen auch mal im Zelt, damit wenigstens die Kleider trocken blieben, wenn schon die Couch total durchnässt wurde. Morgens um sieben begann dann der neue Tag. Einmal war er in der Allersberger Straße eingeschlafen und bekam Säure über die Hände geschüttet. Tagsüber und niemand will etwas gesehen haben. Die Säure hat sich oder wurde entzündet und Fuzzys Hände waren verbrannt, er selbst hat das Feuer mit dem Leitungswasser gelöscht, das er sich immer zum Trinken am Bahnhof in Flaschen abfüllt. Die Polizei hat vier Russen verhaftet, „die waren's aber nicht." Nach einem Tag hatte Fuzzy große Blasen an den Händen. Aber auch das ist vorbei.

„Ich hab' noch nie was bereut", sagt er. „Ich hab' ständig mei Geld, mei Essen g'habt. Ich hab' meine Freiheit genossen auf meine Art."

Welche Art war das?

„Ich war immer höflich, ich hab' die Leute gegrüßt, ,Guten Morgen', dann waren die Leute auch höflich."

Im letzten Jahr war Fuzzy mal wieder auf Wanderschaft, er

hatte den Drang dazu, wie er sagt. Und dieses Jahr will er auf`s Berbertreffen in Offenburg.

„Da redet man drüber, was man verbessern kann. In Paris gibt`s das auch."

Ich frage, was er gern macht hier im Domus misericordiae.

„Ich schau` mir heut` gern die alten Filme an", sagt er, „auch alte CDs hör` ich gern. Aus den 60er Jahren, das war noch Musik, net des Gehupfe da."

Conny Froboess nennt er und italienische Operettenmelodien, Ronny, „der lebt aber nicht mehr", Johnny Cash, Senta Berger und Tina Turner. Zu Weihnachten bekommt er viele CDs, weil alle im Haus Fuzzys Vorlieben kennen.

„Ich wollte die Welt sehen", erinnert er sich rückblickend auf sein Leben, „und ich hab` die Welt nicht bereut. Es waren gute und schlechte Zeiten dabei. Ich wollte die Menschen kennenlernen, wie`s da läuft. In Nürnberg musste ich weg, aber ich bin immer wieder zurück. Mal war ich einen Monat weg, manchmal drei Jahre. Ab und zu hab` ich Gelegenheitsarbeiten gemacht, aber Betteln hat normal gereicht. 100 bis 200 DM in der Stadt, dann weiter in die nächste. Wenn ich was zum Essen brauchte, ging ich zum Metzger: ‚Entschuldigung, ich bin auf Durchreise.' Mal gab`s ein Stück Wurst, mal ein Brötchen, mal ein Bier in der Brauerei."

- „Mach`mer Schluß", sagt Fuzzy nach einer Denkpause, „jetzt fällt mir nix mehr ein."

„Was möchtest du noch erleben?" frage ich zum Abschluß.

„Meinen 60. feier` ich hier, da mach` ich `nen gemischten Braten. Den mach` ich aber diesmal selber."

Ich bedanke mich ganz herzlich bei den beiden für diese warmherzigen drei Stunden und gehe den direkten Weg zum Bahnhof.

Eigentlich könnte ich meine Tante Anneliese besuchen, wenn ich schon mal in der Gegend bin. Dinkelsbühl liegt ja schließlich, je nachdem wohin ich fahre, direkt auf dem

Weg. Dummerweise verlasse ich den Zug von Nürnberg nach Ansbach zu früh und stehe plötzlich in einem Dorf namens Heilsbronn. Eine junge Frau hat im Zug meine Frage, ob die nächste Station Ansbach sei, mit „Ja" beantwortet und ich bin ausgestiegen, ohne nochmals eines der vielen Ortsschilder zu Rate zu ziehen. Mein Vertrauen in die Menschheit wird zwar durch solche kleinen Zwischenfälle keinen Schaden nehmen, trotzdem werde ich in Zukunft doch mal wieder einen Blick auf die Schilder werfen.

Dinkelsbühl

Dinkelsbühl erreiche ich spät abends mit einer Kombination aus Taxifahren und Abholen-Lassen. Am folgenden Tag verbringe ich geruhsame Stunden mit meiner Tante. Wir sehen uns zwar von Zeit zu Zeit, dann aber immer im Kreis der Familie und nie so intensiv wie hier. In den frühen Nachmittagsstunden mache ich einen Rundgang durch Dinkelsbühl. Obdachlose treffe ich keine, nutze aber die Gelegenheit für einen Besuch im Sozialamt.

Das Sozialamt

Dort sind zur Zeit keine Obdachlosen bekannt. Erst ab Mai werden Durchwanderer erwartet, die sich dann bevorzugt vor dem Münster aufhalten, erklärt mir die Dame vom Amt. Betteln wird nicht gerne gesehen in der Stadt, kurzfristig aber durchaus erlaubt. Nach Abgabe der Papiere und einer Personenkontrolle durch die Polizei, die sicherstellen soll, dass gegen die betreffende Person keine Fahndung läuft, können Durchwanderer die Schlüssel zu einer Unterkunft haben, in der sie zwei bis drei Nächte bleiben können.

„Wir hatten mal schöne Zimmer", erklärt die Dame vom Amt, „die waren aber immer so versaut, dass es jetzt einfachere gibt. Je weniger drin ist, desto weniger kann kaputt gehen."

Früher lagerten Obdachlose auch auf der Schwedenwiese, dort gibt es aber auch viele Jugendliche, die „umenandpöbeln", so dass sich die Obdachlosenszene, soweit man davon reden kann, in die Stadt verlagert hat.

Ich bedanke mich für die Auskunft und verbringe den Rest des Tages in Gesellschaft meiner Tante. Abends fahre ich weiter nach München und lasse Tante Anneliese winkend am Bahnhof in Ansbach zurück. Die Felder hier sind fast so groß wie die im Osten, aber im Gegensatz zu dort handtuchartig unterteilt, eine Folge der ständigen Aufteilung beim Vererben, wie ich vermute. Auf der fränkischen Alb zwischen Ansbach und Ingolstadt durchfahren wir ab Treuchtlingen eine Landschaft mit herrlich bizarren Kalksteinformationen, dazwischen Trockenterrassen mit Wacholderbäumchen, die wie eingepflanzt alle paar Meter einzeln dastehen. Wir durchfahren lange Täler mit Dörfern und Bächen in der Talsohle, eingerahmt von 100 Meter hohen Bergrücken, kilometerlang. Bei Eichstätt durchbricht die Bahnlinie einen Hang und bei der nächsten Station Adelschlag ist die Landschaft schon eine andere. Nach Ingolstadt passieren wir einen ganzen Landstrich mit vorwiegend Hopfenanbau. Dann verschwindet die Kulturlandschaft mit zunehmender Nähe zum Münchener Stadtzentrum.

München

Auf dem Weg zur Jugendherberge halte ich schon mal Ausschau nach Obdachlosen, aber ohne Erfolg.

Ich checke ein.

Zu viert liegen wir in einem riesigen Schlafraum mit mindestens 15 Betten. Zan aus China studiert Maschinenbau in Karlsruhe, Artemi ist Russe aus Moskau, von Beruf Balletttänzer und Photograph. Er sucht hier in München als Photograph eine Arbeitsstelle. Antonio aus Sevilla ist Kunstmaler und nach München gereist, um sich die Pinakothek anzusehen. Nebenbei bietet er mir für den nächsten Familienurlaub sein Ferienhaus an der spanischen Südküste an. Wir unterhalten uns auf Englisch. Unsere Viererbekanntschaft ist kurz, aber warmherzig und endet abrupt, aber unkompliziert, als am nächsten Morgen die Uhr zum Frühstück ruft.

Danach mache ich mich auf den Weg. Morgens um 10.00 Uhr sind die Münchener Parks fest in der Hand der Jogger. Es ist kaum möglich, zu irgendeinem Zeitpunkt nicht irgendwo einen zu sehen. Der Himmel ist bedeckt und der Wind verbreitet eine durchdringende Kühle. Unter einem Brückenbogen der Wittelsbacher Brücke werden zwei Matratzen auf abschüssigem Gelände mit Brettern und Steinen in der Waagrechten gehalten. Deckbetten liegen darauf. Der benachbarte Brückenbogen beherbergt einen zusammengerollten Schlafsack. Niemand ist da. „Dies ist meine Mütze, dies ist mein Mantel, hier mein Rasierzeug im Beutel aus Leinen…." In seinem Gedicht „Inventur" zählt Günter Eich die Habseligkeiten eines Obdachlosen auf. Mich überkommt die Lust, hier auch mal Inventur zu machen, nur aus Interesse. Aber natürlich krame ich nicht in den Sachen anderer Leute rum. „…Die Bleistiftmine lieb` ich am meisten: Tags schreibt sie mir Verse, die nachts ich erdacht." Ob es hier unter der Brücke ähnlich romantisch zugeht wie im Gedicht? Oder wie in Carl Spitzwegs Bild „Der arme Poet" mit Kerze und Kuschelecke. Es sieht nicht danach aus. Hier ist es eher betonkalt und zugig. Aber wer weiß, vielleicht ist der Schläfer hier einer *der* Menschen, die sich`s überall ein bisschen schön machen können. Vielleicht ist die Bleistiftmine zwischen den Matratzen versteckt oder im Schlafsack eingewickelt. Unter der nächsten Brücke finde ich ein Klappbett, eine Matratze, Decken und zwei Kissen, im Brückenbogen daneben zwei Schaumstoffmatten, einen Karton, eine Matratze, eine Decke und eine gefüllte Plastiktüte mit geheimem Inhalt, alles schön verpackt, zusammengerollt und ordentlich gestapelt. Inventur mit einmal kurz hingucken. Ob es hier auch so was wie gute und schlechte Wohnlage gibt, Nachmieter, Nachbarschaftsstreitigkeiten wegen der Lautstärke, Wohngemeinschaften. Warum nicht?

In der Nähe der Boschbrücke – am anderen Ufer der Isar liegt das Deutsche Museum – treffe ich einen massigen Bärtigen mit Fahrrad und einem vollgepackten, an einen Gemischtwarenladen erinnernden Fahrradanhänger. Alles Mögliche wird da nicht nur transportiert, sondern zur Schau gestellt. Er ist obdachlos, spricht irgendeinen osteuropäischen Akzent, aber gut deutsch. Sagen möchte er trotzdem nichts, „weil es eh keiner versteht." Er verweist mich auf seine Homepage, die ich aber später im Internet nicht finden kann. In einer Straße namens „Tal" sitzt ein zahnloser Bärtiger auf einer Decke und bettelt. Eine Wohnung hat er aber, wie er mir versichert. Beim Besichtigen einer kleinen Kirche, die auf dem Weg liegt, beobachte ich eine ebenfalls zahnlose, alte Frau mit zwei Plastiktüten, die von einem Mann mit Geld beschenkt wird. Nach Verlassen der Kirche durchsucht sie draußen einige Mülleimer. Ich spreche sie an. „Neinnein", sagt sie auffallend unfreundlich, „ich habe eine Wohnung. Warum fragen Sie? Nur, weil ich in der Kirche sitz`?"
„Nein, weil der Mann ihnen Geld gegeben hat", antworte ich gelassen und wahrheitsgemäß.
Sie bleibt unfreundlich und ich lasse sie in Ruhe. Später am Hauptbahnhof sehe ich sie nochmals von weitem auf einer Bank sitzen, bevor sie auf Nimmerwiedersehen im Gewühl der Stadt verschwindet.

192

Django, Jo und Ambros

Vor dem Hauptbahnhof, da, wo die Dachauer Straße beginnt, sitzen sie auf einer Bank. Alle drei sind wohnungslos. Was würden Obdachlose bloß machen ohne öffentliche Bänke.

„Aber ja", antworten sie, als ich um ein Gespräch bitte, „wir haben `ne Menge zu erzählen."

Der 65jährige Django hat einen Einkaufswagen bei sich, in dem alle drei ihre Sachen aufbewahren.

„Soll ich mich umziehen?", fragt Ambros, als ich mich setze.

Seit acht Wochen sind die drei in München zusammen.

„Immer", sagt Ambros, „und jeder braucht am Tag zehn Euro."

„Wir können zu zwölf Anlaufstellen gehen", erklärt Jo: „Es gibt Kleiderkammern, ambulante ärztliche Versorgung, da fährt `ne Ärztin mit dem Auto rum, Streetworker Christian, Tee-Walter fährt seine Runde mit warmer Suppe, Brot und Tee und jeden Freitag kommen Studenten vom christlichen Dienst und verteilen in ganz München Tee und andere Lebensmittel. Das sind ganz normale Menschen, die das ehrenamtlich machen, daneben gibt`s noch die zwölf offiziellen Anlaufstellen."

„Man lässt uns nicht im Stich", weiß Ambros zu schätzen und Jo ergänzt: „Wer in München verhungert, der ist`n Depp. Wir haben auch eigene Strategien entwickelt: Wir gehen schnell zum Mc. Donalds rein, garantiert ist im Tablettständer was drin, manchmal sogar warm. Die packen sich ja fünf Portionen Pommes auf`n Teller und essen nur`n Viertel."

„Wenn ich im Burger King auf`s Klo gehe, schmeiß` ich ihr 20 Cent rein", sagt Ambros und meint die Toilettenfrau, „die will ja auch leben."

Jo erzählt, er hatte mal Beziehungen zu einer deutschen

Firma in Amerika und war dort Brücken anstreichen.

„Er", Ambros zeigt über die Schulter auf Django, „er hat auch schon alles gemacht. Wenn ich sag`, ich hab` mit drei Jahren den Hubschrauberführerschein gemacht, dann hat er`s auch gemacht."

„Manchmal trifft man großzügige Leute", ergreift Jo wieder das Wort, „eine Türkin hat uns letztens zwei Fünfer gegeben und noch was zu Essen gekauft. ‚Engel' nennen wir das unter uns Berbern."

Beide reden im Moment ziemlich durcheinander, wir haben noch kein Gesprächsthema gefunden. Ich schreibe alles mit. Django, bisher nur als Zuhörer aufgefallen, meldet sich plötzlich zu Wort:

„Wenn einer was hat, haben die anderen auch was...."

„Immer!" unterbrechen ihn Ambros und Jo.

„… Ich sag` immer, des sind meine Brüder."

Ambros: „Wir teilen auch die letzte Kippe oder Brot."

Einer fehlt noch. Er heißt August und ist 69 Jahre alt. Seit zwei Tagen haben sie ihn nicht mehr gesehen und wollten ihn gerade suchen gehen.

„Er ist unser Papa", sagt einer der dreien.

Gestern haben sie am Amtsgericht übernachtet, obwohl es ja verboten ist, erzählt Jo.

„Aber über`s Wochenende haben wir`s riskiert. Morgen schlafen wir vielleicht an der Dresdner Bank. Und im Sommer dann sowieso im Park oder auf der Wiese."

Im Bahnhof gibt es manchmal Ärger mit den „Rotkäppchen", wie die Sicherheitsleute, die hier für Ordnung sorgen sollen, von den dreien ihrer roten Dienstmützen wegen genannt werden.

„Im ganzen Bahnhofsbereich gibt`s vier Einheiten davon", klärt Jo mich auf. „Das sind zivile Polizisten, die einfach auftauchen und uns vertreiben, auch von hier."

Ich bekomme von Jo eine Einweisung in die verschiedenen Kategorien der Sicherheitsdienste im Hauptbahnhof München:

„Die ‚Schwarzen' sind die U-Bahn-Wache, die ‚Grünjacken'
sind die normale Polizei, die Schlimmsten sind die ‚Rotkäppchen', die zum Bahnschutz gehören. Bessere Hausmeister sind das, die für den inneren Bahnhofsbereich zuständig
sind. Die haben keine Ausbildung und sind nur da, um uns
rauszuschmeißen."

„Einer hat gesagt: ‚Man muß sich schämen, dass es solche
Leute gibt wie euch'", erzählt Ambros. Er habe dann geant-
wortet: „I find des schlimmer, dass 100 Polizisten für 100
Hooligans da sein müssen."

„Es gibt Abstufungen", fährt Jo fort: „Die Grünjacken sind
gut, weil die sind ausgebildet. Von den Schwarzen sind'n
paar in Ordnung, aber zwei sind Wichtigtuer, so mit: ‚Steht
auf und geht weiter!', oder ‚Wechselt mal den Ort!', und
so."

„Manche werden beleidigend", wirft Ambros ein.

„Die letzte Stufe sind die Rotkäppchen", meint Jo.

„Die Rotkäppchen haben mir mal die Sachen aus dem Wa-
gen vor die Tür geschmissen", entrüstet sich Django und
Ambros weiß, dass die „einer 76jährigen Frau, die hier
Flaschen gesammelt hat, Bahnhofsverbot erteilt" haben.

„Die musste das unterschreiben. Jetzt sammle ich manchmal
eine Runde für sie, wenn ich zum Bahnhof komme. Django
und ich geben ihr auch mal ein paar Cent."

Jo erzählt von Maria, der Tschechin: „Ihr Mann sitzt für
viereinhalb Jahre im Knast. Sie lebt im Bahnhof und läuft
tagsüber in der Stadt herum, hat selbst keinen Cent. Wir
versorgen sie jeden Tag."

Jo ist nach Aussehen und Auftreten der Typ „Weltumseg-
ler", mit verwegener Mähne und dennoch gepflegt, Strick-
schal und Sonnenbrille stilvoll getragen. Sein perfektes, in
dunklem Bass ausgesprochenes Hochdeutsch ist die Sprache
eines TV-Moderators.

Ambros wirkt überhaupt nicht wie jemand, der auf der

Straße lebt. Seine Kleider sind modisch und wie es scheint auch neu. Gelber Pulli und grün wattierte Jacke sind farblich schön aufeinander abgestimmt. Dazu trägt er Jeans mit Seitentaschen. Seine Haare sind zum Zopf gebunden. Er spricht genauso perfekt bayrisch wie Jo hochdeutsch.

Django entspricht voll dem Klischee des Obdachlosen. Äußerlich ein Vorzeige-Berber, ziemlich besoffen, etwas verschlossen und kauzig, aber dennoch nicht auf den Mund gefallen, wenn er etwas zu sagen hat.

Die drei bilden ein denkbar ungleiches, aber wie es scheint harmonisches Trio. Der Vierte im Bunde, August, lebt seit 1999 im Untergeschoß des Hauptbahnhofes, erzählt mir Jo:

„Und warum schmeißt man den nicht raus? Der ist schmutzig und speckig."

„Der ist wasserscheu", glaubt Django zu wissen und „Der nimmt vielleicht alle sechs Monate mal ein Bad", vermutet Jo wiederum: „Den treibt man vielleicht ab und zu mal raus, aber den würde man nie einsperren. Das hieße nämlich, dass man ihn desinfizieren müsste und das würde zu teuer sein. Deshalb lässt man den in Ruh`."

„August ist in Ordnung", meint Django.

„Jaja", sagt Jo, „der Beste."

Django wechselt das Thema: „Alle denken, wir sind alle Alkoholiker, der Otto-Normalverbraucher denkt, dass wir alle bekloppt sind."

„Aber wir *sind* alle Alkoholiker" gibt Ambros zu bedenken und Jo bestätigt das. Und er erläutert, warum man das nicht an die große Glocke hängt: Es ist geschäftsschädigend:

„Wenn wir Sitzung halten und stellen unsere Becher raus, ist alles gut. Wenn aber eine Flasche Bier im Sichtbereich steht, kommt gleich das Vorurteil zum Tragen. Aber ohne Alkohol kann man den Stress gar nicht aushalten."

„Mit Alkohol hab` ich die Hemmungen beim Betteln nicht mehr", gibt Ambros zu, „ohne Alkohol kann man nicht betteln."

Jo klärt mich auf über die verschiedenen Arten, zu Geld zu kommen:

„ ‚Sitzung machen' heißt, du sitzt da ohne etwas zu sagen und wartest auf eine freiwillige Spende. Dazu holst du aus der Mülltonne 'nen Becher, machst ihn ein bisschen sauber und legst'n paar Indianer rein", womit er die roten Eins- bis Fünf-Cent-Münzen meint.

„Das Lockgeld", präzisiert Django, „den Leuten fällt's dann leichter, was dazuzulegen."

„Und wegen dem Wind", so Jo weiter, „damit der Becher nicht umfällt. Die Leute machen ‚den Wurf' freiwillig. ‚Schnorren' oder ‚Schmale machen' ist aktiv, da sprichst du die Leute an mit ‚Hast du mal 'nen Euro?' oder ‚Haben Sie mal 'ne Hilfe für uns?' Das alles passiert auf der Straße oder in der U-Bahn, obwohl in München alles kameraüberwacht ist." „Schnorren und Sitzung machen ist das gleiche", murmelt Django, niemand widerspricht ihm. Jo wendet sich wieder mir zu:

„Den August musst du kennenlernen. Da sieht er …", er zeigt auf Django, „… wie'n Edelpenner aus. August sitzt meistens im Untergeschoß links neben Hertie vor der Infotafel. Der trinkt Jägermeister literweise und hat als Sponsoren einige Frauen, die ihn versorgen. Sogar John Player Zigaretten bekommt der. Der hat die Fähigkeit, auf seinem Wagen zu sitzen und beim Schlafen von den Leuten was zu bekommen."

Ohne Django, der schon mal Sitzung machen geht, betreten wir den Bahnhof, um August im Untergeschoß einen Besuch abzustatten. Schon von weitem erkenne ich tatsächlich an besagter Stelle einen Mann sitzen, thronen zwischen seinem Gepäck auf einem bahnhofseigenen Gepäckwagen.

Das muß er sein.

August

Genau wie beschrieben. An eben jener Stelle sitzend und mit Jägermeister in der Hand. Als gehöre er zur Einrichtung. Ein Bär. Riesenhände. Die Mütze tief bis kurz über die Augen gezogen. Er riecht süßlich und streng. Alle Finger sind rabenschwarz und seine Schneidezähne fehlen. Die anderen stellen mich vor.

August stellt sich selbst vor: „Ich bin der größte Penner des Jahrhunderts", lacht er unverschämt laut, verweist auf die anderen und nuschelt: „Die dahinter wollen mich in die Badewanne packen."

Es scheint lustig zu werden mit den Dreien. Selbst nüchterne Informationen wie: „Ich bin jetzt 69, dieses Jahr werd` ich 70", gibt er mir nicht ohne humorvollen Unterton.

August spricht kein Bayrisch, obwohl der Dialekt zweifellos wunderbar zu ihm gepasst hätte. August ist Westfale. Ambros und Jo merken an, dass er ja etwas zu Essen da hat.

„Schenkungen nimmt man in Empfang", erklärt er mit herablassender Güte.

Sein gurgelnder Bass ist bemerkenswert. Jeder Laut rollt aus seinem massigen Körper wie ein Geräusch aus dem Keller.

„Die Rotkäppchen haben mich verscheucht. Ich musste ein paar Tage auf der Parkbank pennen", entrüstet er sich, so als wäre das Majestätsbeleidigung.

„Manchmal schläft er auch bei uns", erklärt mir Jo.

„Ich könnte auf meine alte Platte gehen", sagt August, „aber ich bin zu faul und abends zu besoffen."

Dann spielt er wieder den Verärgerten: „Ich geh` doch nicht auf `ne Parkbank. Ich hab` schon welche gesehen, die da runterrollen. Dann fliegste auf die Birne, dann siehste ganz blöd aus." Alle lachen.

Ein seltsames Völkchen amüsiert sich da im Untergeschoß des Hauptbahnhofes: Einer mit klarer Moderatorenstimme und selbstbewusstem Auftreten, ein Bilderbuch-Berber, der viel zu laut lacht, ein junger Mann in schicken Klamotten und einer, der ständig in ein Buch schreibt. Vorbeigehende Reisende betrachten die Szene aus den Augenwinkeln und schauen dann schnell wieder weg. Warum eigentlich?

August bleibt beim Thema „Schlafplätze":

„Im Winter haben wir zwei Monate lang im Starnberger Bahnhof gepennt, der war gar nicht in Betrieb, aber beheizt gegen Frostschäden. Dann haben sie uns rausgeschmissen wegen Saubermachen. Aber der Zwischengang war weiter beheizt, da hätten sie uns doch auch drin schlafen lassen können."

Jo erzählt, wo sie schon überall weggejagt wurden.

August lacht mit weit aufgerissenem Mund.

Ein „George" kommt dazu, Österreicher und bartlos. Seinen Namen spricht man englisch aus. „Du siehst ja ganz strubbelig aus", begrüßt ihn August.

Gelächter.

Jo, ganz Moderator, stellt mir George vor: „Er versäuft seine Sozialhilfe in drei Tagen, wir versorgen ihn dann. Er und August streiten oft miteinander und irgendwie gehören die zusammen, obwohl oft ernst gemeinte Schimpfworte fallen."

Jo ist aus Düsseldorf, erfahre ich.

George beginnt zu singen: „Wärst du doch in Düsseldorf geblieben ..."

„Du Dussel", meint Jo.

Alle lachen.

Ambros muß mal kurz weg und verschwindet in den Gängen und Hallen des Bahnhofs. August zieht eine Packung John-Player-Zigaretten aus der Tasche.

„Na siehste", sagt Jo zu mir und zeigt dabei auf August, „Edel-Berber."

George bettelt nicht, wie er betont und August erzählt vom Pfarrer, der ihm mit dem Hinweis: „Für drei Schrippen" einen Euro durch die Tür gegeben hat:

„Ich hab` dann vor der Kirche Sitzung gemacht."

„Er ist Landwirt", informiert mich Jo, wieder auf August zeigend.

„Jaaa", sagt der, „ich bin Agrarökonom."

Das „Jaaa" ist sekundenlang gezogen und geht in ein langes, dunkles Gurgeln über. Ich bedaure, dass ich dem Buch keine CD mit beilegen kann, von August besprochen. Seine Sätze nuschelt er ohne Hebung und Senkung der Silben, wenn er während des Redens überlegt, wird er leiser bis zum Murmeln. Er ist betrunken, aber bei wachem Verstand, bekommt jede Frage mit und antwortet mit Sinn.

August ist seit fünf Jahren auf der Straße, wie er sagt und „sein Vater war 12 Jahre auf der Straße", ergänzt Jo. Dann erzählt Jo von sich.

Er war einmal Intendant. Ich horche auf und denke, dass ich mit meinem Moderatoren-Vergleich gar nicht so weit daneben lag. August, der Jos Geschichte natürlich kennt, wird ernst:

„Wie kannst du denn dein vorheriges, künstlerisches Leben mit dem jetzigen vereinbaren?" „Überhaupt nicht", antwortet Jo, „ich hatte ein Einkommen von 6000 bis 8000 Euro, später musste ich einen Ein-Euro-Job beantragen. Dafür sollte ich erst im Altersheim arbeiten, dann in der Klapse, in Weisenau oberhalb Ravensburg."

George und August hören interessiert zu.

Zu dieser Zeit hatte er viel Stress, so dass er eines Tages sein Hartz IV- Geld nahm und sich mit seiner weißrussischen Freundin in Warschau traf. Dort verbrachten die beiden eine Woche, bevor sich Jo auf den Rückweg nach Ravensburg machte, wo er damals lebte. Beim Zwischenstopp in Berlin, „da fing das Schicksal an."

Ich frage nach den Zusammenhängen dieser bisher etwas unübersichtlichen Biographie, aber Ambros` Rückkehr unterbricht die Geschichte. Er trägt eine neue Sonnenbrille und schenkt Jo eine Mütze, ebenfalls neu. Nicht gekauft, sondern geklaut, wie ich erfahre. „Geklauft" nennen die

beiden das. Die neuen Schuhe sind nicht geklaut, „die hab`
ich getauscht", erklärt Ambros. Deshalb also ist er so schick
angezogen. Ob ich das alles so schreiben kann, frage ich,
schließlich erscheint er in einem Buch. Kein Problem, dazu
steht er.

„Aber nicht jeder Penner ist so", betont er und dass er der
einzige hier ist, der so was macht: „Die anderen klauen
nicht."

Jo, Ambros und August sind bisher die einzigen meiner
Bekanntschaften, die sich selbst als „Penner" bezeichnen.
Wahrscheinlich, weil sie sich selbst nicht so ernst nehmen.

Jo wollte zurück nach Ravensburg, ist aber irgendwie in
Berlin hängen geblieben. Den Grund kann er mir nicht
erklären, „ich weiß selbst nicht, wie." Ob Hauptbahnhof
oder Bahnhof Zoo, nirgendwo konnte er unterkommen,
schließlich übernachtete er auf einer Baustelle am Hauptbahnhof, die Woche darauf in einem Park. Zu allem Unglück
verschwand auch noch seine Brieftasche.

„Den Personalausweis hatte ich einstecken, aber sonst war
alles weg, Kreditkarten, Geld, alles weg. Also hab` ich Platte
gemacht."

Die Zeit in Berlin empfand er als Treibjagd, er war von den
offiziellen Personen, mit denen er zu tun hatte, nicht geduldet.

„Mein Herr, sie hatten doch Reiseabsichten?"
Solches und ähnliches bekam er öfter zu hören.

„Unangenehm war das, aber dann kam ein Engelchen geflo-
gen: Ich wollte mich im Reisezentrum aufwärmen und las
zur Tarnung einen Prospekt. Ein Mann kam und fragte, ob er
mir ein Wochenendticket schenken kann. Er hatte zwei, aber
seine Freundin hat abgesagt."

Jo fuhr los und landete schließlich hier in München, „daheim
hab` ich sowieso nur Schulden."

Er erzählt, wie es überhaupt zu all dem kam:

„Ich wurde, als ich noch Intendant war, alkoholrückfällig,

nachdem ich 13 Jahre lang trocken war."

Ein einziges Bier aus dem Kühlschrank genügte, um rückfällig zu werden. Es passierte während eines internationalen Festivals und es gab Ärger deswegen. So sehr, dass Jos Honorarvertrag als Theaterintendant gelöst und ihm fristlos gekündigt wurde. Etwa zur gleichen Zeit kam die Trennung von seiner Frau und der Rausschmiß aus der gemeinsamen Wohnung.

„Ihr damaliger Freund lebt jetzt da im Haus", berichtet er sachlich und ganz ohne sichtbaren Groll.

Dann kam die Zeit, die er vorhin schon beschrieben hatte. Bevor er nach Warschau gereist und schließlich in Berlin hängen geblieben war, übernachtete er bei verschiedenen Freunden und bekam später eine Wohnung in Sattelbach. Aber „da vereinsamst du. Da kommen zwei Busse am Tag." Zum ersten Mal überhaupt hatte er zu dieser Zeit einen Hartz IV-Antrag gestellt, ihm standen die üblichen 345 Euro plus Mietzuschuß zu.

„Nach zwei Monaten in der Einsamkeit habe ich das Geld genommen und bin nach Warschau", berichtet Jo weiter. „Lieber eine Woche Freude als fünf Monate in dieser seltsamen Einsamkeit."

Jo zäumt das Pferd von hinten auf. Er erzählt seine Geschichte in Abschnitten von hinten nach vorne. Eine interessante Inszenierung, sicherlich unbeabsichtigt, aber mal was Neues. Im Baukastenprinzip arbeite ich mich gedanklich rückwärts durch Jos Vergangenheit. Er kommt auf die Gründe für die Lage zu sprechen, in der er sich jetzt befindet:

Hauptsächlich lag es am Alkohol und am Streß in seinem Beruf als Intendant. Und jetzt erfahre ich auch, worauf ich insgeheim schon die ganze Zeit warte: Jo war Intendant, Dramaturg und Regisseur eines Figurentheaters, das er selbst gegründet hat.

„Wir hatten alle Kategorien", erklärt er, „Fingerfiguren bis

Marionetten."

Vor Gründung des Theaters sei er Schauspieler gewesen, das erwähnt er aber nur beiläufig und die Art seiner damaligen Arbeit bleibt im Dunkeln. Mit dem Figurentheater war Jo jedenfalls neuneinhalb Jahre lang international auf Tournee. Bei einem Auftritt in Weißrussland lernte er eine Frau kennen, die seine Freundin wurde. Damit war ein weiteres Kapitel in seiner Vita aufgeschlagen. Nach 18 Jahren Ehe beichtete er seiner Ehefrau, dass er sich verliebt habe.

„Erst haben wir `ne Viererbeziehung probiert", Jos Frau hatte auch einen Freund, wie er berichtet, „das ging ein paar Monate gut, dann hat sich meine Frau von mir getrennt."

Die Trennung und damit auch der Verlust der Wohnung sowie der Rückfall in die Alkoholsucht durch das Trinken eines einzigen Bieres und daraufhin der Verlust des Arbeitsplatzes brachten Jo schließlich auf die Straße. Ein Tannenzäpfle-Bier war`s, aber das ist egal, denn schließlich drängt sich das Suchtmittel ja dem Süchtigen nicht auf. Eher umgekehrt: Unbewältigte Probleme veranlassen einen Menschen dazu, sich irgendeines der vielen Suchtmittel auszusuchen.

Mit dem nächsten Zeitsprung führt er mich in seine Kindheit, womit wir am Anfang seiner Lebensgeschichte angekommen wären: Jo war mit Alkohol aufgewachsen. Sein Vater war Alkoholiker und er selbst hatte seinen ersten Vollrausch im Alter von 13 Jahren. Der Vater ist schließlich „abgehauen auf Platte" und musste später wegen unterlassener Unterhaltszahlung hinter Gitter. Auch Jos Mutter war Alkoholikerin und ein Bruder hatte einmal betrunken einen schwerwiegenden Autounfall verursacht. Alkohol gehörte zum Leben der Familie, aber „Gewalt war bei den Eltern keine im Spiel." Der Vater, ursprünglich ein Bauer aus Ostpreußen, war übergesiedelt und hat im Westen in der Industrie gearbeitet, dort auch „das Saufen angefangen. Als

Familie sind wir böse abgestürzt. Wir konnten die Miete nicht zahlen und wohnten dann in einer Notunterkunft, acht Leute in eineinhalb Zimmern. Da kommst du in Gesellschaft, wo es auch bei Freunden nur um Trinken und Gewalt geht. Mit 13 dann der erste Vollrausch. Es gehörte zum guten Ruf, was zu vertragen."

Mit 16 ging Jo von zu Hause weg und fand auch eine eigene Wohnung. Seinen Alkoholgenuß von damals beschreibt Jo heute als „ganz normal." Nachdem er vorher „wegen rüpelhaften Benehmens" von der Hauptschule gehen musste, besuchte er die Abendschule und wurde so Handelsgehilfe, machte schließlich den Hauptschulabschluß nach, besuchte die Handelsschule und das Wirtschaftsgymnasium, das er mit dem Abitur abschloss und landete schließlich beim Theater.

Zwei Männer vom Bahnhofs-Sicherheitsdienst, zwei „Rotkäppchen", unterbrechen unsere Reise in Jos Vergangenheit: „Servus, hier ist Rauchverbot."

Ohne Widerrede, so, als wäre die ohnehin zwecklos, packen alle ihre Sachen. Nur Ambros geht mit einem Hinweis auf den Ost-Akzent der beiden auf Konfrontation. August wuchtet sich mühevoll von seinem Wagen und schiebt ihn schwerfällig von dannen, während Jo und Ambros mich in anderer Richtung zum Hauptausgang führen.

Sicher treffen sich nachher alle wieder, denke ich.

Gegenüber vom Bahnhof finden wir drei einen neuen Sitzplatz im Hauseingang eines geschlossenen Ladens und versinken gleich wieder in Jos Geschichte:

Zum Theater kam er noch während des Abiturs. Das Schauspielern hatte er sich autodidaktisch beigebracht und schnell hatten er und seine Kollegen eine Truppe in Nordrhein-Westfalen zusammengestellt. Dann ging es „die Erfolgsleiter hoch", so beschreibt Jo die folgende Entwicklung. Anfangs war er noch auf Nebenjobs angewiesen, er fuhr Taxi, war im Hochofenbau tätig und auch mal für ein halbes Jahr „Chef-

Chauffeur im Porsche, weil der Boss ein Bein gebrochen hatte." Dann aber kam der Erfolg und Jo verdiente so viel, dass er eine fünfjährige Weltreise unternehmen konnte. In Amerika hat er dann, wie schon zu Anfang unseres Gesprächs erwähnt, geholfen, eine Eisenbahnbrücke zu streichen. „Es war einfach `n Trieb", sagt er, „ich wollte rund um die Erde." Seinen letzten internationalen Auftritt als Schauspieler hatte er in der Singapur Jubilee-Hall vor 2500 Zuschauern. Dann war Schluß mit der Schauspielerei, er hatte „kaputte Knochen" und gründete das Figurentheater. Hier schließt sich Jos Lebensgeschichte. Das Theater existiert noch heute als Tourneetheater und wird von Jos Noch-Ehefrau verwaltet und gemanagt. Zum Drei-Personen-Ensemble gehören nach wie vor noch zwei Angestellte, die Jo als „seine Leute" bezeichnet.

„Zu Hause wäre ich mit 30 Prozent an jedem Auftritt beteiligt", erzählt er.

„Warum machst du dann nicht mehr mit?", frage ich.

„Weil ich hier bin und Platte mache."

Früher hat er für`s Theater die Inszenierungen erdacht und Requisiten und Figuren hergestellt.

„Die Spieler bekamen 70 Prozent, ich 30 Prozent. Manchmal bin ich auch als Spieler eingesprungen."

Ambros ist inzwischen merklich betrunken. Er trägt jetzt ein rotes T-Shirt und bewundert ständig seine neuen Schuhe von allen Seiten:

„Schöne Schuhe hab` i do getauscht. Meine alten hab` i doglosst."

Ambros hat eine Wohnung in Pfronten, erzählt er, „do kann i aber net lebn, weil i ko Geld verdien`."

„Wir bekommen 345 Euro", ergänzt Jo, „das sind elf Euro am Tag."

„I brauch` ka Zimmer", meint Ambros und wird gleich wieder von Jo bestätigt: „Wir leben von einem Tag in den anderen. Hier in München können wir unser Einkommen selbst bestimmen. Ich verdien` 20 bis 30 Euro am Tag mit Schnorren. Das ist doppelt so viel wie die Stütze. Der Preis ist, dass du auf der Straße liegen musst."

„Und die Menschenwürde geht verloren, wenn du auf der Straße liegst", findet Ambros.

Jo ist anderer Meinung: „Neenee, wir haben sie doch unter uns."

„I bin tief g`sunkn", bedauert Ambros und verweist im selben Atemzug auf seine schönen neuen Schuhe.

„Wir sind eine eingeschworene Gemeinschaft", fährt Jo fort, „wir sind eine feste Clique und treffen auch immer wieder die anderen Berber. Auf jedem Eck könnte ich dir irgendwelche zeigen, die da stehen."

„I brauch` den", sagt Ambros und meint damit Jo, „i bin net schwul, aber i brauch` den." „Jetzt hast du aber viel geschrieben" bemerkt Jo und erwähnt, dass die beiden langsam Schnorren gehen wollen. Dann aber erzählt er weiter:

„Wenn wir nicht jeden Tag Schmalzbrot in der Bahnhofsmission essen wollen, gehen wir auch mal essen beim Chinesen, wo`s billig ist. In der Mission gibt`s je nach Spende auch Wurst und Kuchen und solche Dinge."

Das weiß er zu schätzen.

„Im katholischen Bonifaz sitzen jeden Tag bestimmt 50 bis 80 Leute, die da nach der fünften Erbsensuppe meckern, was das für`n Fraß ist. Es gibt Leute auf der Straße, die sind permanent aggressiv."

„I weiß auch net, was die saufen" wundert sich Ambros.

„Es gibt ein Berbergesetz", klärt Jo mich auf: „Dass man sich in der Clique hilft."

Ambros zum Beispiel hatte mal eine Auseinandersetzung mit „Glasauge", der die Tschechin belästigt hat. Ambros und Jo hatten gleich Augenkontakt und es entstand ein brenzliger Moment zwischen Ambros und Glasauge. Wäre es zu Handgreiflichkeiten gekommen, dann wäre Jo auch dabei gewesen, so versichert er mir.

„Auf der Straße gibt es Leute, die sind vollkommen in Ordnung und die finden sich auch. Es gibt aber auch Leute, die sind voll aggressiv, das hat dann aber immer mit Alkohol zu tun." Über eines sind sich beide einig: Jo ist derjenige in der Clique, der immer alles zusammenhält, der darauf achtet, dass jeder nach jedem schaut und dass alle zusammen Platte machen.

„Bitte hier nicht sitzen, des is Notausgang."

Der Sicherheitsdienst des Hauses hier erscheint aus dem Nichts und fordert uns zum Verlassen dieses Ortes auf.

Wir gehen weiter.

„Hier ist nichts gekennzeichnet als Notausgang", klärt Jo mich auf, „die wollen uns hier einfach nicht haben."

Was passiert wäre, wenn wir uns geweigert hätten, aufzustehen, frage ich.

„Dann wird die Polizei gerufen, wir werden überprüft und wenn wir nicht weggehen, gibt`s eine Anzeige wegen Hausfriedensbruch."

„Aber es gibt auch richtig feine Leute", weiß Ambros.

„Wie im Spielwarengeschäft", erinnert sich Jo: „Der Besitzer hat den Angestellten zum Django rausgeschickt um ihm ausrichten zu lassen: ‚Ihr könnt da sitzen bleiben, schiebt bloß den Einkaufswagen vom Schaufenster weg.'"

Schließlich stehen wir wieder am Bahnhof.

„Jetzt zieh`n `mer los", drängt Jo, „wir müssen noch`n bissel Geld machen."

20 Euro müssen sie noch verdienen und morgen ist Sonntag, da läuft nicht viel, weil die Geschäfte geschlossen sind. Ich gebe ihnen 16 Euro: „Damit ihr noch für vier Euro Arbeit habt."

Ambros freut sich sehr, bedankt sich öfters und versichert: „Des is für uns viel Geld."

Sie gehen jetzt zur Sonnenstraße. Ich betrete den Bahnhof und studiere die Tafel der ankommenden und abfahrenden Züge. Durch das Menü des Fahrkartenautomaten finde ich inzwischen fast schon im Schlaf. Vier Minuten später fährt mein Zug nach Stuttgart.

Als ich losfahre, bin ich überglücklich, Jo und Ambros, Django, August und George kennen gelernt zu haben. Auch unter den Obdachlosen gibt es Originale, Leute, die von allen geschätzt werden. Das Schöne ist, dass das immer an ihrer Person liegt, nie an ihrer Stellung. Ich lasse mir den Tag nochmals durch den Kopf gehen. August lacht so mitreißend. Er ist der erste Berber, der auf mich einen wirklich glücklichen Eindruck machte, wodurch ich mich aber nicht darüber hinwegtäuschen lassen möchte, dass auch sein Leben sicher sehr schwer ist. Wie das aller, die auf der Straße leben. Jo ist immer besonnen und so geduldig, wenn die anderen dazwischenreden. Diesmal habe ich nur vereinzelt Fragen gestellt, ansonsten mitnotiert und Beobachtungen beschrieben, wie schon vor zwei Wochen bei den Frankfurter Punks. Ambros meinte, ich solle doch mal mit auf Platte. Da hat er Recht, und obwohl ich mir das durchaus zutraue, denke ich den Gedanken nicht weiter. Schließlich bin ich losgefahren, um Geschichten zu sammeln. Wäre ich selbst auf Platte, hätte ich viel zu viel mit mir selbst zu tun. Das wäre dann ganz was anderes.

Zwischen Augsburg und Ulm habe ich erstmals das Gefühl, dass mir die Reise ganz schön fehlen wird, wenn in den nächsten Tagen meine Deutschlandrunde zu Ende geht. Etwas Traurigkeit kommt auf, obwohl ich mich die ganze Zeit auch auf daheim gefreut habe. Dieselben Kalkwände und Trockenhänge, die ich auf der Fränkischen Alb schon beschrieben habe, begegnen mir jetzt auf der Schwäbischen Alb zwischen Ulm und Stuttgart wieder.

Stuttgart

Die Jugendherberge ist doch tatsächlich voll belegt. Kein Bett mehr frei. Tausende Besucher feiern heute die „Lange

Nacht der Museen", zwei bekannte Boxer boxen sich und die Musiker von Toto geben ein Konzert in der Stadt. Alles heute. Mangels Unterkunft und mangels warmer Dinge wie Schlafsack oder Decke, die es mir ermöglicht hätten, eine Schlafstelle nach Art der Obdachlosen zu wählen, beschließe ich, mir die Nacht um die Ohren zu hauen. Nicht mit der „Langen Nacht der Museen", obwohl die sich ja prima anbieten würde, aber das wäre mir jetzt zu kopflastig. Ich lasse mich lieber treiben durch's nächtliche Stuttgart. Alles kam mal wieder genau richtig. Die ganze Zeit habe ich mich gefragt, ob ich morgen schon nach Hause fahren, oder aber noch ein oder zwei Tage dranhängen soll. Jetzt weiß ich, dass diese Nacht der Abschluß ist. Ich gehe italienisch essen und setze mich dann im Schlosspark auf eine Bank. Wegen der „Langen Nacht", in der alle Museen und anderen Kultur-einrichtungen ihre Pforten weit geöffnet haben und auch ansonsten an allen Ecken und Enden Kleinkunst angeboten wird, ist viel los in der Innenstadt. Kulturfreunde beim Luft Schnappen, einheimische Abendspaziergänger und Jugendli-che aus der Umgebung, die sich den Trubel nicht entgehen lassen wollen, vermischen sich im Schlosspark. Obdachlose sehe ich keine. Die 18jährige Lucie setzt sich zu mir auf die Bank, um sich spaßeshalber vor ihren besoffenen Freunden zu retten. Wir erzählen über ihr derzeitiges Abitur, mein früheres Studium und anderes. Die ersten Stunden des neuen Tages verbringe ich in einen Kinosize versunken, auf der Leinwand flimmern Szenen aus den 68er Jahren vorbei. Nach dem Abspann gehe ich zum Bahnhof. Sicherheitsbe-amte patrouillieren durch's Gebäude. Im Wartesaal, einem stickigen, miefigen Glaskasten voller Leute, darf man die Nacht verbringen, sofern man einen gültigen Fahrschein oder – wie ich – eine BahnCard besitzt. Ich betrachte die Menschen, die größtenteils schlafend in ihren Sitzen kauern und von Zeit zu Zeit hin und her rutschen. Eine junge Tür-kin, die sich lautstark und ohne Rücksicht zu nehmen mit einer Freundin unterhält, fängt Streit an mit einem Mann, der es viel lieber ruhig hätte hier drin. Schließlich werde ich auch müde und wähle zum Schlafen eine abgelegene Bank an den Gleisen. Den Wartesaal nutze ich im Dreiviertel-Stunden-Takt zum Aufwärmen. Vom langen Ausschlafen sehe ich angesichts der Temperaturen ab, und so bin ich schon früh wieder in der Stadt unterwegs. Um 8.00 Uhr stehe ich vor der St. Eberhard Kirche in der Königstraße. Auf der Treppe vor dem Haupteingang sitzt ein junger Mann und bettelt.

Christoph

Er ist 22 Jahre alt und gebürtiger Dortmunder. Er trägt die Haare kurz, ist glattrasiert und sieht aus wie viele andere seines Alters auch. Einige Meter daneben lehnt Wolfgang an der Mauer, der mich aber freundlich darauf hinweist, dass er nicht befragt werden möchte. 58 Jahre ist er alt. Beide haben eine Mütze vor sich liegen, mit denen sie von Kirchgängern und Passanten Geld sammeln.

„Anfangs waren wir hier nur geduldet", erklärt Christoph, „inzwischen dürfen wir`s. Ich bin jeden Sonntag hier. Der Messner hat darum gebeten, dass wir uns zusammen hier hinsetzen und sammeln, damit es keine Konkurrenz um den Platz gibt und Streß am Sonntag."

Was ich denn wissen möchte, fragt er mich und ich antworte: „Etwas von deinem Leben." Christoph erzählt mir seine Lebensgeschichte. Er spricht hochdeutsch und sehr deutlich. Die Erzählung beginnt damit, dass er als 15jähriger von seinen Eltern ins Kinderheim geschickt wurde, nachdem er vorher jahrelang Streß mit seinem Stiefvater hatte.

„Da ging`s meistens um die Schule. Schule geschwänzt – Ohrfeige – Streit. Ich hab` im Jahr 300 bis 400 Stunden

Schule geschwänzt."

Dann im Kinderheim hielt er sich nicht an die Regeln, hat sich geprügelt und kam und ging, wann er wollte. Schon nach zwei Monaten musste er das Heim verlassen. Eine „Individualmaßnahme" des Jugendamtes führte ihn für eineinhalb Jahre in ein Projekt nach Italien, das durch Unterricht und Arbeit gewalttätige Jugendliche auf ein gewaltfreies und geordnetes Leben vorbereiten soll. Die Unterkunft lag in Imperia bei San Remo. Den maximal sechs Jugendlichen, alle aus Deutschland, wurde dort im Privatunterricht der Hauptschul-Stoff beigebracht. Mit verschiedenen Arbeiten sollten den Jugendlichen die Vorzüge eines strukturierten und erfüllten Tagesablaufes nähergebracht werden. Für fünf DM die Stunde führten sie alle am Haus notwendigen Arbeiten selbst aus, dazu gehörten Glaser-, Schreiner- und Pflasterarbeiten, aber auch die Pflege der Tiere und die Selbstversorgung inklusive Führen des Haushalts. Kurz vor Christophs 17. Geburtstag musste er das Projekt wieder verlassen, eineinhalb Jahre waren vergangen.

„Das war eine der besten Zeiten meines Lebens", schwärmt er, „vorher war ich aggressiv, war nicht aufnahmefähig für die Gemeinschaft. Dort gab`s zwar auch mal Streit, aber der wurde nie durch Prügeln gelöst."

Ende 2001 kam er wieder ins Dortmunder Kinderheim, machte dort den Hauptschulabschluß und begann gleich nach der Prüfung eine Ausbildung zum Gerüstbauer, die er aber nach zwei Monaten wieder abbrach.

„Das war nicht das Richtige, nicht das, was ich`s Leben lang machen wollte."

Mit seinem 18. Geburtstag endeten dann die amtlichen Jugendmaßnahmen einschließlich seines Aufenthaltes im Kinderheim. Die nächsten acht Monate wohnte er bei seiner Schwester und lebte seit Abbruch der Ausbildung von Sozialhilfe. In dieser Zeit hatte Christoph eine feste Freundin.

Wir werden unterbrochen.

Der Kirchendiener von St. Eberhard streckt Christoph und Wolfgang einige Münzen entgegen:

„Das gehört euch, hat vor der Kirche gelegen."

Die beiden bedanken sich und Christoph erzählt weiter. Seine Freundin wurde Anfang 2003 schwanger und das gemeinsame Kind, ein Mädchen, erblickte am 26. September das Licht der Welt. Von ihrer Mutter bekam sie den indischen Namen Sajina Kassandra.

„Meine Freundin durfte bestimmen, weil's ein Mädchen ist", grinst Christoph, „wäre es ein Junge gewesen, hätte ich bestimmen dürfen."

Rustin Ashley hätte er dann geheißen.

Sajina Kassandra wird dieses Jahr vier Jahre alt, aber die Familie lebt nicht mehr zusammen. Kurz nach der Geburt des Mädchens besorgte die Tante von Christophs Freundin eine Wohnung für die junge Familie. Christoph wohnte dort drei Monate lang und trat dann im Januar 2004 der Bundeswehr bei, verpflichtete sich freiwillig für 23 Monate mit Auslandsverwendung. Aber gleich zu Anfang wurde er fahnenflüchtig. Zwei Monate lang flüchtete er vor der Polizei, lebte als Obdachloser, schlief manchmal in der Notschlafstelle Bochum, lebte untergetaucht. In dieser Zeit verlor er Freundin und Wohnung. Im März 2004 wurde er gefasst und zurück zu seiner Einheit gebracht. Der Aufenthalt dort währte drei Wochen, dann war er erneut verschwunden.

„Ich hab' keinen Bock gehabt", obwohl er ja eigentlich freiwillig dort war, erklärt Christoph, „der Alltag, das Aufstehen und Schlafen Gehen, das Unterordnen, das machte mich aufmüpfig. Wenn ein Vorgesetzter geschrieen hat, meinte ich: ‚Hörtest bestanden.' Ich war immer sehr freundlich zu allen. ‚Warum lachen Sie?', hat er dann gefragt. ‚Ich find's lustig hier.' ‚Hören Sie auf.' Aufmüpfig eben. Diese ganze Befehlsordnung. Ich hab's mir anders vorgestellt, als ich eingetreten bin."

Drei Monate lang wurde nach seiner zweiten Flucht nach ihm gefahndet. Einmal hatte er Glück, als er am Bahnhof Essen in eine Personenkontrolle geriet - ein Kollege hatte im Nichtraucherbereich geraucht – und mit zur Wache musste. Der Beamte kontrollierte den Bundeswehrausweis und fragte:

„Warum sind Sie nicht bei ihrer Einheit?"

Christoph konnte sich herausreden. Dann aber nach einer Schlägerei, „ich hatte Streß mit einem", wurde er vor der Notschlafstelle Bochum von der Polizei aufgegriffen. Es folgte eine Woche Untersuchungshaft in der Haftanstalt Herford, beim anschließenden Haftprüfungstermin konnte er darstellen, dass er in der Notschlafstelle Bochum einen Platz zum Schlafen hat und damit trat der Haftbefehl außer Kraft. Christoph bekam nur zur Auflage, sich alle zwei Wochen bei der Polizei zu melden. Aber natürlich musste er direkt nach der Untersuchungshaft zurück zu seiner Einheit. Sechs Wochen Bundeswehrarrest und sechs Wochen Ausgangssperre erwarteten ihn dort, aber schon nach drei Wochen beendete eine Bundeswehrpsychologin endgültig seine Zeit als Soldat. Sie hielt ihn für körperlich und psychisch haft- und dienstuntauglich. So wurde er ausgemustert und zum 15.11.2004 entlassen beziehungsweise ist „ausgetreten", wie er selbst sagt. Er schlief in verschiedenen Notschlafstellen in Essen und Bochum, auch mal bei alten Bekannten aus dem Heim und lebte eineinhalb Monate lang von Sozialhilfe, dann von Arbeitslosengeld II.

„Dann wollte ich was Soziales machen", erinnert er sich, „mir war`s zu doof, den ganzen Tag nichts zu tun."

Er trat als Ehrenamtlicher dem Deutschen Hilfsdienst e.V. bei und arbeitete dort jedes Wochenende als Bereitschaftshelfer bei Straßenfesten und im Medikamentennotdienst, der Rezept- und Medikamenttransporte für hilfsbedürftige Leute erledigt. Mitte 2005 trat erneut „ein Mädchen" in Christophs Leben, die beiden lernten sich über`s Internet kennen. Ihretwegen zog er 2006 nach Stuttgart, „ohne alles", wie er sagt, „und nach einem halben Jahr war Schluß." Seit seiner Ankunft in Stuttgart lernte Christoph die verschiedensten Anlauf- und Übernachtungsstellen für Jugendliche kennen, meist „höchstens bis zum 21. Lebensjahr" zugänglich: Die erste Nacht verbrachte er bei der Heilsarmee, dann in der Notübernachtung des Johannes-Falk-Hauses, es folgten das Aufnahmehaus in der Mozartstraße und die Straffälligenhilfe. Als er dort nach drei Monaten am 30. Juni 2006 rausflog, beendete seine Freundin die Beziehung. Es folgten vier Monate im Männerwohnheim Nordbahnhof und schließlich, vom 15.11.06 bis zum gegenwärtigen Zeitpunkt, im Betreuten Wohnen des Johannes-Falk-Hauses.

Diese Unterkunft ist nicht, wie alle anderen vorher, nur übergangsmäßig, sondern fest. Die Kosten werden sechs Monate lang vom Arbeitsamt übernommen. Nur ein mal, so erzählt Christoph, habe er in einer U-Bahn-Haltestelle übernachtet, ansonsten nur in oben genannten Notschlafstellen.

„Als Jugendlicher guckt das Jugendamt schon, dass du unterkommst. In diese Jugendunterkünfte kommen nur Leute mit Drogenproblemen oder anderen Auffälligkeiten", erklärt er mir, „bei mir waren`s die Schulden. Ich kann mit Geld nicht umgehen, bin zu verschwenderisch. Jetzt im Johannes-Falk-Haus sind für mich pro Woche 51 Euro eingeteilt."

Ein Mann tritt an uns heran und beschenkt uns mit Laugenstangen aus einer Tüte.

„Da gibt`s auch `ne Nonne, die bringt immer Brot mit Wurst und Käse", erzählt Christoph und auch das Alukissen, auf dem er sitzt, ist das Geschenk einer Passantin.

Woher seine Schulden kamen, möchte ich wissen.

„Durch Schwarzfahren", zählt er auf, „Handy-Verträge, EC-Karten-Betrug. Ich war per Lastschriftverfahren einkaufen. Wenn du mit `ner EC-Karte was unterschreibst, dauert es drei Tage, bis es abgebucht wird."

Bei Supermärkten hat er 8000 Euro Schulden, beim „Run-

214

ners point" 800.

Ich frage ihn, wie es denn so ist als Jugendlicher auf der Straße.

„Richtig scheiße", antwortet er, „wenn du nicht weißt, was du den ganzen Tag machen sollst, dann kommst du einfach auf dumme Ideen. Man fängt an zu klauen, provoziert die Leute. Einfach nur aus Langeweile. Da fragt einer den anderen: ‚Trauste dich, die Schuhe zu klauen?' Du glaubst gar nicht, wie einfach klauen ist: Den Pieper an der Jacke mit Alufolie einwickeln oder in `ne Alu-Gefriertüte rein und raus damit. Als Jugendlicher hab` ich nie geschnorrt oder gebettelt, das mach` ich erst seit jetzt, seit ich in Stuttgart bin, um mein Arbeitslosengeld II etwas aufzustocken."

Christoph sitzt hier aus eigenem Verschulden, der Fall ist für ihn klar.

„Ich hätte die Bundeswehr-Zeit oder die Ausbildung richtig durchziehen sollen, wenn ich eins davon fertiggemacht hätte, würde ich jetzt nicht hier sitzen. Als Junger sieht man das aber ganz anders. Da denkt man: Irgendwann kommt Arbeit und `ne Wohnung. Aber wenn man älter wird, lernt man den Ernst des Lebens kennen. Man kann nicht immer vor sich hin leben, sondern muß sein richtiges Leben starten. In *der* Phase bin ich jetzt gerade, mit Schulden Abbauen zum Beispiel."

Christoph möchte jetzt eine Ausbildung als Einzelhandelskaufmann beginnen. Er hat diesen Beruf als Ein-Euro-Jobber kennengelernt und „das isses." Während der Ausbildung wird er langsam versuchen, eine Wohnung zu finden, „mit Bafög-Unterstützung, weil allein mit Lehrgeld ist das nicht finanzierbar", oder er bleibt im Falk-Haus, bis er fest eingestellt ist. Dann möchte er sich auch taufen lassen, hier in dieser Kirche.

„Und wenn ich mal heiraten sollte, dann auch kirchlich."

In der Kirchengemeinde mitgearbeitet hat er nie, er glaubt auch nicht an Gott, „aber schon, dass es etwas Höheres gibt."

„Bist du ein Familienmensch?", frage ich.

„Definitiv ja. Ich könnt` auch nie alleine wohnen, das wär` für mich die Hölle. Ich brauch` immer jemanden um mich rum. Deshalb muß ich auch `nen Job haben, bei dem ich mit Menschen zu tun hab`. – Am meisten fehlt mir hier das familiäre Umfeld, außer in Italien, da waren wir wie `ne große Familie."

Die ersten Kirchgänger besteigen inzwischen die Treppe zum Kirchenportal und grüßen uns dabei.

„Um 8.30 Uhr, 10.00 Uhr und 12.00 Uhr ist Messe hier", klärt Christoph mich auf, „ich bleib` meistens bis Ein Uhr, jeden Sonntag. Eine Zeit lang war ich jeden Tag betteln gesessen, jetzt nur noch zwei bis dreimal die Woche, immer wenn ich Geld brauche. Ich will nicht mehr klauen und auf keinen Fall straffällig werden."

Er raucht und trinkt Alkohol wie jeder in seinem Alter, nicht mehr, erzählt er, „und mittlerweile bin ich auch nicht mehr aggressiv, und wenn ich mal aggressiv bin, laß` ich`s nicht mehr an Personen aus, sondern entspann` mich."

Ich kann mir beim besten Willen nicht vorstellen, dass Christoph mal gewalttätig war und aufmüpfig. Er ist sehr gelassen, freundlich, lacht viel und unterhält sich angenehm.

„Hab` irgendwann bemerkt", fährt er fort, „dass ich mal mit beiden Beinen im Leben stehen will, mit Familie und Haus, davon träumt ja jeder. Damit ich in zehn Jahren sagen kann: Das hab` ich mir selbst aufgebaut."

Um meiner Neigung nach Dialektik gerecht zu werden, frage ich, ob er dem Leben auf der Straße auch etwas Positives abgewinnen kann.

„Schön ist, dass man die unterschiedlichsten Leute kennenlernt, vom ärmsten Penner bis zum Arzt oder Rechtsanwalt, der abgestiegen ist. Leute, die viel Geld verloren haben."

Wie Joachim, denke ich.

„Es ist kaum zu glauben, was man als Obdachloser erlebt.

Beim Schnorren fallen einem Sachen auf, die einem als Passant nicht auffallen: Wie Leute sich kleiden, wie sie sich bewegen."

Einmal erschien Christoph auch in Deutschlands größter Boulevardzeitung im Rahmen einer Reihe über Notschlafstellen. Und auch im Obdachlosenkalender von 2006 war er zu sehen. Jüngere Obdachlose mit Lebensgeschichte wurden dort gezeigt, eine Reportage schilderte ihren Alltag. Dieses Projekt, von einer Druckerei und einem Photographen ins Leben gerufen, wurde auch im WDR vorgestellt.

„Auf deren Kosten konnte ich zwei Tage lang leben, rauchen und so weiter."

Seine schuppigen Hände fallen mir auf. Das sei eine Hautkrankheit, die durch psychischen Stress ausgelöst wird. Demnächst muß er deswegen ins Krankenhaus.

„Hirnhautentzündung hatte ich auch mal", fällt ihm beim Stichwort „Krankenhaus" ein, „da war ich noch daheim."

12 oder 13 Jahre war er damals alt.

Auf meine Frage, ob er auch andere Obdachlose kennt abgesehen von Wolfgang, der neben uns sitzt, antwortet er:

„Ein paar kenn` ich schon."

„Trifft man sich da auch mal?"

„Nee, ich nicht. Ich will damit nicht so viel zu tun haben, sondern eher davon wegkommen."

Auch vom Heim?

Ja, da sei es ähnlich.

„Freunde hat man da sofort, kein Problem, oft sind`s aber auch die falschen Freunde. Und man hat keine Privatsphäre. Man hat zwar ein Zimmer, aber ich konnte keine Freundin mitbringen, das wusste gleich jeder. Überhaupt hat mir das familiäre Umfeld immer gefehlt, seit ich daheim weg war. Dass ich mal zur Mutter gehen konnte, wenn mir was fehlt. Das fehlt mir heute noch. Ich kann zwar zu den Betreuern gehen, aber das ist nicht dasselbe. Das ist auf einer psychologischen Ebene, mit der Liebe und Fürsorge der Mutter kann man das wirklich nicht vergleichen."

Und wie war sein Alltag im Heim?

Tagsüber trieben sich er und die anderen Jugendlichen oft am Bahnhof herum, haben „gekifft und auch`n bisschen Alkohol war dabei. Die anderen nahmen auch andere chemische Drogen, aber für mich war das nix."

Mit dem Kiffen hat er inzwischen auch aufgehört. Die Betreuer haben zwar alles geahnt, aber nie gesehen.

Und „ich hatte an Fußball viel Interesse. Wir hatten eine Heim-Mannschaft, die mit anderen Einrichtungen für Jugendliche in einer eigenen Liga spielte. Jeden Tag haben wir Fußball gespielt, und wenn wir nicht Fußball gespielt haben, haben wir Fußball geguckt."

Der Gottesdienst steht kurz bevor und die Kirche füllt sich. Mit einigen Besuchern kommen wir ins Gespräch.

„Wie geht`s?", fragen sie Christoph.

„Gut."

„Letzten Sonntag waren Sie ja nicht da."

„Doch doch, ich bin früher gegangen."

„Was macht die Hand?"

Einige fragen mich, was ich mache, andere wollen mir auch Geld geben. Christoph verdient sechs bis sieben Euro pro Messe, wie er mir erzählt, das sei unterschiedlich.

„Wolfgang kriegt das Doppelte", grinst er wohlwollend, „letztens gibt ihm einer `nen 50er in die Hand. Da hätt` ich ihn erschlagen können."

Christoph lacht und Wolfgang freut sich schelmisch.

„Schnorren macht müde", findet Christoph. „Sitzen und Nichtstun. Manchmal hab` ich `ne Zeit lang dabei geschlafen, Mütze runter, Kragen hoch und trotzdem Geld gemacht."

Das erinnert mich an August.

Ich frage ihn nach seiner Familie. Kontakt hat er mit allen. Seine Tochter wohnt in einer anderen Stadt, sie telefonieren wöchentlich und wenn das Geld reicht auch über die

Webcam im Internetcafé. Besuche gibt es keine, dafür ist es zu weit. Auch mit seinem Stiefvater versteht sich Christoph jetzt besser.

Für eine Weile beobachten und begrüßen wir die Leute, die sonntäglich gekleidet die Kirche betreten.

„Ich hab` jetzt keinen Bock mehr drauf, mich für`n paar Euro in die Kälte zu setzen.“

Das klingt nicht genervt, nicht verärgert, er sagt das mit einem Lächeln, so als sehe er seinen Weg deutlich vor sich, als mache er sich bereit für den Sprung ins Leben. In sofern passt dieser Eindruck zu allem, was er vorher angekündigt hatte.

„Sieht nach Regen aus“, bemerke ich mit Blick zum Himmel.

„Wenn`s regnet, geh` ich nach Hause“, beschließt Christoph.

„Willst du hier in der Stadt bleiben?“, frage ich.

„Wenn ich in Stuttgart glücklich werden kann, dann ja“, antwortet er, „wenn nicht, dann geh` ich nach Dortmund zurück.“

Die letzten Besucher sind in der Kirche verschwunden, die Türe wird geschlossen und ich bereite mich darauf vor, zu gehen. Christoph, Wolfgang und ich verabschieden uns voneinander und wünschen uns gegenseitig alles Gute.

Ich gehe die Straße entlang.

Aus der Stiftskirche tönt Orgelmusik. In der Hoffnung auf einige schöne Kirchenlieder und die willkommen-heißende, beseelte Atmosphäre, die oft in Kirchen zu finden ist beziehungsweise die man selbst oft gerade in Kirchen entwickelt, lasse ich mich in einer der letzten Bänke nieder. Ich werde nicht enttäuscht. Aber eine Frage geht mir nicht aus dem Kopf, eine Frage, die ich Christoph noch gern gestellt hätte: Wie sieht es im Innenleben eines Jugendlichen aus, der aus der Familie genommen wird, um in einem Heim oder sogar auf der Straße weiterzuleben. Wo liegen die seelischen Wunden, gibt es den Knacks für`s Leben? Ich verlasse den Gottesdienst gleich wieder, um Christoph diese Fragen zu stellen. Der grinst, als ich wiederkomme und antwortet gewohnt sachlich:

„Im Heim passten mir die Regeln nicht, aber die Leute und die Betreuer waren o.k. Das familiäre Umfeld hat mir zwar gefehlt, aber dafür gab`s keine Schläge mehr wie zu Hause. Ich wär` besser mit allem klargekommen, wenn ich so reif gewesen wäre wie jetzt. Hinterher ist man immer schlauer."

Alles in allem sieht er die Trennung von zu Hause positiv, schließlich gab es ja vorher mit den Eltern eine Aussprache über Rechte und Pflichten zu Hause:

„Ich habe gesagt, was ich akzeptiere und was nicht und wir haben uns auf`s Heim geeinigt."

Tiefere Einblicke in Christophs Seelenleben bekomme ich nicht, aber das wäre auch zu viel verlangt.

Der Himmel ist bedeckt, es ist windig und das Thermometer an der Fassade eines Geschäftes zeigt 10° Celsius an. 12.19 Uhr fährt mein Zug ab in Richtung Heimat. Zum besinnlichen Ausklang meiner Reise habe ich den Bummelzug gewählt. Christian aus Düsseldorf spricht mich auf meinen Rucksack an, er hat denselben: Einen Schweizer Armeerucksack aus derbem Stoff und mit Lederriemen. Er fährt Deutschlandtouren mit dem Rad und hat auch schon mal ein Jahr lang mit Obdachlosen gearbeitet. Von Handys und anderen „neumodischen Sachen" hält er so viel wie ich. Wir unterhalten uns glänzend. Er ist Architekt und arbeitslos und zieht jetzt zu seiner Freundin an den Ammersee.

Die letzten Kilometer.

Waghäusel – Neulußheim – Hockenheim, dann durch den Hardtwald. Der Lokführer bremst und durch die Glasscheibe der Zugtüre blicke ich auf Bahnsteig 1 des Bahnhofs, der nur

500 Meter von meiner Wohnung entfernt liegt. Silvia, Michelle und Atessa winken durch`s Fenster.

Um 14.59 Uhr betrete ich wieder Oftersheimer Boden.

Nach der Reise

Inzwischen ist die Reise seit über einem Jahr vorüber. Immer mal wieder denke ich an die Menschen, die ich damals überall in Deutschland kennengelernt habe. Wer weiß, wo sie sich jetzt gerade alle herumtreiben. Sicherlich werde ich mit offenen Augen über die Domplatte gehen, sollte ich mal wieder nach Köln kommen, oder im „Clochard" nachschauen, wenn ich mal wieder in Hamburg bin und wahrscheinlich werde ich dort niemanden mehr finden, jeder wird wohl auf seinem Weg ein Stück weiter gegangen sein. Aber das macht nichts. Es ist nicht nötig, diese Reise zu wiederholen, denn sie selbst und die Begegnungen sind mir gegenwärtig geblieben.

Ich bin damals losgefahren, weil mir das Gefühl für die Welt der Obdachlosen fehlte. Ich glaube, jetzt habe ich es. Das diffuse Bild ist schärfer geworden, Klischees sind weggefallen, neue Erkenntnisse dazugekommen und vor allem: Ich kann den abstrakten Begriff der Obdachlosigkeit jetzt mit Menschen verbinden. Das war es wohl, was ich gesucht habe, denn das Thema „Obdachlosigkeit" treibt mich nicht mehr um.

Ich werde auch in Zukunft hin und wieder mit Menschen auf der Straße ins Gespräch kommen, aber ich werde keine solche Reise mehr machen und sicher kein Buch mehr über sie schreiben. Auch fühle ich mich nicht berufen, mich ehrenamtlich für Obdachlose zu engagieren wie viele andere Menschen überall im Land.

Die Frage, was das denn für Leute sind, die da sommers wie winters auf Straßen und Plätzen leben, die gemieden und verachtet werden und mit misstrauischen Blicken gemustert, diese Frage, die mich anfangs so beschäftigt hat, ist geklärt. Die Betroffenen selbst haben sie mir beantwortet. Sie alle haben mich mit der Obdachlosigkeit vertraut gemacht, die Erfahrungen der Reise gehören nun zu meinem Weltbild und ich habe tatsächlich das Gefühl, die Welt in einem weiteren wesentlichen Teil besser zu verstehen, nämlich darin, eine weitere Gruppe meiner Mitbürger besser zu verstehen.
Bald wird sich mir sicher eine neue Frage stellen.

Ich lese im Kapitel „Vor der Reise" noch mal, was ich vor über einem Jahr über meine Gefühlslage vor Beginn der Reise geschrieben habe:
„Zwiegespalten beim Anblick eines Obdachlosen"?
Keine Spur mehr. Im Gegenteil.
Den Obdachlosen, dem ich in der Fußgängerzone von Heidelberg Kleingeld in den Hut werfe und der mich im Gegenzug mit einem Lächeln beschenkt, glaube ich fast zu kennen und wenn ich einen von ihnen gedankenverloren auf einer Bank vor sich hinstarrend sehe wie zuletzt in Schwetzingen, dann ist er mir nah, auch wenn er mich gar nicht wahrnimmt.

Ich wünsche ihm im Stillen und manchmal auch mit Worten, dass es ihm trotz allem gut gehen mag und sich seine Lage doch bald verbessern solle, aber ich habe auch Hochachtung vor seinem Leben, das vielleicht das Leben selbst ist, fernab all der Scheinwelten, denen wir Normalbürger gerecht werden zu müssen glauben.

Wenn er Straßenzeitungen verkauft, dann kann er sich mir als Kunden sicher sein. Ich kaufe jede, die ich angeboten bekomme. Und ich lese sie auch, denn ich möchte weiter

informiert sein über die Welt, in die ich da mal kurz einge-
taucht war.

Bei seinen Anblick freue ich mich, dass ich mit meiner
Kirchensteuer und anderen Steuern dazu beitrage, ihm
Wärmestuben und Übernachtungsheime zu finanzieren,
Duschen, Kleiderkammern und Sozialarbeiter. Ich fühle
mich als Mitglied der Gesellschaft verantwortlich. Eine
Gesellschaft, für die Solidarität nicht nur eine Floskel ist,
muß auch die Menschen am Rand mit einbeziehen. Das
Mildern menschlicher Tragödien gehört ebenso zu ihren
Aufgaben wie das Eröffnen von Perspektiven für eine Ver-
besserung der Lage dieser Menschen.
Einerseits mit finanzieller und struktureller Unterstützung.
Natürlich gibt es unter Obdachlosen auch welche, die das
ausnutzen und sich einfach nur weigern zu arbeiten, aber die
gibt es in der arbeitenden Bevölkerung auch.
Andererseits, und das ist das Wichtigste, indem wir sie als
das annehmen, was sie sind und sie dementsprechend be-
handeln: Als unsere Mitbürger.
Wenn Sie demnächst mal wieder einen Obdachlosen sehen
und wenn Sie sich dann plötzlich fragen, was das wohl für
ein Mensch ist, dann sollten Sie sich nicht scheuen, ihn
anzusprechen. Nicht um ihn als Geschichtenerzähler zu
benutzen, sondern um ihn zu verstehen, insbesondere wenn
Sie Vorurteile haben.
Vielleicht ist es sogar Marcus oder Wolle, Wiessel oder der
Lange, Elvis, Horst, Angela, Tomáš oder Anja, Helga,
Heinz, Jassman, Faxe, Kommissar, Uwe, Udo, Joachim,
Lippenweh oder Andi, Willy, Ramona, Wolfgang, Lutz,
vielleicht Fuzzy, Django, Jo, Ambros, August oder Christoph.

Wer weiß?

Will man Obdachlose, will man Menschen kennen, dann muß man sie kennenlernen, persönlich, alles andere nützt nichts, auch nicht das Lesen dieses Buches. Vielleicht kann es eine Anregung sein, mehr nicht.

Willy hat sich gewünscht, die Veröffentlichung dieses Buches noch zu erleben.
Jetzt ist es fertig.
Da wird er sich freuen.

Über den Autor:

Peter Rösch
ist im Jahr 1967 in Heidelberg geboren und lebt seitdem in
Oftersheim, einer kleinen Gemeinde zwischen Mannheim,
Heidelberg und Speyer.
Er arbeitet als Freier Diplom-Biologe im Bereich Umwelter-
ziehung an Schulen sowie als Gärtner.